盐城工学院专著出版基金资助

校企合作模式下
专业学位研究生的培养路径研究

李海莲 著

辽宁大学出版社
Liaoning University Press

图书在版编目（CIP）数据

校企合作模式下专业学位研究生的培养路径研究/
李海莲著. —沈阳：辽宁大学出版社，2019.1
　　ISBN 978-7-5610-9533-1

　　Ⅰ.①校… Ⅱ.①李… Ⅲ.①产学合作－研究生教育
－研究－中国 Ⅳ.①G643.7

中国版本图书馆 CIP 数据核字（2018）第 281452 号

校企合作模式下专业学位研究生的培养路径研究
XIAOQI HEZUO MOSHI XIA ZHUANYE XUEWEI YANJIUSHENG DE PEIYANG LUJING YANJIU

出 版 者：辽宁大学出版社有限责任公司
　　　　　　（地址：沈阳市皇姑区崇山中路 66 号　　邮政编码：110036）
印 刷 者：沈阳海世达印务有限公司
发 行 者：辽宁大学出版社有限责任公司
幅面尺寸：170mm×240mm
印 　 张：15.5
字 　 数：288 千字
出版时间：2019 年 1 月第 1 版
印刷时间：2019 年 1 月第 1 次印刷
责任编辑：窦重山
封面设计：徐澄玥
责任校对：齐 　悦

书 　　 号：ISBN 978-7-5610-9533-1
定 　　 价：59.00 元

联系电话：024-86864613
邮购热线：024-86830665
网 　　 址：http://press.lnu.edu.cn
电子邮件：lnupress@vip.163.com

前　言

近年来，随着我国改革开放的不断深入以及经济增长方式的转变和产业结构的调整，社会对于高层次人才的需求也不再局限于单一的学术型人才的规格。社会经济的发展在需要一定数量的高精尖的学术型高层次人才的同时，更需要大量能解决实际问题，一专多能的应用型、复合型、专业型高层次人才。在这种背景下，我国传统的单一规格和类型的硕士研究生教育模式已经无法适应社会对于人才的要求。《中国教育改革和发展纲要》中明确提出："在培养教学、科研岗位所需人才的同时，大力培养经济建设和社会发展所需要的应用型、复合型人才。"专业学位作为一种能为社会提供专业化、应用人才的学位制度越来越受到人们的关注。

为进一步推进研究生教育改革与发展，各地专业学位研究生培养单位积极探索和创新符合专业学位教育特点、具有鲜明特色的专业学位研究生教育培养模式和管理体制，以促进专业学位研究生教育更好地适应经济社会发展和满足人民群众的多样化需要，健全具有中国特色的专业学位研究生教育体制。校企合作是专业学位研究生进行专业实践的一条重要途径，其质量的高低将直接影响专业学位研究生教育的质量。然而，由于高校与企业性质及其运行机制的差异，双方在专业学位研究生教育的办学理念、合作目标等方面尚存在认识与行为上的不一致，要解决校企合作培养专业学位研究生过程中所面临的问题，需要从培养实践中不断探索，使专业学位研究生教育真正有利于教育与行业相结合，有利于企业更好地参与和支持教育，有利于科技成果的转化和利用，有利于研究生教育体制的深化和改革，使高校、企业和国家都成为校企合作培养专业学位研究生的真正受益者。

本书通过分析专业学位研究生教育的发展历程、特征及其培养模式，结合国内外专业学位研究生教育的发展概况，探究了我国对专业学位研究生培养的实践与面临的根本问题，提出了校企合作模式在我国专业学位硕士研究生培养中的必要性及其困境，并进一步探讨校企合作模式下专业学位研究生的就业竞争力提升、协同发展机制、相关案例分析以及培养策略，以期对校企合作模式下专业学位研究生的培养提供一些参考借鉴，进一步满足社会对应用型、复合型高层次人才的需求。

在本书的编写过程中，参考借鉴了一些学者的研究成果，在此对这些学者表示衷心的感谢。另外，由于时间及编者水平所限，本书难免存在疏漏与不妥之处，真诚地欢迎各位读者对本书提出宝贵的意见和建议。

目 录

第一章　专业学位研究生教育概述

第一节　专业学位研究生教育的产生

　　尽管大学教育在近百年才逐步趋于完整，专业学位研究生教育也是在社会日益发展和人类科学文化知识更加深入的结果，但是，专业学位研究生教育的出现并不是一蹴而就的，它的首次出现也经过漫长的时间酝酿和不断地实践探索。纵观高等教育的历史，我们从细微之中能够发现其中隐藏的专业学位研究生教育的影子，从最初的大学诞生地欧洲的中世纪时期，发现专业学位研究生教育的起源基因。

一、专业学位研究生教育的历史溯源

　　我们回顾东方历史当中出现的著名古国例如古巴比伦、古埃及、古印度及中国，在这些东方文明古国的历史中，也曾有以培养专业人才为目标的类似高等学府的大型教育单位或机构，如古巴比伦时代的"智慧之家"、古埃及的"海立欧普立斯大寺"、古印度的那烂陀寺等，类似的机构都是以培养官员、祭司、僧侣、医生等专业技术人才为目标的场所。我国古代的官学系统中有律学、医学、书学、算学等，用以培养专业技能人才。在我国古代，朝廷官设学府专门为官员系统进行律学、医学、书学、算学等科目培养。目光转移到西方，在古罗马和古埃及也有类似的学校，他们的培养目标有公民也有政治家，同时还有教授法律、医学和建筑等课程的学校。参看现在成熟的大学，古代时期的这些学校也许并不能够达到真正意义的大学标准，更加够不到研究生教育，但是从其教学目标、学习对象和教学方法上看，就有点专业学位研究生教育的滋味了。"初生之物，其形必丑"，古代教育是现代教育犹如成熟的物种，而古代教育犹如早起丑陋的祖先，虽然不

完美，但是具有不断进化的潜力和逐渐完美的机会，它的存在给现在大学教育的出现提供了可能。

经历过古代的发展，西方的历史进入了黑暗的中世纪时代，在这一时期各种社会矛盾尖锐，王权和宗教之间斗争不断，近代城市的初步形成、基督教开始发展壮大，同时东方文化也涌入西方，正是在这样社会动荡、文化混乱情况下，大学这一高等教育学府犹如新星一般出现了，并随之逐渐成为整个人类优秀智慧的结晶。被称为近现代大学之母的中世纪大学，已经有很多能够让近现代大学继承的独特基因。现代大学中很多部分都是源自这样的独特基因，在近现代大学中的教学安排、课程设置、考核体制以及学位制定和授予等就是中世纪大学的典型基因。我们说中世纪大学在人类大学制度的诞生史上具有很重要的地位。当我们从中世纪时期大学的学位和教学研究着手，专业学位研究生教育的影子也就被我们捕捉到了。

在欧洲进入 12 世纪后，一些地区快速发展，在西部和南部逐渐出现了一些由学者组成的类似大学组织——公会，从而满足社会文化、经济、政治和宗教发展对大量高层次人才的需要。在这些公会（大学）当中就有了非常明确的教育目的，培养专业方向高层次人才，例如在巴黎（Paris）大学的神学和七艺教育，被人称赞，萨莱诺（Salerno）大学的医学教育闻名欧洲，博洛尼亚（Bologna）大学以法学法律教育为长，此外还有许多。更加令人惊讶的是，"硕士"（拉丁语 magister，即 master）、"博士"（doctor）的称谓在这个时期就出现了！中世纪大学就是近现代的学位制度的起源。在这一时期设立大学是为了保证行业从业者的资质，保障行业正常发展，从业者需要通过大学内的学习和培养，进行特定的资格考试后，才能够获得行业从业资格。此时的大学是为了行业职业资格的培养和认定而存在的。教师、医生和法律职业许可是在中世纪大学里最初出现的。在当时，硕士和博士称谓可以用在教师身上。到了学位制度出现的 13 世纪，在不同大学之间对于硕士和博士的称谓使用方式有所不同，但是两个称谓的高低和评定没有什么分别。此时有这两个称谓的人也被称为教授，在之后相当长的时间里，这三个称谓并没有什么区别。时间再向前推进，到了 15 世纪，大学教育进一步发展，开始出现不同的层级分类，此时"硕士"和"博士"头衔开始体现学子学位的高低之分。"硕士"头衔被授予在基础学部（七艺为主的学校）等低级学科顺利通过考核的毕业生；"博士"头衔需要已获得硕士头衔的学生继续学习医学、法学和神学等高级课程，通过艰苦的学习和考核后才能获得。另外，这时还出现了学士（通常被称为 baccalaureus（bachelor））。学士指的是那些已经进入了大学，学习了一部分基础学部的课程，此外也能够帮助教师进行辅导教学，还未获得硕士头衔的学子。这样的称谓在之后逐渐成为学士学位。由此，学士、硕士和博士的三级学位层次结构在中世纪的末期已经有了雏形。从前面我们知道，行业职业资格的培养和认定是中世纪大学教学活动的目标，这和近现代大学学位证书有着明显不同，前者是就业资格的证明和标志，后者则是学习经历和受教育程度的证明。中世纪大学留给近现代大学的不仅仅是学位制度上的称谓，其在学位内涵和精神、职业指向以及资格认定标准上的遗产也是十分珍贵和具有价值的。笔者认为，现代专业学术研究生教育理念和中世纪大学的以职业资格为目标的理念是极其相似的，中世纪大学教育的职业资格认定的目的、功能和指向与现代医学、教育和法律等硕士博士学位在认定上有着惊人相似。所以中世纪大学教育犹如专业学位研究生教育之母。另外从两者在培养人才的过程上看，也是有着许多类似之处。

（一）入学对象和学习年限的相似性

在中世纪时期，如果学生能够被大学老师所接收，并且能够支付学习期间的各种费用，那么就能够进入大学进行学习，此时并没有限制学子的年纪、受教育水平和其他特定的条件，当然也不会有入学考试。虽说无条件进入，但是为了保证学子能够具有学习基础，针对没有基础的学子也会有学前预备教育，完成学习后再进行大学课程学习。我们说对学生年龄没有限制，但是也存在普遍年龄和学校差异，在巴黎大学刚开始学习七艺等低等系科部分的学生，年龄一般在 10 多岁，而进入高级系科学习法学、医学或者神学的学生年龄一般是 20 多岁的成年人。在另一所大学——博洛尼亚大学学习法学法律的学子 20 多岁的成年人占大多数。中世纪大学当中学习年限也有着不同。1215 年颁布的《巴黎大学章程》规定：在低等系科（基础学部）的学习年限至少要有 6 年时间，如果想要担任大学教师岗位年龄必须满 21 岁，此外想更进一步取得神学学位，求学者至少还需要 8 年的学习，参加考试的年龄也有限制，要求年龄至少达到 35 岁才行。在另外一所著名中世纪大学博洛尼亚大学里，5 ~ 10 年是法学学习者的学习要求年限。从这里我们发现，在中世纪大学中进行高等系科或者高级学部学习的学子年纪也大都在 20 多岁，和现代专业学术研究生教育的学子年龄相仿；此外他们学习年限也类似于现代大学教育学制（硕士 2 ~ 3 年，博士 3 ~ 6 年）。在中世纪大学，教师具有是否接受学生的选择权利，学子通过自身条件得到教师认可，教师指导学子学习，这样类似师徒教学的模式和近现代大学导师制度有着不谋而合之处。

（二）课程结构的相似性

我们看一下中世纪大学时期的课程，其大学课程有主干课程、基础课程和辅助课程。在基础课程当中学习内容就是音乐、文法、修辞、逻辑、几何、算术和天文 7 门内容，也就是我们说的七艺（liberal arts），这些学习是安排到基础学部进行的。其中课程的内容主要来自各个领域杰出学者的著作成果，例如西塞罗、欧几里得、亚里士多德和托米勒等杰出学者。基础学部的学习注重学生基础能力的培养和基本知识的掌握，为将来进入高等学部学习打好基础。中世纪大学进入13 世纪中叶后，社会科学的发展推动了课程内容的改变，基础学部除了教授七艺课程外，还增加了形而上学、道德哲学和自然哲学三种哲学类的课程内容。在学子完成低等系科的学习后，经过考核顺利毕业者能够继续进行高等系科课程（高等学部）的专业学习，将学习医学、法学和神学专业课程。主干课程是中世纪大学里的重要内容，类似现代大学的主修课程，课程教师往往由教学能力强经验丰富的资深教授担任，对于使用的教材也有着严格的规定，类似现代大学主修课，不同专业的学生学习的主干课程也有着不同。这里举个例子，在高等学部里的法学部，教会法方面的主干课程内容是"教令集"和"教皇令集"，市民法方面的主干课程有"旧学说汇纂""救法汇纂"。和主干课程相对的就是辅助课程，其教授老师通常为资历和经验尚浅的年轻老师或者学习优秀的高年级学生，这类课程开设的意义能够从其名字中得到解答，也就是辅助主干课程的学习，帮助学子巩固主干课程的学习内容，梳理知识结构和完善其理论思想。其开课时间也就自然随着主干课程的安排开设。在这里，主干课程和基础课程是必须学习的，也就类似我们现代大学的必修课，且不能缺勤。在必修课程教授完毕后，会有考试检验学习成果。辅助课程就和我们现代的选修课相似，学子能够选择不修或者中途停止，并且也不需要进行考试。中世纪大学当中主干课程类似我们的必修专业课，基础课程类似我们的公共课，最后辅导课程类似我们的选修课，中世纪大学和我们当代大学中的研究生教育的课程设计和安排如出一辙。

（三）教学方法的相似性

中世纪大学普遍采用的两种教学方法是"讲读"与"讨论"。"所谓'讲读'，其实就是让学生知道什么是'权威'，其目的是通过阐释权威来学习那些应该学习的重要内容。对于教授而言，所谓'讨论'，就是针对某些问题进行自由而深入探讨的一种手段。开展讨论时，任课教授并不是完全围绕教科书提供注释，而是根据教授个人的想法来安排。"相对于"讲读"，"讨论"则生动活泼得多。讨论课分为两种：①正式的讨论课，即围绕教授确定的主题，由学生自由发言和提问，助教和教授进行引导、点评，并解答有关问题；②自由讨论课，每年要举行 1 ~ 2次，在公开场所进行，学部全体成员都要出席，规模很大。讨论的主题不局限于学术问题，任何问题都可以提出来讨论，与会的教师、学生和其他学者进行针锋相对的辩论，最后整理汇集成"辩论集"。中世纪大学的教学方法与现在研究生教育所倡导和施行的教学方法极为相似，"讲读"是教师对经典著作（教材）的讲解和阐释，与研究生课堂教学中的教师讲授法别无二致，而讨论课与我们倡导的研讨式教学法也是相通的。

（四）实践环节的相似性

中世纪大学与职业资格挂钩的性质决定了其对于教育的实践和应用性的重视。在低等系科当中，非常重视学生思维与语言表达能力的培养，这一点也利于文法老师的培养。学生在语言表达能力上的训练是在学习"七艺"当中的修辞、文法和逻辑中进行的，在思维和逻辑能力提高上面主要进行算术、几何、音乐和天文的学习。另外在中世纪大学中经常举行研讨会，这个活动也是对学生的语言表达和思维能力两者进行训练的重要活动。另外对于高年级学生需要担任辅助课程的教学、解疑和知识梳理等教学任务，这种方式一方面减轻了教授的教学压力，同时也是大学教学方式的一种，有利于高年级学生知识的认识和提高。从这里也能够看出中世纪大学对于高等学部里的高年级学子有着更高的要求标准，对其实践能力的训练也更加严格。例如，萨莱诺大学早在1224年由腓特烈二世颁布的有关医学学习和医生开业的法令中就规定：学医的人在3年预科结业后，必须读完5年的医学课程，然后在有经验的医师指导下实习一年，之后再参加正式考试并及格，才能经王室核准行医。大学进行的实践医学方面的教育训练，不仅涉及疾病类型、治疗方法等课本知识的学习，而且包括毕业之前要求花费一定时间进行医学实践的规定和机会，研究学习描述个别案例的会诊文集，当一位高级教授或者医疗从业者出诊时要随同。医学生也必须要观察人体解剖实验。牛津大学民法博士要进行为期一年的民法诉状实践训练和讲演，教会法博士要进行案例学习，并与指导教师进行专题论辩训练。在这里我们能够发现，中世纪大学对实践教育的重视性，与现在研究生教育在实践环节里教育目标和教育方式是一致的。

（五）毕业考核的相似性

中世纪大学对教育过程十分重视，同时在毕业考核中也明确规定了一系列制度和程序。在考试方式上，通常会选择口头答辩的形式，又根据参加人数分为公开考试和个别考试，两者都要参加。前者更多是为了授予学业学习合格者职业资格证明，而后者是对于学生学习成果的检验和考核，类似于我们的结业考试，通过者才有资格得到职业资格。在中世纪的博洛尼亚大学，已经完成学业学习的学生首先向导师申请参加个别考试，导师同意后大学相关教师会对学生的学业成绩进行审查，审查无误后交纳考试需要费用，然后等待考试。参加考试之前，教师会先给学生一段文献内容，在个别考试过程中，由4名教师和副主教或为代理人对学生的演讲进行考察和提问，判断学习对于文献的掌握和理解及其专业能力。之后5名教师将秘密商讨和投票，决定个别考试学生的学业学习是否合格。要想正式获得教师资格证，还必须参加随后举行的公开考试。公开考试非常隆重，一般在大教堂或集会场所举行，候选人穿着专用的学术服饰，面对听众发表讲演或做一个专题报告，然后由主持人致颂词，并代表教皇庄重授予授课许可证和学术徽章。"他一手拿着一本打开的法学教科书，一个手指上戴着金戒指"，他可以正大光明地从事教师职业或其他工作。从这里可以看出，中世纪大学毕业生的个别考试与我们现在研究生教育中的学位论文答辩非常相似，公开考试——"授衔式"则是学位授予仪式的前身。

（六）就业去向的相似性

在中世纪，能够进入大学完成学业，并获得"硕士"或"博士"头衔，取得教师资格的人凤毛麟角。他们拥有很高的社会地位，大多数进入了教师行业，走上了收徒授课的教学生涯。当然，也有不少卓有声望的大学教授积极参加社会事务，或脱离教职进入其他相关职业，例如，许多神学教授和教会法教授在教会里就任要职，法学教授参加重大案件的诉讼，医学教授开办医院等。随着政治、经济和社会的发展，大学及入学人数的增多，越来越多的毕业生在大学之外谋职。在中世纪大学的毕业生中，一部分以教学为业，其他的则从事与专业相关的实务性工作，这与现在专业学位研究生的就业去向大同小异。

尚需指出的是，尽管中世纪大学教育与现在的专业学位研究生教育在形和神上都有诸多相似之处，但在实质上仍大相径庭。中世纪大学尚处于大学成长的幼年期，规模小、管理松散、学习条件不完备，还经常迁移，教师水平参差不齐，课程零散随意，教学内容单一贫乏，学位体系与制度也很不健全，与现代大学研究生教育良好的办学条件，规整的课程结构，体系化的教学内容，完备的教学管理制度与层级分明的学位制度等都不可同日而语。不过，用历史的眼光和发展的眼光来看，中世纪大学教育所具有的专业学位研究生教育特征也是毋庸置疑的。

二、专业学位研究生教育的产生

尽管中世纪大学出现了近现代学位制度的萌芽，并具备了专业学位研究生教育的某些特征，但是中世纪大学毕竟是近现代大学发展的幼年时期，尚没有形成系统而完善的高等教育体系，自然也就没有出现严格意义上的研究生教育。而且，在步入近代以来，大学并没有伴随着欧洲经济、政治、社会与文化生活的巨变而与时俱进，而是继续徘徊于经院哲学的窠臼里自我欣赏、故步自封、不思进取，特别是教会与王权的激烈争斗，新旧教派分化与冲突，以及不时发生的政治迫害都让大学成为政治斗争的"跑马场"，大学的发展长时间处于停滞状态，成为保守主义的堡垒、时代的落伍者和被人遗忘的角落。近代的科学革命、工业革命和思想启蒙运动都发生在大学之外，大学对世俗化的无动于衷和对科学研究的漫不经心，都使大学失去了知识堡垒和社会灯塔的功能，即便是"职业养成所"的旧有作用也因为没有顺应时代变革而显得不合时宜。大学学位原本是教师的从业资格证，但随着学位获得者的增多和大学发展的缓慢，真正能够从事教师职业的毕业生越来越少。

作为培养专业人才的高级学部（神学部、法学部、医学部），其课程体系与教学内容长期陈旧不堪，没有及时地吸取科学革命的新成果，缺乏系统而专深的职业训练，与社会的现实需要严重脱节，学位授予没有明确的标准，变得越来越形式化。由此可见，无论是教会还是世俗政权，对大学毕业生的质量都是不信任的。作为大学毕业生曾经的最大雇主，教会甚至另立神学院，由自己培养教士，以取代大学神学院的毕业生。如此一来，一方面大学学位原有的职业资格证书价值大打折扣，出路狭小；另一方面大学也培养不出当时经济社会发展急需的工程师、技师等专业技术人才，再加上大学学费昂贵、学习时间长，使得大学在近代的洪流中逐渐步入穷途末路，走向衰败。"我们必须注意不能将大学学位或者是获得的资格直接等同于学生以后的职业。我们单凭学生大学课程的知识不足以预测他将来的职业前途。在法国大革命前，欧洲没有任何一个国家拥有我们所说的完全开放的智力市场，雇主也没有为学位所困扰。血统、才能和经验非常重要，三者的结合是好职位的保障。"学位与职业资格的疏离、人才培养和现实社会需求的脱节使恪守教条、墨守成规的传统大学丧失了立足之本和发展的外部动力，直到德国新大学运动兴起，"学术自由""教学与研究相结合"等现代大学理念和制度逐步确立，研究生教育正式产生，大学才重新焕发出强大的生命力，逐渐走出困境。

在思想启蒙运动的催生下，18世纪的德国经历了两次大学改革运动，一批新式大学建立起来，尤以哈勒大学和哥廷根大学最为著名。哈勒大学被德国教育家鲍尔生誉为"不仅是德国的而且是欧洲的第一所具有现代意义的大学"，德国启蒙运动的重要代表——托马西乌斯、弗兰克、沃尔弗三位哲学家长期在哈勒大学执教。在他们的共同努力下，哈勒大学废弃了沉闷、枯燥、无用的经院主义课程，使教育贴近现实生活，倡导德语教学和科学知识的实际运用，并使哲学从神学中独立出来，"成为学术自由的第一个发祥地"和"进行创造性科学研究的最早基地"。哥廷根大学是仿效哈勒大学而创建的。闵希豪生时期的哥廷根大学，其神学课程被进一步削弱，哲学院受到前所未有的重视，现代科学课程陆续进入大学，大学的科学研究职能开始显现，科学实验室、天文台、解剖示范室、植物园、图书馆等建立起来，海涅创办了著名的语言学研究所，格斯纳举办的哲学"习明纳"（Seminar）成为德国高等教育史上的第一个"习明纳"。大学教学也发生了重大变化："①主张人类理性独立原则，并以现代科学尤其是数学和物理为基础的现代哲学，取代亚里士多德烦琐哲学；②研究和教学自由的原则取代了严苛而僵硬的教学形式；③在教学方法上……由系统的讲座取代了死抠经典课本的陈旧形式……④与经院哲学的争吵开始渐渐消停，取而代之的是大学研究班的日渐兴盛……⑤呆板模仿古代语言的旧人文主义，被对古代尤其是希腊进行活的研究的新人文主义所取代……⑥德语取代拉丁语成为教学载体。"在新式大学的影响下，德国的其他大学也陆陆续续进行了现代化改革，展现出强大的活力和崭新的精神风貌，为研究生教育的产生奠定了坚实的基础。现代研究生教育的产生和正式确立则归根于19世纪初创办的柏林大学。

在1806年的耶拿战役中，普鲁士惨败于法国，被迫割地赔款，包括哈勒大学在内的6所大学都在被割让的领土之内。一批从哈勒大学转移出来的教授提出在柏林创办大学的建议，得到了普鲁士国王的支持。柏林大学于1810年正式开学，这所大学充分体现了斯莱尔马赫、费希特和洪堡的教育理念和办学思想，是一所全新的、在现代大学史上留下浓墨重彩的大学。它的"新"集中体现在以下几个方面：①旗帜鲜明地倡导和践行学术自由，鼓励教师与学生的独创精神，赋予大学教师科研自由、教学自由及学生学习自由，反对国家对大学的干涉，强调大学为国家的长远利益而非眼前的利益服务。②拓展了传统大学传授知识、培养人才的职能，主张大学的主要任务是追求真理，开展不含实用目的的"纯粹科学"研究，正式确立了大学的科学研究职能，并大力推进教学与研究相结合，"柏林大学从最初就把致力于专门科学研究作为主要的要求，把授课效能仅作为次要的问题来考虑；更恰当地说，该校认为在科研方面有卓著成就的优秀学者，也总是最好和最有能力的教师"。③提升哲学院的地位，使哲学院成为大学的中心，现代的科学理论和研究方法进入大学课程和教学内容，原有的高级学院课程的理论化程度也大大加强。④"习明纳"（专题研讨班）方法全面推广，研究所不断增多，"柏林大学1820年有12个正式的习明纳，一半在哲学院和神学院，一半在医学院。随后的20年中又增加9个，其中医学6个，哲学3个"，那些有志成为研究者的学生在大学教授的指导下进行学术研究，完成一篇有创见的博士学位论文，通过答辩后被授予博士学位。德国其他大学纷纷以柏林大学为榜样，学术自由和科学研究蔚然成风。与此同时，德国的技术学院（以培养实用性技术人才为目标）也逐渐摆脱纯粹的"职业"中心性质，转而从事更加注重理论基础的应用科学教育，呈现出更多的大学特征，通过考试的合格毕业生就能够得到毕业文凭证书，此证书有着硕士学位一样的效力。高等教育的层级分化凸显出来，硕士学位与博士学位代表不同的教育层次，由此现代研究生教育体系正式形成。在19世纪中期的德国，在经历过新大学运动之后，德国国内教育和科研水平迅速发展，教育、科研等领域开始需要大量具备高素质要求的人才，在这种社会形势下，德国研究生教育顺势而生。德国19世纪中期出现的学徒式研究生教育，不仅是德国研究生教育史上的最早形式，而且是世界研究生教育史上的最早教育形式。德国的新式大学和研究生教育的出现及其在高层次人才培养和科学发展上所起的巨大作用，成为各国大学竞相效仿的榜样。其中，以美国大学学习、借鉴得最为成功，它们不仅学习到了德国研究生教育模式的精髓，而且进行了本土化的改造、创新和发展，并最终在学术学位研究生教育的基础上孕育了专业学位研究生教育，实现了研究生教育的内涵不断丰富和分类发展。

德国大学的先进理念和卓越声望吸引了大批美国青年学者到德国求学，"在19世纪的百年时间里，大约有1万名美国学生在德国大学学习，仅柏林大学一校，就接纳了5000名美国学生"。这些美国学生学成归国后，不仅带回了前沿理论和科学方法，而且带回了德国大学的理念和办学模式。

不过，作为一个新兴的资本主义国家，美国有深厚的实用主义传统，在对德国研究生教育模式的借鉴和改造中，一方面保持了学术性特征，另一方面也增添了实用性的课程。"德国学术自由的思想……与美国19世纪四五十年代工业化所赖以发展的思想基础——功利主义相结合，导致了美国大学专业与课程设置的非学术化，朝着当时流行的德国式的纯学术相反的方向发展，增设了大量应用学科"，推进自由选课制，这就使美国研究生教育一开始就呈现出与众不同的特点。1858年，密歇根大学在时任校长、留德教育家亨利·塔潘的领导下，制订了第一个正式攻读文科硕士学位的计划：学士学位获得者至少修完一年的学习计划（每学期至少修习2门课程），通过考试并提交一篇论文，就可被授予文科硕士学位。这被看作美国研究生教育的开端。1860年，耶鲁大学设立了美国第一个博士学位项目，并于1861年首次授予哲学博士学位。此后，美国研究生教育在大学缓慢发展起来：佐治亚大学1868年开始授予硕士学位；哈佛大学1869年开始授予硕士学位，1873年开始授予博士学位；康奈尔大学1872年开始授予博士学位；约翰·霍普金斯大学 1876 年开始设立研究生院,大力发展研究生教育。有不少学者认为,这一时期的美国研究生教育只是徒有虚名,科学研究特征不明显,主要是一种学士后课程教育,更倾向于把约翰·霍普金斯大学设立研究生院作为美国研究生教育历史的正式起点。"研究生院是美国在学习德国研究生教育过程中的重大创新。……在某种意义上,它比德国大学更好地实现了教学与科研的统一;它使研究生教育摆脱德国教授狭小的实验室和个人研究的局限,消除了学徒制的残余和纯理论研究的偏颇,更好地服务于社会经济发展的需要。"到 1900 年,美国开设研究生课程的学校已达 150 所,其中 1/3 的学校开设了博士课程,在读研究生人数达到 5668 人,年度授予哲学博士 300 多个。同年,美国大学协会(Association of American Universities)成立,致力于提高研究生院的标准,保证研究生教育的质量,推进研究生教育的正规化和制度化。

不同于德国大学的唯理传统,美国大学深受实用主义哲学和科学教育思潮的影响,加上南北战争后《赠地法案》的实施及威斯康星观念的传播,大学开始主动肩负起服务社会的职能,其中为社会培养高层次应用型人才就是其重要内容之一。当德国大学的"学术自由"与"教学与研究相结合"的理念同美国大学"服务社会"的志趣相结合,当学术型研究生教育的高层次性与科学研究特征同实用型专业技术人才培养相融通,就在客观上成为孕育专业学位研究生教育的温床。随着美国经济与社会的快速发展,各行各业对高层次人才的需求日益多样化,单一的以培养学术型人才为目标的传统研究生教育模式已不能满足实际需要,在这样的背景下,以培养高层次应用型人才为目标的专业学位研究生教育应运而生。1908 年,哈佛大学授予全美第一个工商管理硕士(MBA)专业学位,并于 1913 年建立独立的工商学院。1920 年,哈佛大学首设教育博士,招收在教育领域工作的实践人员,采用在职学习的方式,学制灵活,学位论文选题要求紧密联系实际。这标志着专业学位研究生教育从学术学位研究生教育中正式脱离出来,成为研究生教育的一支新兴力量和重要组成部分,走向了独立发展的康庄大道。此后,不同类别和层次的专业学位不断涌现出来,专业学位以其明确的职业定位、独特的培养模式和强大的适应性和灵活性赢得了广大学生和雇主的认可并得到了蓬勃发展,逐渐成为美国研究生教育体系的中流砥柱。美国专业学位研究生教育的发展引起了世界各国的广泛关注,各国也纷纷学习和借鉴美国模式创建本国的专业学位研究生教育体系。由此,专业学位研究生教育在各国各地区生根开花,繁荣发展。

第二节　专业学位研究生教育的特征

一、专业学位教育的内涵及基本特征

（一）专业学位教育的内涵

专业学位的称谓是与学术性学位培养目标和教育方式不同，也为了相区别而采用的一种学位类型称谓。专业学位的教育目标是为了培养在掌握基础理论和专业知识的基础之上，还具备实践能力、创新能力的应用型综合高级人才。

专业学位教育如果按照层级划分，本科阶段被称为专业学位学士教育，研究生教育阶段就是专业学位研究生教育，在研究生教育阶段又能够根据硕士和博士被划分为专业硕士教育和专业博士教育。目前在我国各个高校中，绝大多数的高校主流是专业学位研究生教育，专业学士学位教育只有在少数开设建筑学的高校才有。专业学位研究生的教育目标是为了培养在掌握基础理论、相关领域中专业知识的基础之上，还具备实践能力、创新能力的应用型综合高级人才。它在和学术型研究生教育相对比来说，都是学位研究生教育的一部分，不同的是两者的教育目标、教育对象、教育方式和考核方式。专业学位研究生教育的教育目标是为社会培养具有专业理论基础同时具备职业素养的应用型人才，使其有望成为行业内的中流砥柱。其在起步时期，教育对象主要是企业的在职员工，主要针对专业技能和理论知识进行培养和提高，后来祖国经济高速发展，社会对高等人才的需求日益增大，所以专业学术研究生教育也开始面向本科毕业生了。

（二）专业学位教育的基本特征

专业学位研究生教育不但具有普通研究生教育的基本特征——专业性、研究性和创新性，同时还有自己的特殊性，即职业性。

研究生教育是一种典型的社会实践活动，它的活动目标是为社会培养拥有专业理论知识和优秀应用实践能力的创造科研能力高级人才。研究生教育具有实践属性、研究属性和创新属性三大重要属性。长久以来，创新属性被认为只是学术型研究生生教育需要具备的基本和重要属性，职业属性被认为是专业型研究生教

育才需要重视的内容，研究生教育里只重视了单一属性，没有重视学术型研究生教育过程中职业属性和专业型研究生教育的创造属性。当下社会对于研究生教育的要求已经上升到对复合型高层次人才的需求，仅仅注重一项属性无法满足职业应用实践的需要，所以我们需在教育阶段重视理论和实践相结合，教学目标和职业要求相结合，基础锻炼和创新能力培养相结合的新研究生教育方式。掌握按照创新的规律，首先要对某项工作或者事物有着相当高的了解和熟悉，对于其内在规律和相关知识有着清楚的思维和理解，在此基础上通过改进或者突破固有模式而产生创新，这种创新规律也符合研究生教育的创新属性。

专业学位研究生教育是"具有职业背景的一种学位"，专业学位会逐渐成为"相应职业岗位（职位）任职资格优先考虑的条件之一"，因此专业学位研究生教育的另一个基本属性——职业性，是它区别于学术型研究生教育最主要的特征。专业学位研究生教育过程中所坚持的职业性就是某种职业所特需的知识或者能力，这样的知识和能力是具备实用性和某些创新性的。

二、专业学位教育的学位教育属性

（一）学位的本质属性

对于学位（degree）的含义我们能够发现很多，在《西方教育词典》一书中，认为学位是资格（qualifications）证明，是受教育者达到合格的一种证明。这一解释的原因源于在专业教育起源时期是以培养合格的职业从业者为目标的，学位一词被用于称呼合格的毕业者。而在 1986 年中国出版的《简明不列颠百科全书》一书中，学位是一种头衔，用于授予在大学中取得一定学术水平或者完成某种学习并合格的人。还有在《中国大百科全书·教育卷》当中，认为学位是对某种学术领域的水平高低的衡量，并且需要经过刻苦的教育学习，然后通过检验才能得到。所以学位头衔对取得者来说是社会的肯定和鼓励，也是一份荣耀，另外更重要的是对取得人的学习能力以及专业水准的肯定和认可，是一种证明。综合上面的学术意义，我们得出这样观点，学位是一种对专业能力和水平高低的衡量，是对持有者经过高等教育、具备专业能力和知识水平，并且通过了检验的一种证明。

所以总结学位的特点：首先，学位是社会文明发展到一定阶段的结果，是人类教育水平进步的体现，是高等教育中的重要内容，是学位制度的基础。其次，学位是对专业能力和水平高低的衡量标准，是对一定学术水平和能力的客观评价。再者，学位也是社会对学位取得者的肯定和认同，是对其努力学习的成果给予荣誉的肯定。最后，就是知识和能力的象征。学位拥有者具备专业的理论基础，在知识的学习、运用和创新上能够满足要求，并且有着自己的知识结构，继续学习和进步的能力和素质。

（二）专业学位的学位属性

最早的学位称谓是用在教师身上的，此时学位称呼更多代表了施教资格，得到学士称谓的人也就有了教师资格，能够进入教师行会。从这里我们看出，从中世纪大学获得学位的合格学子也就拥有了某行业的从业能力和资格，学位的这种属性和我们现在的专业学位有着相似的职业意义。学位本身也是教育的成果，学位称谓、等级和实际内涵的发展随着社会经济、文化、教育水平等的进步也逐渐适应和发展着，这一典型的发展进步也是人类文明发展历史的典型。当前的专业学位教育也是从历史中不断适应社会发展潮流，逐渐发展出专业多样化和领域综合化的形式，其研究内容也从最初适应职业需要而发展为科学、文化、宗教等方方面面，它的存在是现代学位中重要的部分，也会在未来越走越远。

当下专业学位教育有着更加重要的人才培养目标。过去学位被授予人具备某领域专业知识素养和良好的研究解决问题能力即可，但是现在专业学位教育的要求不仅限于此，还有学习的反思改进能力、继续学习相关广泛领域知识能力、专业实践方法应用能力以及统筹评定工作质量能力。从专业学位教育的培养目标和学生能力要求来看，我们就能够得到其教育性质。所以我们说专业学位教育在研究生教育当中，和学术性学位教育具有同样重要的地位。

三、专业学位教育的职业教育属性

（一）职业教育及其本质属性

职业教育作为人类教育的一部分，已经存在很久，在培养社会职业者上面起到非常重要的作用。相关学者对职业教育的意义也有许多不同的理解：斯内登认为职业教育概念指的是为有利于生活所受到的教育；学者杜威认为就业者或即将就业者为工作而受到的教育才是职业教育；在权威的《国际教育词典》中职业教育是这样定义的：职业教育是指在某种机构或场地（学校）为提高某种职业技能以适应工作需要而进行的活动行为。

所以我们说职业教育是随着社会不断改变和发展的。现如今职业教育有了新的明确定义：职业教育的对象是具有教育基础的从业者或者就业者，在他们就业过程中（就业前、就业后、再就业和职业后）为帮助其适应职业需要，学习职业知识、提高职业技能和培养职业道德等等进行的培训教育活动，目的就是使被教育者拥有专业职业技能和知识、具备高尚职业荣誉、熟悉和遵守职业规范和纪律，满足社会对职业者的需求和要求。从教育一般规律上讲，职业教育分为初级、中级、高级等程度。

不同的事物具有不同的特性，这是由其本质属性所决定的。和社会中其他类别的教育不同的是职业教育有着更加明确的职业目标、实践能力目标和社会目标。首先，职业教育的职业目标十分明确，就是以职业为标准进行的。从教育内容来看，职业教育学习者学习的是某种职业所需要具备的专业知识和能力；从教育深度来看，职业教育的受教育者按照不同级别的要求，在具备专业知识和能力的基础之上，也要有与职业相匹配的相关职业素养。还有职业教育的过程与社会有着更加深度和紧密的交互联系，在一定程度上具有服务社会的意义。最后我们要说的是，职业教育过程中对实践环节和应用能力的重视度是其他教育类型不能与之相比的。

（二）我国职业教育的发展趋势

近年来，职业教育飞速发展，已被世界各国重视，职业教育正在向体系化发展。随着社会不断进步发展，职业流动率不断增高，为了应对职业教育的发展趋势，职业教育应该具有不同于普通教育体系但却与普通教育并立而行的多种教育层次和开放式结构教育体系。

为反映世界各国教育体系发展的共同趋势，联合国教科文组织（United Nations Educational Scientific and Cultural Organization，UNESCO）于 1997 年 3 月推出"国际教育标准分类"最新版（International Standard Classification of Education，ISCED）。把教育体系这个整体分列为三个系列和七个层次。其中三个系列分别为 A（设立普通学科性课程计划的教育）、B（设立专业型课程计划的教育）、C（为劳动力市场培养劳动密集型的初等、中等实用性劳动者）。在 A 系列中又分为从 1A（一级教育——小学教育）到 2A（二级教育——初级中等教育）到 3A、5A、6A（六级教育——博士研究生教育）的教育类型。而相同的在 B 系列中也会分为初、中级，专、本科和硕士、博士以及博士研究生等多个层次的教育。为将职业教育作为一个层次完善的体系，还设立了四级教育，作为普同教育和职业教育沟通的"立交桥"——即 4A 和 4B 的预科教育。分为以下步骤：在接受 3A 的知识传授掌握高级中等普通教育后，只能先进行 4B 来补习高级中等职业教育知识，才能接受 5B 的专科和本科的职业教育。若想在接受 3B 的高级中等教育后，再接受 5A 的专科和本科的普通教育，只能够先进入 4A 进补高级中等普通教育后才能进入。此时就显现了四级教育的"立交桥"和"通道"作用。也可以说是 B

系列教育为受教育者提供可随时根据自己的兴趣爱好、特长志向以及自己的特殊的个性化需求来培养各类型的、各层次的实用型技术、技能人才。

当今世界经济全球化日趋完善成熟促进经济不断发展，这就要求高级应用型人才向多样化发展。自1978年实行改革开放的几十年以来，特别是从中国加入世界经济贸易组织以来，国内经济得到空前的发展优势，经济发展方式发生了巨大的转变，由以前的粗放型经济发展方式逐渐转变为以集约型发展方式为主的形式。与此同时中国内部的经济结构变化尤为突出，劳动力结构及人才结构的转变极为明显，上升趋势明显并逐渐走向以高新技术发展为主的制造中心，促成了未来的人力资源结构的转变。因此我们认为的那些普通教育下自然成长的高级应用型人才还是供不应求，因此我们更应该重视并发展更加高级的高层次的高级职业教育，从而才能培养出大批高精尖技术人才来适应社会的发展，促进社会进步。

随着社会的不断发展，教育的内涵也在发生着变化，因此改变职业教育中的终结性教育因素就更加迫切，换言之重新构建一个层次桁架完整的职业教育体系能够成为构建一个开放的社会化的终身教育体系的有利因素，也能够更好地适应教育内涵的发展和扩展。1965年，朗格朗（Paul Lengrand）提出了终身教育（lifelong education）的思想。在他看来，面向全体社会成员的这一过程同时涉及从生命开始到终结的全过程，也因此他始终坚持认为终身教育既是整体的也是持续的。而终身教育的提出和"以人为本"教育思想的普及能够促进社会日益走向学习化。因此，在个体发展的观点和教育机会均等原则的秉持下要为每个个体争取发展研究生层次的职业技术教育，从而能够为每个个体的发展提供更加广阔的空间，并能够为保证职业技术人才的发展提供各种更深更宽的接受教育的渠道。

随着当今教育情势的发展，结合教育现况和未来发展情势来看，我国的职业教育体系将发生前瞻性的变化。目前的传统的封闭式教育将不再适合教育发展的趋势，其必将转变为全程的面向个体的开放式教育，这种教育形式灵活多样，并且能够适应经济社会发展，最重要的是能够与劳动和就业紧密相连，最终形成一种上述的终身职业教育服务体系。

（三）专业学位教育的职业属性分析

现今制约社会对高精尖高层次应用人才的需要的因素很大一方面是就业领域的变化导致的，就业领域的变化可以导致传统学位制度的紊乱。传统的学位制度教授的多是理论知识，因此传统学位获得者会缺乏相对的职业能力的培养，一旦踏出学术工作圈，他们会很难胜任实践方面工作的需要，以至于难以实现理论与实践工作的统一，从而制约他们今后的发展。反观专业学位则是针对学术性学位获得者而专门设立，能够帮助其达到理论与实践的统一，因此实践性就成了它的基本特征。它的主要特征就是除了具有相应专业的基本理论知识外，还具有将理论融合于实践的能力及一般意义上的应用能力，这也就是它与传统学位获得者最大的差别。

专业学位教育所具有的特殊性就是其鲜明的指向性，指向性则具体体现在它常常和相应的职业岗位以及相对应的职位获得资格结合起来。从 ISCED 来看，国际教育标准将专业学位研究生划分到 5B 和 6B 的层次中。其中的 5B 和 6B 的含义实际上就是教育标准里所指出的定向于某个特定的职业的课程计划。它们往往被设计为一种资格证书（这种资格证书是对获得某一特定的职业或者某一职业群过程中所需要的实际技术和专门技能方面能力的一种认知，通过者可获得进入劳动力市场的资格）；它不直接通向高等课程研究，但是它比 5A 和 6A 的课程更适应于面向实际工作，更能够体现职业的特殊性。专业学位所具备的职业背景，体现出职业体系决定专业学位研究生教育在教育结构上的分布。从职业教育体系来看，它与职业教育体系中的主流教育体系有着必然的关联。此二者的联系主要体现在培养人才方面的诸多相似之处以及培养目标中的侧重点，两者都是为经济建设而培养相应的高精尖技术型应用型的专业人才，都是以某种特定职业的背景为具体培养方式，并且依据该职业所需实际工作技能来实施锻炼型教学。

综上所述，专门为学位所培养的人才除了具有宽厚的专业理论知识和系统的专门知识外，还具有将这些知识应用到工作中的实践能力，能够进行相应的科研能力和单独负责研究的专门工作。同时专业学位教育不仅要有立足实践的教育，还要有知识理论方面的教育内容，强调在实践中探索知识运用的方法并同时进行学生对知识运用能力的培养，还要求在探索过程中创造新知识，以此体现知识发展的内涵和价值。由此可见，专业学位研究生教育所显现的新知识发展的属性即评价属性和知识的属性，印证了其学位教育的本质属性，从而能使专业学位教育成为一种专门的学位教育。

除上述内容外，专业学位教育还注重科学知识的开发运用以及在教学过程中的技术的开发和运用，主要培养的是应用型高技术高层次的人才来适应社会的特定职业或岗位的需求。文中各处提到的专业学位教育都是具有职业教育的特性（本质属性），但是不同的是专业学位教育不是一般普通意义上的单纯的职业训练或者说较低层次的职业教育。它除具有职业教育的属性外，还承担着相应的负责传授职业领域相关知识以及在实践中探索并发展相应专业知识的职责。因此专业学位教育所体现出的其职业属性方面的实践性、复合性的特点都决定着它是不同于一般单纯意义的学术教育的。

这样由专业学位教育所体现出的职业属性和广义上的知识属性结合在一起，二者共同制约着专业学位教育的本质属性，从而使专业学位研究生教育体现出"知行合一"的特点。社会发展所带来的学位类型的多样化的趋势，以及职业教育体系的高度化发展为专业学位发展提供了更加有力的支持。专业学位的发展必将丰富学位教育的类型和内容，同时也为职业教育向学位教育延伸提供了一种实现的可能。

第三节　我国专业学位研究生教育的产生与发展

伴随着现代大学的建立和发展，我国研究生教育制度也在20世纪初应运而生。无论是清末的《壬寅学制》《癸卯学制》，还是民国初期的《壬子癸丑学制》《大学令》等教育法律规章都有研究生教育的制度设计。然而，时局动荡、战乱不休及脆弱的高等教育基础，都让研究生教育难以生根开花。直到1918年，北京大学创设了文、理、法三科研究所，招收、培养研究生，才首开我国研究生教育的先河。此后，我国研究生教育缓慢发展，到1948年，有26所公立高校共设立了142个研究所，但研究生招生规模小，均以培养学术型人才为目标，年授予学位数目凤毛麟角。"在1943年5月至1948年4月的5年时间里，获得硕士学位者共232人。"中华人民共和国成立后，我国以苏联模式为参照，重建了研究生教育制度，研究生教育仍以培养科研人员和大学师资为使命。到1965年，我国共招生培养了23393名研究生，有力地支持了科教事业发展和经济社会建设。"文化大革命"期间，研究生教育制度被彻底废除，直到1977年才恢复招收研究生。从此，我国研究生教育驶入了持续、健康发展的快车道，专业学位研究生教育也随之应运而生，并不断发展。

一、酝酿探索期（1980～1989年）

1980年2月12日，《中华人民共和国学位条例》正式颁布，标志着我国学位与研究生教育制度正式确立。《中华人民共和国学位条例》在将我国学位分为学士、硕士、博士三级的基础上制定了各级学位的授予标准。无论是硕士学位还是博士学位的授予标准，其主流导向都是学术型的，强调学术水平的考核。例如，硕士学位要求"具有从事科学研究工作或独立担负专门技术工作的能力"；博士学位要求"具有独立从事科学研究工作的能力，在科学或专门技术上做出创造性的成果"。这与当时科研人员和高校教师奇缺的背景密不可分，但《中华人民共和国学位条例》关于硕士学位获得者具备"独立担负专门技术工作的能力"和博士学位获得者在"专门技术上做出创造性的成果"的规定，也暗含了专业学位研究生教育的意蕴，为专业学位研究生教育的萌生和发展提供了制度空间。1981年，时任国家教育委员会主任蒋南翔同志在国务院学位委员会学科评议组第一次会议闭幕式上指出，我们实行学位制度，培养博士和硕士，这是我国培养高级专门人才的一个重要渠道，但不是唯一的渠道。在这次会议上，临床医学组建议对培养医学博士、硕士和培养专科医生采取不同的方式，分成两个渠道进行。因为采取培养博士、硕士的办法来培养专科医生，恐怕不能培养出优秀的临床医生。这一建议是值得重视和研究的。其他有些学科也有类似的问题，这都需要分不同的情况，采取切合实际的措施，加以具体解决。这说明，当时教育部高层领导和学界专家都认识到了研究生教育类型多样化的问题，强调研究生培养要从实际出发。随着我国改革开放程度不断加深，以及各项事业健康有序发展，国内对高精尖高层次的应用型人才的需求日益显现，因此我国开始在研究生领域对研究生教育进行培养类型多样化的改革探索，面向经济和社会发展主战场培养高层次专门人才，专业学位研究生教育初露端倪。

为了培养临床医学高级专门人才，促进临床医学的发展，1983年12月，《关于培养临床医学硕士和博士学位研究生的试行办法》在教育部及卫生部的合作下应运而生。这一规范性文件内容丰富、表述清晰，涉及临床医学研究生招生、培养、学位授予的方方面面。在培养目标上，强调临床医学硕士和博士学位研究生"以临床实践为主，以培养临床医学专家为目标……侧重于临床医学诊断、治疗技能的训练"；在培养方式上，可采用脱产和在职两种培养方式；在招生对象上，要求至少具有一年以上临床实践经验；在学位论文上，临床医学硕士学位论文以"总结临床实践经验为主，对所研究的课题应当有新的见解"，临床医学博士学位论文应"具有理论性、专科临床的实践性和科学实验数据，对所研究的课题应有创造性的成果"。从1984年起，北京医科大学、中国医学科学院、中国协和医科大学和上海医科大学率先根据这一文件精神，开始招收培养临床医学研究生，这在很大程度上可以看作是我国专业学位研究生教育付诸实施的真正起点。

为积极响应教育部及卫生部门的号召，西安交通大学、上海交通大学及清华大学等11所工科院校，于1984年11月12～14日，在西安联合举行了有关培养工程类硕士研究生的研讨会议。经过与会22位代表的深入讨论，会后正式向教育部提交了《培养工程类型硕士生的建议》。该建议从工程类型硕士生的培养目标到培养环节，以及发展走向都进行了全面而清晰的界定，可以看作工程硕士专业学位研究生教育的"前世今生"。该建议于1984年12月31日被教育部（84教研司字031号）采纳并转发，并被批准以24所高校的工程类硕士研究生为试点对象，进行相应的培养方案的试运行，并以"工学硕士"学位研究生或者是"工程硕士研究生"对其进行统称，为他们的培养制订了专门的方案，并以为社会提供满足社会需求的高级工程科技人才为其最终培养目标。

1985年，《中共中央关于教育体制改革的决定》颁布，为我国高等教育包括研究生教育的改革发展指明了方向，它提出要以先进的科学文化知识和文化技术对社会主义各个工作岗位的工作人员和受教育的人进行武装，以为社会主义社会的发展培养全方位、全能的工作人员为最终奋斗目标。

为进一步促进临床医学研究生全方位培养计划的进行，我国于1986年颁布了《培养医学博士（临床医学）研究生的试行办法》，这意味着我国已经将对临床医学的重视发展到对医学博士教育的层面上来，当然这里所讲的医学博士教育不仅仅局限于西医，也包含中医和中西医结合领域。除此之外，该文件还以研究生的具体研究方向为依据，进行了具体划分，主要分为提高和培养科研能力与主修临床实践能力这两个方面。并对其毕业以后的学位进行了具体的规定，以科研能力培养为主要研究对象的学生，在达到博士毕业水平以后，会被授予医学博士学位；而在临床实践学习方面，水平达到博士水准的，毕业以后会被授予医学博士（临床医学）学位，与现在的学术性学位和专业性学位基本一致。这充分说明，在医学高层次人才培养上，对高等人才进行分类培养已经成为国家及教育部的共识。1986年颁布的《关于改进和加强研究生工作的通知》指出，国家对高等社会人才的培养，要以具体社会需要为依据，要以社会发展现实为依据对人才的培养目标进行时时的调整，加强对薄弱学科的重视，鼓励全方位、多方面人才的发展，而对于研究生的招收和培养，不能局限于专业，要侧重对专业性、应用型人才的培养。这些都为研究生教育的改革发展和专业学位类别的正式设置指明了方向，营造了舆论环境，提供了政策支持。

1987年，"高层次应用型专门人才"培养计划在国务院学位委员会与国家相关法律、司法部门的提倡下开展起来。同年，国家经济贸易委员会和国家计划委员会开始委托清华大学等高校培养经济管理硕士。

1988年，国家教育委员会研究生司在北京组织召开了货币银行学、国际金融、刑法、民法、国际法5个专业应用类硕士生参考性培养方案专家研讨会，来自最高人民法院、司法部、中国人民银行总行等7个中央部门教育司（局）的领导、17个培养单位的研究生导师、研究生院负责人及实际部门的70多位专家代表参加了会议，共同研讨制订5个专业应用类硕士生参考性培养方案，研究试点培养工作。研讨会结束后，国务院学位委员会办公室会同有关部门下发了《"货币银行学""国际金融"两专业硕士生（应用型）参考性培养方案》和《"刑法""民法""国家经济法"三专业硕士生参考性培养方案》，方案指出要对当前的研究生招生人群、招收方法、具体培养过程、教育形式及其毕业论文的具体要求等方面进行调整和革新，要积极努力地为国家和社会的发展培养实践能力强的高等专业人才。

1989年，在总结工程类型硕士生培养试点工作经验的基础上，国家教育委员会下发了《关于加强培养工程类型工学硕士研究生工作的通知》（89教高字006号）。该通知强调，人才的培养要在积极适应社会市场需求的同时，要对工科类尤其是高等工程类型研究生的培养目标、培养方式等方面进行积极的调整，以促进国家研究生教育的改革，促进教育理念的革新与转变，并指出要进一步明确指导思想，完善招生培养工作，制定鼓励政策，加强指导教师队伍建设，积极、有步骤地推进培养工程类型硕士生的工作。到1989年，我国已有135所高校有针对性地展开了工程类型工学研究生研究生的招收和培养计划等工作。与此同时，"培养中国式MBA研究小组"的计划被国家教育委员会及国务院学位委员会共同倡导实施，并与卫生部协同组建了"医学职业学位研究生小组"，这意味着我国即将对不同类别的专硕开展针对性教育。

综上所述，尽管在这一时期我国还没有明确提出专业学位概念，试点的学科专业比较少，应用型研究生培养规模小，但这种分类培养的前期探索是非常难能可贵的。"从总体上看，试点阶段的高层次人才培养虽然还没有形成一个完整的体系，甚至还缺乏相关的制度依据，但是试点工作在积累高等应用型专业人才经验方面有显著意义，并且为硕士研究生专业学位的正式建立做了结实的准备工作。

二、试点确立期（1990～1996年）

国家高层次应用型专门人才培养进程并不是一帆风顺的，也经历了很长时间的探索阶段。国务院学位委员会办公室于1990年，在其第九次会议上对《关于设置专业学位调研工作的情况汇报》《关于设置医学专业学位的初步设想》《关于设置和试办工商管理硕士学位的几点意见》和《关于开展建筑学专业学位研究生工作的意见》等问题进行了专门的探讨，并提出了用"专业学位"代替"职业学位"的决定。参会人员一致认为设置专业学位在改变我国高等教育单一落后状态，加快专业性人才培养及应用学科建设等方面都大有裨益，有利于推动我国学科多样化进程的发展。与此同时，会议还对《关于设置和试办工商管理硕士学位的几点意见》（1991年3月发布）进行了肯定，决定在少数高校试行培养工商管理硕士。这次会议对我国学位研究生教育发展具有划时代的意义，它不仅正式确立了"专业学位"的名称、内涵和属性，强调了设置和发展专业学位的必要性和重要作用，而且启动了工商管理硕士的培养工作，标志着专业学位成为与学术学位地位相同的学位类型，正式确立了我国的研究生学位类型的结构，开创了专业学位研究生教育的新篇章。1991年，厦门大学、上海财经大学、复旦大学、天津大学、南开大学、哈尔滨工业大学、中国人民大学、清华大学及西安交通大学9所高校获批首批工商管理硕士试点培养单位，当年共招收86名工商管理硕士生；1993年，有17所高校获批进行工商管理硕士试点培养工作；1996年，又有27所高校跻身工商管理硕士试点培养行列，至此，我国已有53所高校开展了工商管理硕士试点培养工作。

黄达等学位委员于1992年针对专业性研究生提出了"关于按专业授予专业学位证书的建议"，并在国务院学位委员会第十一次会议中得到了高度认可，这标志着我国学位制度的发展在不断探索的努力下进入了一个新的阶段，也就意味着专业学位的毕业证书是以专业学位的类型为依据而颁发的，而学术学位的毕业证书是以门类为依据进行颁发的，二者有根本性的区别，这为专业学位类别的发展开辟了广阔空间。除此之外，会议还对《建筑学专业学位设置方案》进行了肯定，即允许建立针对建筑学专业学位的教育制度。特别需要指出的是，国务院学位委员会联合国家建筑部有关司局、中国建筑学会及有关高校、建筑学界专家以建筑学专业学位设置的论证进行了深入的调查研究和密切配合，使建筑学专业学位一开始就与职业资格挂钩，使专业学位的"职业性"特征真正凸显出来。新设立的建筑学其专业学位包括学士和硕士这两个等级，而其硕士学位的授予不但要受国务院委员会的限制，还必须满足学生取得的教育评估证书的合格及其有效期限这一条件，只有同时获得这两种条件的认可，才能被授予建筑学硕士学位证书。而专业学位则不同，它与学生的具体建筑专业能力有关，且与国家的专业注册制度密切相关，除此之外，具有专业学位的毕业生，其建筑相关工作的实践年限可比其他工学学位缩短两年。1993年10月，国务院学位委员会批准了已通过建筑学专业本科教育评估的清华大学、天津大学、同济大学、东南大学建筑学学士学位授予权。1994年7月，哈尔滨建筑工程学院（后更名为哈尔滨建筑大学，2000年并入哈尔滨工业大学）、重庆大学、西安建筑科技大学、华南理工大学4所学校被批准增加建筑学学士学位授予权。1996年，上述8所学校的建筑设计及其理论专业在通过国家专业团队评估的条件下已经取得了建筑学硕士学位的独立授予权。同时也意味着，我国建筑学专业学位的评估授权体制已经建立并正常运行。

1993年，国务院学位委员会就工商管理硕士、建筑学和临床医学等专业学位的研究和试点为主要内容进行了专门探讨。为落实《中国教育改革和发展纲要》

及其实施意见，对社会主义市场经济的经济、政治及科技体制进行进一步的调整，使其与研究生教育体制更加匹配的协调发展，国家教育委员会于1995年发布了《国家教委关于进一步改进和加强研究生教育工作的若干意见》（教研〔1995〕3号），明确提出，要加大对复合型应用型人才的培养力度，要以社会岗位需求为依据，增加专业型硕士研究生的人数比例，注重对高等专业技术人员的培养，不断地以社会实际需求为依据对教育的目标进行调整，切实落实工商管理专业、建筑学专业及法律学专业等专业型人才的实习岗位安排工作，并立足现有的发展基础，不断开拓新的专业学位。

关于法律硕士专业学位的申请，由国务院学位委员会于1995年在第十三次会议中得到了全员的支持。在其方案的支持下，次年便有以中国人民大学、北京大学及中国政法大学为代表的8所院校首批获准试点招收法律硕士研究生（外语、政治参加全国统考，专业课参加全国法律专业硕士研究生专业学位的联考）。在这一年，首次通过审批的这8所院校，共招收法律专业硕士专业学位共计488人。

1996年，对专业学位发展有突出贡献意义的事件是国务院学位委员会于其第十四次会议审核并通过了《专业学校设置审批暂行办法》，这标志着我国首次对专业学位的设置进行了专门的规范，并对其具体的操作和审批、管理流程进行了详细的规定，其最重大的意义莫过于进一步促进了专业学位研究生教育事业的发展，并为其以后的探索做了强有力的后盾。除了《专业学校设置审批暂行办法》外，国务院第十四次会议为进一步促进专业硕士的招生和教育培养工作，审议通过了《关于设置和试办教育硕士专业学位的报告》。这个报告对教育硕士专业的培养方向和具体招生对象进行了严格的规定，具体来说其主要培养方向有学科教育和教育管理两个，而其招收对象仅限于具有大学本科学历，且具有三年以上一线教学经验的教师或者是从事管理工作的人员。同年，经国务院学位委员会批准，以北京师范大学、华中师范大学、东北师范大学等为代表的16所师范院校成为国家首次批准的教育学专业学位的试点培养单位。

综上所述，在这一阶段，我国在硕士专业学位方面的建树主要是从零开始并实现了工商管理硕士、建筑学硕士、法律硕士、教育硕士4种硕士专业学位类别的突破，通过审批《专业学位设置审批暂行办法》，为专业学位的学位类别的扩大、规模的扩展和具体的实践改革提供了方向，在很大程度上为我国专业学位研究生教育事业的发展做了很好的铺垫工作。不过，这一时期毕竟是我国专业学位研究生教育的初创期，各种专业学位类别都处于试办阶段，专业学位研究生规模还非常小（1996年，我国授予了255个硕士专业学位，仅占当年硕士学位授予总数36549人的0.7%），主要采用全日制培养方式，尚无成熟的经验和固化的模式，有待进一步拓展和完善。

三、快速发展期（1997～2008 年）

从 1997 年开始，我国专业学位研究生教育事业的发展正式进入了快速发展期。在这一阶段，无论是专业学位的具体类别，还是其具体培养的人数、授权单位的名额都得到了扩展，有关专业学位的组织机构建设、质量管理体系和各项规章制度越来越完善，专业学位日益成为我国研究生教育的重要组成部分。

针对工程硕士专业及临床医学专业的方案于 1997 年在国务院学位委员会第十五次会议上审核通过，主要包括一个设置方案及一个试行办法，即《工程硕士专业学位设置方案》和《临床医学专业学位试行办法》（1998 年颁行，学位〔1998〕6 号）。方案具体规定了工程硕士专业学位的性质是与其对口领域工作岗位密切相关的一门专业性学位，它的侧重点是工程学的具体实践操作工作，并为其相关企业及部门培养高水平、应用型的工程管理人员及技术操作人员。不可否认的是工程硕士专业学位具有非常广泛的设计领域，清华大学等 54 所高校首批获准在 26 个领域招收培养工程硕士。临床医学专业学位的正式设立，标志着我国专业学位进入到博士层次。临床医学专业学位与现在相同，主要分为两个等级：一是临床医学硕士专业学位；另一个是临床医学博士专业学位，其主要招生对象是考查合格的临床医学的研究生毕业生及具体临床工作者所读的在职研究生。北京医科大学及北京中医药大学等 23 所医学高等院校于 1998 年正式开展了有关临床专业的医学硕士专业研究生及博士专业研究生的试运行工作，而黑龙江中医药大学及哈尔滨医科大学等 20 所医学高等院校开展了有关医学临床硕士专业型研究生的试运行工作，并且它们具有授予考查合格的硕士研究生以临床专业学位证书的权利。特别需要说明的是，我国从 1997 年开始招收在职人员攻读硕士专业学位，为广大在职人员提供了在工作的同时进行知识再教育升级的机会，这个在职研究生政策在增加专业学位研究生招生渠道的同时，也更加突出了专业型研究生与社会具体工作岗位密切相关的特性，并进一步扩大了专业型学位研究生的社会影响力，促进其教育规模的不断拓展。

我国专业性学位研究生的具体学位类别的增加是一个不断扩展的过程，国务院学位委员会于 1999 年和 2000 年先后审核通过了《公共管理硕士专业学位设置方案》《农业推广（暂定名）硕士专业学位设置方案》和《兽医专业学位设置方案》，并对口腔专业硕士和博士专业学位进行了专门的设定，这意味着从 1997 年开始到 2000 年，在这短短的四年时间内，我国的专业学位类别已经从其最初的 4 种增加到了 10 种，而且据有关数据统计显示，截至 2000 年年底，我国专业学位的研究生人数已经高达 106037 人，2000 年当年授予的硕士专业学位达 4554 人，是 1996 年（255 人）的约 18 倍，尽管规模仍不算大，但增速还是非常惊人的。

在专业学位类别逐渐增加，专业学位研究生人数不断增加，即专业学位研究生工作不断推进发展的前提下，国家教育部为进一步推进专业学位研究生教育事业的发展，先后发布了多项意见。例如 2000 年《关于加强和改进研究生培养工作的几点意见》（教研〔2000〕1 号），旨在进一步促进专业学位研究生工作的发展，并且强调要更加注重对社会应用型、实践型人才的培养；要对专业学位研究生的招生手段进行具体的改革；且专业学位研究生的具体培养计划的设定要以社会人才结构及具体社会岗位需求为依据；同时要加强与专业学位相关的学科的建设和师资队伍建设；而 2001 年，在首次全国专业学位教育工作会以顺利召开后，教育部及国务院学位委员会联合发布了《关于加强和改进专业学位教育工作的若干意见》（学位〔2000〕1 号），该意见在肯定专业学位教育地位的同时，也对国家以后专业学位的发展的具体政策、法规进行了策划，并且强调了针对专业开展教育活动的重要性，除此之外在社会发展方面，要将高等专科人才的培养与社会经济发展需要相适应，改变地区因人才缺乏而引起的发展不平衡的现象，与此同时要进一步增加专业学位人才培养的人数，使其在社会高等人才中所占的份额不断增加。该意见对专业学位教育进行了全面、深刻的阐述，为专业学位教育在 21 世纪的改革发展指明了方向。

在随后的几年里，我国专业学位研究生教育继续保持着稳步增长的势头，与此同时专业学位类别不断增加的势头也没有中断，主要表现为从 2001 年到 2008 年，先后增加了公共卫生硕士专业学位、会计硕士专业学位、体育硕士专业学位、艺术硕士专业学位、风景园林硕士专业学位、汉语国际教育硕士专业学位、翻译硕士学位专业学位、社会工作硕士专业学位及教育博士专业学位等这 10 个学位类别。到 2008 年，我国共设置了 19 个专业学位类别，其中 4 个类别（临床医学、兽医、口腔医学、教育）进入博士学位层次，具有专业学位授权权利的学校单位已经超过了 1400 个。而专业学位的具体招生人数也由 1997 年的 9395 人增长到 2008 年的 151869 人，也就是说招生人数以大约每年 29 个百分点的速度在增长，与此同时，专业学位证书的授予人数也在持续快速增长，硕士专业学位授予数从 1997 年的 1031 人增加到 2008 年的 99400 人，10 年增长了近百倍，硕士专业学位授予数占硕士学位授予总数的比重从 1997 年的 2.52% 增加到 2008 年的 24.04%（表 1-1）。据有关统计学数据显示，到 2008 年上半年，我国专业学位研究生招生人数累计 86.5 万人，其中在职研究生人数为 61.9 万人，约占专业学位总体招生人数的 70% 左右，而正规的本科毕业后的专业学位研究生人数为 24.6 万人，其在专业学位总体招生数目的百分比不到30%。当前我国具有专业学位授权教育的院校远远多于具有博硕士学位授权单位。

表1-1　1996~2008年专业硕士学位授予人数统计表

年度	专业硕士学位授予人数／人	硕士学位授予人数／人	专业硕士学位占硕士学位授予人数的比例／%
1996	255	36549	0.69
1997	1031	40983	2.52
1998	1227	41789	2.94
1999	2202	50712	4.34
2000	4554	60086	7.58
2001	9413	72984	12.90
2002	12931	86204	15.00
2003	17569	120186	14.62
2004	31695	168458	18.81
2005	47231	219946	21.47
2006	60202	291366	20.66
2007	84800	371495	22.83
2008	99400	413433	24.04
合计	372510	1974191	18.87

资料来源：中国学位与研究生教育信息分析课题组．中国学位与研究生教育信息分析报告[M].北京：中国人民大学出版社，2009：44-45.

四、突飞猛进期（2009年至今）

2008年，美国的国际金融危机造成了全球经济的严重衰退，也对我国出口导向型经济带来了不利影响，人才市场需求减弱，大学生就业面临严峻挑战。为了缓解大学生就业难的窘境，并以此为契机对研究生教育结构进行进一步的调整，使其培养方向逐渐实现由学术性研究到应用型人才的转变，教育部党组在深思熟虑之后决定 2009 年当年增招 5 万名硕士研究生（占当年硕士生招生总数的 12%），全部用于招收应届本科毕业生全日制攻读硕士专业学位。这项新政策从根本上改变了专业学位的生源结构，此前专业学位研究生中应届本科毕业生数量很少，绝大多数都是在职攻读学位，而且多采用非全日制方式。以此为起点，我国专业学位开始大量招收应届本科毕业生，并以全日制的方式攻读学位。这标志着专业学位研究生教育改革的步伐和具体结构调整时代的到来；从今以后专业学位研究生教育正式步入了全日制与非全日制并存的发展阶段，并且专业学位已经成为当前及以后教育界研究生教育的主要研究方向，这是我国教育史上最重要的战略性转型，具有里程碑的重大历史意义。为了对全日制专业学位的招生进行具体的规划，国家于 2009 年中旬颁布了《教育部关于做好 2010 年招收攻读硕士学位研究生工作的通知》（教学〔2009〕12 号），通知中强调要切实抓好并落实专业学位教育招生工作，并进一步深化教育结构的改革，不断扩大专业学位全日制研究生的招收比例；2010 年度，已经接受过国务院学位委员会审批通过的专业学位类别和领域都可以进行招生工作，前提是要对其具体招收的研究生类型进行确定；招生及扩招的目标主要是全日制专业学位研究生，并规定各个授权单位按照合理的比重减少学术型学生的招收人数；要对专业学位研究生的招考制度进行进一步的改革，且开展针对优秀应届毕业生的推免制度，要对招生考试模式进行具体的细节规划；要建立并逐步完善专业学位研究生的奖励、资助制度，并在政策上给予配套的支持。

为了适应研究生教育结构调整和专业学位发展的迫切需要，国务院学位委员会于 2010 年 1 月在其第二十七次会议上一次性审核并通过了对现有的 19 中专业硕士类别进行管理的设置方案，使我国专业学位类别达到了 38 种，比前一年翻了一番，相当于前 20 年设置专业学位类别的总和。

为进一步促进专业学位研究生教育事业的发展，国务院第二十七次会议还审核通过了《硕士、博士专业学位研究生教育发展总体方案》和《硕士、博士专业学位设置与授权审核办法》，二者在指导思想、原则与目标、环境建设、培养模式创新和综合改革试点等方面对专业学位研究生教育的发展进行了全面深入的阐述，对专业学位设置的基本条件、具体程序，以及专业学位的授权审核等做了明确规定。这两个文件在专业学位研究生教育发展史上具有举足轻重的作用，它们不但为我国专业学位研究生教育事业的发展指明了方向，同时也对其以后的具体发展提出了建设性的规划。在随后国家对 2010 年全国研究生的招生计划进行了具体的规划，《教育部国家发展改革委关于下达 2010 年全国研究生招生计划的通知》中，明确规定 2010 年我国硕士研究生的总的招收人数为 472000 人，并具体规定了学术型研究生的招生人数和专业学位研究生的招生人数分别为 472000 人和 110010 人，其中专业学位招生人数占 23.3%。该通知还强调要对现有的教育结构进行深化改革，加大对应用型人才的培养力度，注重全日制专业学位研究生工作的推进。国家第一次在招生计划中对专业学位研究生的招生人数进行了干预，一方面确立在专业学位研究生与学术学位研究生并存并重的社会名分；另一方面则在很大程度上展示了国家对现有教育体制改革的决心，并且表明了改革的方向。不可忽视的是在专业学位类别不断增加的同时，具备专业培养能力的相关单位数量也在不断地增加，而其研究生培养能力进一步增强。截至 2010 年年底，我国硕士专业学位授权点已达 2723 个，博士专业学位授权点 83 个；具备专业学位培养能力的单位有 509 个，其招收的专业学位研究生总数已经超过了 100 万人。对促进高等院校对中国特色专业学位教育管理制度及培养模式的探索，教育部于 2010 年启动了专业学位研究生教育改革试点工作，北京大学等 64 所高等学校成为首批试点单位。

我国的审计硕士和工程博士这两个专业学位是国务院学位委员在 2011 年召开的第二十八次会议才审议通过的，这次的审议决定让我国的硕士专业学位的类别达到了 39 种，博士专业学位能够达到 5 种，这样基本上就覆盖了国民经济和社会发展的主干领域。清华大学等 24 所高校和中国科学院研究生院获批首批工程博士专业学位授予单位，32 个单位获批为审计硕士专业学位授予单位，获批为城市规划硕士专业学位授予单位有 2 个。国务院学位委员会还审议通过了《关于开展"服务国家特殊需求人才培养项目"——学士学位授予单位开展培养硕士专业学位研究生试点工作的意见》，首批遴选了 51 所办学水平较高、特色鲜明的本科高等学校招收培养硕士专业学位研究生，以满足国家有关行业领域对高层次专门人才的特殊需求。2011 年，为了充分发挥专业学位教育指导委员会的作用，国务院学位委员会、教育部、人力资源和社会保障部联合下发了《专业学位研究生教育指导委员会工作规程》，对指导委员会的工作性质、人员构成、工作机制、工作任务、经费来源等做了细致规定。

2012 年，国务院学位委员会办公室在进行工程博士培养试点工作的时候积极推进进程。在 25 所试点单位他们首次招收工程博士生 240 余人，他们中来自承担着国家科技重大专项任务的知名企业占绝大部分，与此同时，采用院校—企业对接会等多种形式，从而能够推动高校和企业之间的交流合作。此外，还进一步强化对专业学位研究生教育的监管，委托教学指导委员会对 33 所工商管理硕士培养院校和 10 所公共管理硕士（Master of Public Administration，MPA）培养院校进行教学合格评估；对 2 所在评估中没有通过的工商管理硕士培养院校，以及在职攻读录取结果中排序在 3 年内连续靠后的 8 个招生单位的招收在职人员攻读相应学位类别的招生资格进行暂停。

2013 年《教育部国家发展改革委财政部关于深化研究生教育改革的意见》（教研〔2013〕1 号）指出：对硕士专业学位研究生的教育要进行积极发展，对博士专业学位研究生的教育稳步发展，对非全日制研究生教育要重视其发展。对专业学位研究生考试的办法要进行完善。在进行选拔的时候，要注重有一定的实践经验的优秀在职人员。建立以提升职业能力为导向的专业学位研究生培养模式，能够对专业学位和职业资格的有机衔接进行推动。为了能够加快推进临床医学研究生教育改革，2013 年，教育部、国家卫生和计划生育委员会决定将北京大学等 64 所高校批准为第一批临床医学硕士专业学位研究生培养模式改革试点高校，同时还下发了《关于做好临床医学（全科）硕士专业学位授予和人才培养工作的意见（试行）》（学位〔2013〕8 号）的通知，以提高临床医学专业学位研究生培养质量。同年年底，教育部、人力资源保障部联合下发了《教育部、人力资源部社会保障部关于深入推进专业学位研究生培养模式改革的意见》（教研〔2013〕3 号），从改革目标、招生制度、培养方案、课程教学、实践基地建设、学位论文、职业资格衔接、质量保证体系、联合培养等全方位地提出了专业学位研究生培养模式的改革路向。

教育部、国家卫生和计划生育委员会、国家中医药管理局、国家发展改革委、财政部、人力资源和社会保障部在 2014 年联合发布了《教育部等六部门关于医教协同深化临床医学人才培养改革的意见》（教研〔2014〕2 号），明确提出：加快推进临床医学硕士专业学位研究生培养改革。对临床医学硕士专业学位研究生的招生规模进行逐步扩大，对临床医学硕士专业学位研究生考试招生制度加快改革步伐。从 2015 年起，新招收的所有的临床医学硕士专业学位研究生，也是参加住院医师规范化培训的住院医师，按照国家统一制定的住院医师规范化培训的要求对他们进行临床培养。对临床医学博士专业学位研究生教育与专科医师规范化培训在有机衔接上进行推进。2014 年是研究生教育的"质量年"，全国研究生教育质量工作会议召开，在质量保证、学位授权点评估、论文抽检等方面出台了 6 个文件，包括专业学位在内的研究生教育质量保障体系逐步确立，积极推进研究生教育综合改革，深化专业学位研究生培养模式改革，对培养单位建立具有特色的培养模式进行支持。2014 年，国务院学位委员会第三十一次会议审议通过的《中医专业学位设置方案》是国务院学位委员会在 2014 年的第三十一次会议上审议通过的，这就决定着我国要独立设置中医专业学位。中医专业学位可以分为博士、硕士两级，其中包含中西医结合以及民族医。我国硕士专业学位类别达到 40 种，博士专业学位类别达到 6 种。

2015 年，为进一步深化专业学位研究生培养模式改革，提高培养质量，教育部发布了《关于加强专业学位研究生案例教学和联合培养基地建设的意见》（教研〔2015〕1 号）强调：加强案例教学，是强化专业学位研究生实践能力培养，推进教学改革，这是能够让教学与实践促进有机融合的重要途径，是推动专业学位研究生培养模式改革的重要手段；加强基地建设，专业学位研究生实践能力培养的基本要求是对基地进行加强建设，同时也是推动教育理念发生转变、对培养模式进行深化改革、对培养质量进行提高的重要保证。该意见围绕加强案例教学和基地建设提出了一系列政策措施。6 月，对《教育硕士专业学位设置方案》进行了修订，本次修订将中等职业技术教育的教师和管理人员纳入了教育硕士专业学位人才培养的目标。

在 2016 年，全国范围内开始对实施博士、硕士学位授权学科和专业学位授权类别动态调整工作进行实施，根据《关于开展博士、硕士学位授权学科和专业学位授权类别动态调整试点工作的意见》和《博士、硕士学位授权学科和专业学位授权类别动态调整办法》。全国有来自 25 个省份的 175 所高校撤销了 576 个学位点，其中硕士专业学位授权点 104 个；178 所高校增列了 365 个学位点，其中硕士专业学位授权点 164 个。9 月份，对 2012 年获得授权的 6 个学术学位授权点和 10 个专业学位授权点进行专项评估，评估结果均为合格。

2017 年，国务院学位委员会第三十二次会议审议了《关于深化博士硕士学位授权审核办法改革的意见》和《博士硕士学位授权审核办法》，该办法首次将"新增学位授权审核工作"周期规定为每 3 年开展一次；规定《新增博士硕士学位授予单位申请基本条件》《新增博士硕士学位点申请基本条件》《自主审核单位申请基本条件》等均由国务院学位委员会制定，周期为每 6 年修订一次。在全国开启了新增硕士学位授权审核工作，2017 年全国通过授权审核的新增专业学位授权点大 840 个。

2018 年，为更好地服务创新型国家建设，适应国家工程科技与产业发展需要，经国务院学位委员会第三十四次会议审批，国务院学位委员会、教育部《关于对工程专业学位类别进行调整的通知》（学位〔2018〕7 号）决定：统筹工程硕士和工程博士专业人才培养，将工程专业学位类别调整为电子信息（代码 0854）、机械（代码 0855）、材料与化工（代码 0856）、资源与环境（代码 0857）、能源动力（代码 0858）、土木水利（代码 0859）、生物与医药（代码 0860）、交通运输（代码 0861）8 个专业学位类别。工程硕士领域中的项目管理、物流工程、工业工程 3 个领域调整到工程管理专业学位类别（代码 1256）。调整后的 8 个专业学位类别分为硕士、博士两个层次。

在这一阶段，我国专业学位研究生教育发生了翻天覆地的变化，可谓"旧貌换新颜"，不论是学位类别、研究生培养规模还是培养质量都取得了显著的进展。从学位类别来看，硕士专业学位从 2009 年的 19 种增加到 47 种，博士专业学位从 4 种增加到 13 种。从招生人数来看，原来专业学位以招收在职人员为主，仅招收少量全日制研究生。但从 2009 年起，全日制专业学位研究生招生数量大幅增长，2009 年硕士专业学位招生人数为 50000 人，到 2015 年增加到 252272 人，增长了 4 倍以上，所占比例也由 12.05% 增长到 43.93%（表 1-2），如果加上非全日制专业学位的招生数量，专业学位研究生招生规模所占比例超过 60%。特别是从 2012 年起，博士专业学位开始单列招生计划，当年下达的招生人数为 1748 人（占博士招生总数 67216 人的 2.6%）；到 2013 年增加到 1805 人（占博士招生总数 69000 人的 2.62%）；2014 年略有减少，为 1715 人（占博士招生总数 71020 人的 2.41%）；2015 年博士专业学位招生人数进一步减少到 1489 人（占博士招生总数 73100 人的 2.04%，由此可以看出，我国对博士专业学位研究生教育的发展持从严控制的谨慎态度）。这标志着专业学位无论在硕士层次上，还是在博士层次上，都在全日制研究生教育中站稳了脚跟，取得了与学术学位同等重要的地位，并成为全日制研究生教育增长最快、发展最活跃的部分。从制度建设来看，我国专业学位已经逐渐建立起一整套较为完善的规章制度体系，确立了中央、地方、学位授予单位为主体、权责明确的三级管理体制，成立了以各学科、领域专家为成员的全国性专业学位教育指导委员会，建立了比较系统的专业学位点授权审核和质量监控机制。

表1-2　2009~2015年全日制硕士研究生招生人数统计表

年份	硕士研究生招生总数 / 人	学术学位招生人数 / 人	专业学位招生人数 / 人	专业学位招生所占比例 /%
2009	415000	365000	50000	12.05
2010	472000	361990	110010	23.31
2011	495230	346500	148730	30.03
2012	517200	329709	187491	36.25
2013	539000	321650	217350	40.32
2014	560000	322763	237237	42.36
2015	574300	322028	252272	43.93

第二章 专业学位研究生培养模式的内涵解读

第一节 专业学位研究生培养模式的概念界定

专业学位研究生培养模式是一个不断发展的概念，不同学者对其有不同的认识和体悟。为了全面厘清其含义，我们试图从专业学位研究生培养模式构成的关键词——"模式""培养模式""专业学位"等概念入手，由浅入深地进行分段式考查，最终为专业学位研究生培养模式下一个逻辑周延、表述明确的规范性定义。

一、模式的不同界说

"模式"是一个出现频率很高的现代术语，无论是在人们的口头表达中，还是在书面表达中，都耳熟能详、屡见不鲜。"模式"一词一般不单独出现，它通常和不同的行业领域或专业化的活动相结合，构成形形色色的"模式"丛林，如建筑模式、设计模式、商业模式、管理模式、经营模式、发展模式、治理模式、文化模式、教育模式、培养模式、教学模式、创作模式、开发模式等，指向大相径庭、范围宽窄不一，内涵各不相同。造成这种现象的原因，归根结底在于不同学科、行业对"模式"理解的差异。因此，要准确把握"模式"的内涵，尚需正本清源，从"模式"的语义分析入手。

在现代科学研究中，"模式"除了有模型、样式和方法的本意之外，它又有了进一步的深化与发展的内涵。"模式"一词被广泛运用于各个学科，其原初意义不断引申、拓展，逐渐演变成为一种认识路径、研究方法、技术路线、系统结构、理论体系等，而且在不同的学科，"模式"亦有不同的内涵。概括起来，中外学者关于"模式"的代表性观点主要有以下六种。

（一）模式是一种简化形式

例如，美国比较政治学家比尔和哈德格雷夫认为，"模式是再现现实的一种理论性的简化的形式"。我国学者陈学飞认为，"模式指的是能够对所研究的对象进行概括和简单明了的表述，对这一个现象的主要以及基本的特征力求突出，从而能够对其本质的认知更加容易获得。模式研究在现代的科学研究中已经成为对客观事物进行认识和分析的一种重要的研究方法"。唐玉光、房剑森也认为，模式是"直观以及简洁地描述现实事件的内在机制以及事件之间关系"。

（二）模式是一种科学方法

我国学者查有梁认为，"模式是一种重要的科学操作与科学思维的方法。它的目的就是解决一些特定的问题，在一定的抽象、简化、假设条件下，能够对原型课题的某种本质特性进行再现；作为一种中介，它能够让我们更好地对原型客体进行认识和改造，从而对新型客体进行构建的一种科学方法"。在历史研究中，模式是一种重要的研究方法，是指"以记号、画面（如图表、曲线）、方程或描绘为手段建立起来的合乎历史研究对象特征的表象。……建立了模式，研究者就有可能说出一系列问题和做出各种假设，于是对于对象的描述就演进为对其进行分析和解释"。

（三）模式是一种范型

美国学者乔伊斯和韦尔认为，"教学模式是构成课程和课业、选择教材、提示教师活动的一种范型或计划。"我国学者李秉德也认为，教学模式是"在一定的教学思想指导下，能够对教学活动中某一主题进行围绕，从而形成相对稳定的、系统化的和理论化的范型"。

（四）模式是一种结构关系

英国学者麦奎尔和瑞典学者温德尔认为："模式试图对任何结构或过程的主要组成部分以及这些部分之间的相互关系进行表明。"胡森主编的《国际教育百科全书》认为，模式是对影响事物发展和运行的变量之间关系的系统解释，"对任何一个领域的探究都有一个过程。在鉴别出影响特定结果的变量，或提出与特定问题有关的定义、解释和预示的假设之后，当变量或假设之间的内在联系得到系统的阐述时，就需要把变量或假设之间的内在联系合并成为一个假设的模式。模式的基本特征是提出模式结构，用于调查变量之间的相互关系"。在结构主义哲学家的视野里，模式用来说明"事物结构的主观理性形式。……模式有的是在以前经验中形成，有的是面对现象时立即形成。模式是否与现象的本质相合，则必须在认识过程中逐渐检验和修改，以便逐渐得到正确的认识"。

（五）模式是一种知识系统

我国学者龚怡祖认为，"模式是位于经验和理论之间、目标与实践之间的那种知识系统"，在政治学领域，政治模式指"反映和表示一定政治现象和政治关系的一种分析框架，是对具体政治过程和政治生活的抽象概括。广义上也指对某种社会政治生活的基本特征的描述和概括。一般包括相关的范畴、假设和原理，它可以用文字、图像或图表来表示，也可用数学符号来表示"。

（六）模式是一种要素组合

美国学者安德鲁斯和古德森指出，"一种教学模式就是一组综合性的成分，这些成分能对完成有效的教学任务中的各种活动和功能的序列来进行规定。因此，我们能运用某一种模式来将人们在教学活动或过程来化解成某一些关键的成分或要素，并且能够借助它简化缩微的方式来对相关的现象进行研究和探讨"。

以上关于"模式"的理解各有侧重，既有同一性，又有差异性，都有一定的道理，但也顾此失彼，失之偏颇。当然，要想综合所有观点，为正在形成和发展中的"模式"下一个"放之四海而皆准"的定义，也是一件可望而不可即甚至出力而不讨好的事情。基于本书的研究，我们更倾向于把模式看作是对事物的构成要素及其运行过程中表现出来的相互关系、稳定形态和基本特征的抽象概括与简要描述，是主观建构的反映事物自身规律性、可供仿效和借鉴的基本模型和样式。模式论是现代科学研究中的一种重要的研究方法，它有利于我们从复杂的现实生活和剪不断、理还乱的变量关系中去粗取精、去伪存真、由浅入深、由表及里地把握事物的内外关系和主要矛盾，探寻和揭示事物发展的要素、结构、机制、形态、特点和规律，建立可供学习、借鉴和参照的标准范型。模式是理论与实践的中介，具有构造、解释、启发、预测等多项功能。"模式其实是现实的抽象化，如果是十分完善的模式，就能够对我们在认识或者是预测它代表的能动系统的某些方面起到帮助的作用。模式没有正误之别，它能起到的作用就是能否为我们提供多少的便利在不同方面进行考察组织的时候。模式具有概念媒介的作用，它能够让我们的注意力集中在组织的某些特殊方面，但是，我们在集中精力对某些方面进行考察组织的时候，对于某些其他方面我们不可避免地会掩盖或埋没。模式能够构成认知框架或认识世界的窗口。认知框架让某些东西轻易通过的同时也会让某些东西过滤掉。认知框架在我们整理对世界的认识的时候能够有所助益，并决定让我们采取什么行动。组织的每个管理者都是根据某种个人的认知框架或印象来搜集信息、做出判断，并使工作得以完成。"

二、培养模式的多种定义

"培养模式"是当今教育领域一种常见的表述方式，但它出现的时间并不长。在中文教育文献中，最早出现的是"教育模式"，而且这一用法也源于国外。通过对中国知网（CNKI）的检索发现，在知网中"教育模式"一词最早出现在1980年。《外国教育资料》1980年第3期中刊登了美国高等教育学家、加利福尼亚大学校长克拉克·克尔《五种教育策略及其主要变型》的译文，作者在文中首次提出了"以尖子为方向的教育、生产为方向的教育、普遍的教育、平展的教育、原子式的教育"五种教育模式。"培养模式"的提法晚了两年，《国外外语教学》1982年第1期中刊登了《培养外语教师：新的职责要有新的培养模式》一文。这篇论文同样是一篇译文。由此可见，无论是"教育模式"还是"培养模式"的提法，都是"舶来品"，不过这两篇文献并没有给出规范的定义。我国学者文育林较早借鉴了这种用法，在《高等教育研究》1983年第2期发表了《改革人才培养模式，按学科设置专业》一文，探讨对高校人才培养模式调整和专业科学设置。此后，"培养模式"的提法逐渐得到了学界的认可，对于不断增多的培养模式的研究和探讨。不过，大多数学者都把"培养模式"作为一个俗语使用，并没有界定"培养模式"的内涵。到20世纪90年代，随着"培养模式"使用频率越来越高，一些学者开始试图给"培养模式"下定义。较早的定义见于《高等农业教育》1993年第5期《高校培养模式改革的趋势》一文中。该文指出培养模式是指"培养学生的组织方式，本质上来说就是教学计划中各项要素组合的类型。教学计划的几个基本要素包括本专业培养目标、学习年限、课程设置和教学环节的安排以及时间分配表和教学进度表等。培养模式的不同类型就是这些基本要素的不同组合类型"。随后，在《高等教育研究》1994年第1期《中美研究型博士生培养模式比较研究》一文中也出现了"研究生培养模式"的定义，"研究生的培养模式，是指为了保证质量，在培养研究生过程的时候，培养的对象在课程教学、科学研究、论文撰写及答辩、社会实践等诸环节采用的特定的培养方式的总和"从这两个定义可以看出，此时的"培养模式"主要是从"过程"和"方式"的角度来界定的。"培养模式"这一提法也得到了政府部门的肯定，在1994年国家教育委员会颁布的《高等教育面向21世纪教学内容和课程体系改革计划》中就首次出现了"培养模式"用语，不过没有对此进行解释和说明。随着社会各界对"培养模式"关注度的不断提高，越来越多的学者从不同角度提出了对"培养模式"的不同理解，"培养模式"的概念日益分化，内涵不断丰富，代表性的观点主要有以下七种。

（一）方式说

这是"培养模式"研究初期常见的观点，强调"培养模式"是一种方式、方法或样式。龚怡祖认为，培养模式是指"在一定的教育思想和教育理论指导下，为实现培养目标（含培养规格）而采取的培养过程的某种标准构造样式和运行方式，它们在实践中形成了一定的风格或特征，具有明显的系统性与范型性"，教育部在《关于深化教学改革，培养适应 21 世纪需要的高质量人才的意见》（教高〔1998〕2 号）中，首次明确将人才培养模式界定为：学校为学生构建知识、能力、素质结构，以及能够实现这种结构的方式，它能够集中体现教育思想和观念以及从根本上规定了人才特征。

（二）过程说

有些学者从过程的视角来界定"培养模式"，认为培养模式是培养过程的总和。蒋建新认为，人才培养模式是指"在一定的教学理论和思想的指导下，能够按照特定的培养目标和人才的规格，通过相对稳定的教学内容课程体系、管理制度和评价方式，对人才教育进行实施的过程总和"。史秋衡认为，"高校人才培养模式是教育观念、培养目标、培养规格和培养方式多层面有机结合的产物，涉及的过程环节有专业设置、课程设计、教学管理和质量控制等，它的基本的问题就是'培养什么样的人'和'怎么样培养人'"。

（三）机制说

这种观点是从动态的角度来理解培养模式的，强调"培养模式"是一种运行机制。阴天榜等认为，培养模式是"在教育活动中，在一定的教育思想、理论以及方针的指导下，各级各类教育根据不同的教育任务，采取的组织形式和运行机制是为了实现培养目标。培养模式比较简单地对教育活动的基本要素以及培养目标、培养规格、培养过程、评价之间的规律性联系进行了反映。它是这些基本要素之间复杂的辩证关系的统一体"。

（四）要素说

这种观点是从构成要素的角度来界定"培养模式"的。张光斗院士认为，"工科大学的培养模式指培养的内容和要求、培养规格、培养学制和方法"。钟秉林认为，"广义而言，人才培养模式内容包括人才培养目标和规格、专业设置和建设、课程体系和教学内容、教学方法和教学手段、教学评价和质量监控等，涵盖了包括培养目标、培养内容、培养方式和培养条件在内的人才培养诸要素"。

（五）结构说

这种观点强调，"培养模式"是一种由诸多要素形成的有机结构。李硕豪认为，"培养模式就是为了实现培养目标把和其相关的许多要素加以有机组合而成一种系统结构"。王栾井和杜佳认为，"研究生培养模式是指研究生培养过程和主要环节的组成部分及其相互关系的一种定式，它对研究生培养过程中的各环节的最优化设计和许多因素最佳组合进行了反映"。

（六）系统说

这种观点是从系统的角度来界定"培养模式"的。周叶中认为，"研究生培养模式的要素是培养目标、培养方式、课程体系、培养过程、管理制度、质量评价等组成的相互联系、相互制约的有序系统，是决定研究生培养质量的根本性要素"。

（七）综合说

随着培养模式研究的深入，从一个角度来理解培养模式不可避免地存在局限性，越来越多的学者从综合的角度来界定"培养模式"，常见的包括"结构-过程说""结构—方式—机制说""要素—方式说""要素-系统说"等。李波认为："高校人才培养模式其实就是教育观念、培养目标、培养规格和培养方式多层面有机结合的产物，其基本问题就是'培养什么样的人'和'怎样培养人'。人才培养模式对人才的基本特征从根本上进行了规定，并且为学生在知识、能力、素质结构方面进行了设定，这是人才培养的目标、机制和过程的有机统一。"陈新忠和董泽芳认为，研究生培养模式是指"在一定培养理念指导下，并且根据高层次人才成长规律和社会需要，为研究生构建的较为稳定的教育结构及其运行方式和运行机制的总称"。胡玲琳认为，"培养模式是指在一定的教育思想、教育理论和特定需求的指导下，为实现培养目标从而形成的培养过程中的各个要素构成的标准样式与运行方式"。廖文婕认为，人才培养模式是"处于一定的教育培养环境下，按照一定的关系组合培养目标、课程、师资等多个要素，并且遵循一定的方式来运行培养人才的模型和范式，这是对人才培养要素和过程的抽象概括"。

以上关于"培养模式"的各种定义各有千秋，都有具体的使用情境，很难分清优劣高下。我们更倾向于"综合说"，即认为培养模式是与人才培养有关的要素、结构、过程、方式的高度统一，是体制与机制、静态与动态的有机结合，是理论与实践的中介，是适度开放与相对封闭的成熟系统，是对本质与规律的揭示和反映，是经过抽象概括、主观建构形成的具有鲜明特征、示范意义和可操作性的模型与样式。

三、专业学位的概念及特性

学位是学生通过系统的专业化学习和考核认定而获得的一种资格、头衔或证书。我国《教育大辞典》如此定义"学位"："授予个人的一种终身称号。表明称号获得者曾受教育的水平，或已达到的学历水平。由国家授予的或根据某种公认的办法认可的高等学校、科学研究机构或其他学术机构授予，或由国家的有关考试、审定机构授予。"从层次上看，学位分为学士、硕士和博士三种。从类型上看，学位可以分为学术学位和专业学位。学术学位教育是以培养高层次研究型人才为目标的，而专业学位教育是培养高层次应用型人才的主渠道，两者并行不悖、比翼齐飞，既相对独立，又紧密联系。专业学位教育自 20 世纪 50 年代以来得到了迅猛发展，已经成为高等教育体系的重要组成部分，"从专业学位教育发达国家的经验以及我国的现状来看，专业学位一开始便被纳入学位与研究生教育工作范畴，形成了以专业硕士学位为主体、学士和博士为辅的层次结构"。经过多年的探索实践及学界的深入论证，专业学位的概念越来越清楚明了。2010 年，国务院学位委员会审议通过的《硕士、博士专业学位研究生教育发展总体方案》中是这样定义专业学位的："专业学位（professional degree），是随着现代科技与社会的快速发展，针对社会特定专业领域的需要，培养具有较强的专业能力和职业素养、能够创造性地从事实际工作的高层次应用型专门人才而设置的一种学位类型。"

作为一种能够和学术学位并列存在的学位类型，专业学位具有特殊的内在属性。尽管对专业学位的概念已经基本达成共识，但关于专业学位特性的认识，依然是"仁者见仁，智者见智"。归纳起来，主要有三种观点：①单一特性说。袁广林认为，专业学位研究生教育的本质属性是"应用研究性"。②双重特性说。王菲菲认为，专业学位的特点有两个，即精英性（包括选择性和探究性）、专业性（职业导向和应用性）；史雯婷认为，专业学位研究生教育的基本属性集中体现在两个方面："知识发展的本质属性、特殊的职业性"。③三大特性说，这是大多数学者的看法，但表述各有不同。邹碧金和陈子辰认为，专业学位的特性表现为实践性、职业性和综合性；刘国瑜认为，专业学位的基本特征是职业性、学术性和研究性；别敦荣等认为，专业学位的特征表现在三个方面："职业性与学术性的统一、职业指向具有特殊性、教育具有实践依赖性"；靳培培认为，专业学位的特性有职业性、实践性、学术性的有机结合。以上观点各有侧重，既有认识的一致性，也存在差异性，如表2-1所示。

表2-1　专业学位教育特性的不同表述

类别	学者	观点
单一特性说	袁广林	应用研究性
双重特性说	王菲菲	精英性（包括选择性和探究性）、专业性（职业导向和应用性）
	史雯婷	知识发展的本质属性、特殊的职业性
三大特性说	邹碧金等	实践性、职业性和综合性
	刘国瑜	职业性、学术性和研究性
	别敦荣等	职业性与学术性的统一、特殊的职业指向性、教育的实践依赖性
	靳培培	职业性、实践性、学术性与职业性的有机结合

通过对以上专业学位特性不同观点的比较分析，我们发现，职业性、专业性（职业性与学术性的统一）、实践性（应用性）是多数学者的共同认识，而"知识发展性"和"学术性"则没有将专业学位与学术学位区别开来，不能视之为专业学位的固有特性。对以上各家观点进行综合，再结合专业学位的定义以及专业学位教育实践，我们认为，专业学位的特性主要表现为三个方面：专业与职业的紧密衔接性、理论与实践的高度渗透性、知识与技术的集成创新性。

（一）专业与职业的紧密衔接性

专业学位的"专业"（profession）具有特殊的内涵，它既不同于一般意义上高校设置的具有相当独立学科知识体系的专业（major或specialty），也与日益分化、强调具体操作技能的普通职业细类（vocation或career）有别，它是一种知识和技术含量极高的特殊职业。"专业是一个正式的职业；为了从事这一职业，必要的上岗前的训练是以智能为特质，卷入知识和某些扩充的学问，它们不同于纯粹的技能；专业主要是为人提供为他人服务而并不是从业者单纯的谋生工具，因此，衡量他专业成功的主要标准并不是从业者获得经济回报。"专业学位的"专业"既有学科专业的知识系统性，又有专门的职业指向性，它是二者交叉融合的产物。只有少数与经济社会行业领域紧密结合的学科专业才有可能转化、发展为相应的专业学位类别，也只有极少数的特殊职业才能演化、上升为成熟的"专业"。根据1948年美国教育协会的定义，一种职业要想成为专业需要符合以下八条标准：①含有基本的心智活动；②拥有一套专门化的知识体系；③需要长时间的专门训练；④需要持续的在职成长；⑤提供终身从事的职业生涯和永远的成员资格；⑥有自身的专业标准；⑦置专业服务于个人利益之上；⑧拥有坚强的、团结的专业团队。

由此可见，专业学位的"专业"具有独特的学科专业领域，以及独立的科学知识和技术体系，是专业技术层次较高、需经系统的专业化训练、具有较高社会声望和较宽行业适应面的特殊社会职业，是"一种'专门化的职业'，是知识和技能含量更高的职业，是一种'有学问'的职业"。专业学位不仅有较为成熟的学科知识、技术体系和操作规范，也与特定的职业门类紧密衔接（甚至有些专业学位与对应的职业资格证书直接挂钩，或是获得职业资格证书的前提条件），是一种"专业化的职业"或者"职业化的专业"。正因为如此，专业学位对入学者的要求和培养过程的设计与学术学位有很大的不同。在入学要求上，专业学位更强调工作经历和基本学历，有些专业学位类别明确要求考生应有一定年限的工作经验。在学习方式上，学术学位一般采用全日制方式，而专业学位具有更强的弹性和更大的适应性，既有全日制方式，又有非全日制方式，为在职人员提升能力和综合素质提供便利。在培养过程中，专业学位在专业课程教学的基础上渗透了大量职业技能性内容，强调将课程学习、课题研究与工作实务紧密结合，针对特定职业（行业）培养急需的高层次应用型人才。

（二）理论与实践的高度渗透性

专业学位建立在一定的学科知识体系之上，在教育过程中需要安排一些基础理论和前沿知识课程，通过系统的课程学习，以便使学习者开阔视野，夯实基础，形成较为完善的知识结构。这是专业学位与一般的职业培训最大的区别，专业学位教育的高层次、高起点和专业化决定了课程教学的理论性是必不可少的。但是，专业学位毕竟是以特定职业为导向，学习者具备相应的专业技能和实践能力是衡量专业学位培养质量的尺度和标杆。

"专业学位的内在规定性显示，获得者已经具备了特定社会职业所要求的专业能力和素养，也具备了从业所需要的基本条件，已经能够运用在专业领域所学到的理论、知识和技术来有效的从事与其专业相关的工作，合理解决所遇到的专业问题。"因此，专业学位教育特别强调实践教学和应用能力培养，强调理论与实践的紧密结合和高度渗透。即使在基础课程教学中，专业学位的教学内容、教学方法和考核标准也与学术学位大相径庭。

专业学位课程内容更注重知识和技术的前沿性和广博性，以及理论的成熟性和应用性，而不像学术学位课程内容追求理论的"专""深"和"精"。除了少部分基础理论课程之外，专业学位教育还开设了大量的专业实务课程，让学习者直面现实问题，培养他们解决实际问题的思维和能力。在教学方式上，专业学位教育推崇案例教学法和模拟教学法，通过对经典案例的学习和现实环境的模拟，提升学习者的"实战"意识和能力。在指导方式上，专业学位一般实行复合导师制，也就是校内和校外导师相结合的方式，对校内导师的专业水平、行业工作经验、开展应用课题研究的能力等有特殊要求，校外导师也广泛参与到专业学位研究生的学习、课题研究、实习实践等培养活动中。此外，专业学位教育特别重视实习实践环节，要求学习者到相关单位或实践基地进行为期半年以上的专业实习，在实际工作中运用所学的理论和相关的专业技能，以提升处理复杂问题的能力。专业学位教育的整个流程自始至终都体现了理论与实践的高度渗透性和融通性。

（三）知识与技术的集成创新性

从总体上来说，专业学位教育是属于研究生教育层次，这也就决定了专业学位教育不是低层次的熟练工种、重复性劳作的职业技能性教育，而是面向工作实践中的具体问题，将知识与技术综合运用，创造性地提出解决方案或优化工作流程与机制的教育，是高层次的创新性教育。无论是硕士专业学位教育，还是博士专业学位教育，都要求毕业生能够创造性地从事实际工作或进行专业技术、工程实践的发明创造，这种要求无疑是高起点、高要求的，也是契合专业学位教育内在品格的。当然，专业学位的创新性与学术学位的创新性指向不同，学术学位的创新性更多强调理论、方法、技术、观点等的原创性，是对科学未知世界的纵深探索，并不必然与现实生活相勾连。而专业学位的创新性主要是将知识与技术熔为一炉的集成式创新或消化吸收再创新，以解决行业领域现存的实际问题。因此，在专业学位教育过程中并不过分强调理论的深入钻研，而是重视理论的活学活用，对专业学位学生没有发表论文的硬性要求，毕业论文选题不是理论性选题，而是与实际工作、工程技术实践领域紧密结合的应用性选题。很多专业学位培养单位都在对专业学位的毕业论文形式的多样化进行积极倡导，文献综述、发明专利、技术革新成果、问题解决方案、调查报告、案例分析、设计或艺术作品等都可以作为毕业论文提交审核。在国外，不少专业学位甚至取消了毕业论文的要求，让学生有更多的时间和精力进行实践训练，培养和提高应用创新能力。

四、专业学位研究生培养模式的概念与分类

（一）专业学位研究生培养模式的概念

为准确理解和把握这一概念，还需要做如下几点引申性说明。

1. 专业学位研究生培养模式要遵循高层次创新人才成长的规律。作为一项培养高层次创新人才的特殊活动，专业学位研究生教育及其培养模式必然要始终遵循高层次创新人才成长的规律，并时刻将高层次创新人才成长的规律作为主线贯穿于培养活动的全程，主动按照高层次创新人才成长的规律创设环境、调整要素、优化流程、完善机制，进而形成科学有效的专业学位研究生培养模式。换句话说，专业学位研究生培养模式是高层次创新人才成长规律在专业学位教育领域的具体体现和外在表征。

2. 专业学位研究生培养模式要顺应经济社会发展对高层次应用型人才规格的要求。专业学位教育是培养高层次应用型人才的主渠道，它本身并不是一个孤立的封闭系统，而是"两头在外"：一是专业学位研究生的培养规格源于经济社会发展不断变化的要求；二是专业学位培养的人才归根结底要输送到经济社会发展第一线，接受实践的检验。只有能够培养出与经济社会发展需求高度契合的高层次应用型人才的培养模式，才是有生命力的专业学位研究生培养模式。

3. 专业学位研究生培养模式的形成与发展需要教育思想和教育理论的指导。"无论什么样形式的培养模式，它都是依据某种或者某些教育思想、教育理论和特定的需求建立起来，能够反映和具体化一定的教育思想、教育理论和特定的需求。虽然，培养模式的内在构成要素本身并不包括教育思想、教育理论和特定需求，但是它们却渗透在培养模式的各个要素当中，能够指导着构建培养模式。"教育思想和教育理论是多元的、与时俱进的，专业学位研究生培养模式也不是单一的、僵化的。

4. 专业学位研究生培养模式是培养活动要素、结构、过程、方式方法、机制体制的高度统一，是一个在实践中不断完善、成熟而且复杂的系统，其核心是要解决好"培养什么样的专业学位研究生""如何培养这样的专业学位研究生"和"培养出的专业学位研究生怎么样"等实质性问题。

5. 专业学位研究生培养模式起源于专业学位研究生教育实践活动，但并不等同于专业学位研究生教育实践活动本身。它不是专业学位研究生教育实践活动整体、全面、直观、细致的描述和再现，而是人们借助于一定的理论工具和方法，剔除一些无关紧要的信息，保留专业学位研究生培养活动的精华和主干，运用分

析、总结、归纳、综合等思维方法，主观建构的具有可操作性的标准模型和样式。它是专业学位研究生教育实践的高度凝练、抽象概括和简要描述，反映了专业学位研究生教育实践活动的内在特质及其规律，是专业学位研究生教育理论与实践的中介，是可供学习和借鉴的样板。

（二）专业学位研究生培养模式的分类

根据不同的标准来选择不同的参照点，专业学位研究生培养模式的类型划分也是各不相同的。专业学位研究生培养模式分成的硕士专业学位研究生培养模式和博士专业学位研究生培养模式是从培养层次的角度来看的；专业学位研究生培养模式可以分为美国专业学位研究生培养模式、英国专业学位研究生培养模式、德国专业学位研究生培养模式、法国专业学位研究生培养模式、日本专业学位研究生培养模式、中国专业学位研究生培养模式等是从国别或者区域的角度来划分的；专业学位研究生培养模式可以分为工程硕士专业学位研究生培养模式、教育硕士专业学位研究生培养模式、工商管理硕士专业学位研究生培养模式、公共管理硕士专业学位研究生培养模式、临床医学硕士专业学位研究生培养模式等是从专业学位类别的角度看的；从学习方式的角度来看，专业学位研究生培养模式可以分为全日制培养模式和非全日制培养模式。从培养方式的角度来看，专业学位研究生培养模式可以分为教学型（修课型）培养模式、学徒型培养模式、协作型培养模式等；从培养主体地位和作用的角度来看，专业学位研究生培养模式可以分为政府主导型培养模式、高校主导型培养模式、学科专业主导型培养模式、导师主导型培养模式、研究生主导型培养和社会（用人单位）主导型培养模式六种；从特征角度来看，可以分为跨学科培养模式和专业式培养模式、贯通式培养模式和分段式培养模式、学科化培养模式和订单式培养模式等。

第二节　专业学位研究生培养模式的系统分析

一、专业学位研究生培养模式的要素分析

任何系统都是由若干个元素所构成的，"元素因为自身所处的地位或者是自身的结构和属性的不同而对整体系统的作用或者是贡献不同，在某些时空范围内，总是会有一些元素对整体性质和结构起着主要和关键性的作用，我们将其称为'要素'，即主要的元素"。专业学位研究生培养模式作为一种系统的存在，也

是由许多的元素构成的整体。在人们的认识范围内，不可能也没有必要将专业学位研究生培养模式的所有元素都进行比较分析，人们只能舍小取大、避轻就重，选择在专业学位研究生培养模式中有着关键作用的要素来进行重点分析。很多学者正是沿着要素分析法的路径，从多方面揭示了培养模式的构成要素。

（一）培养模式构成要素的代表性观点及评析

学界关于培养模式构成要素的认识歧见丛生，远没有达成共识，主要的代表性观点有以下四种。

1."两要素说"

即培养目标和培养方法。这是在培养模式讨论早期有关专家所持的观点，更多的是从培养方式的角度来认识培养模式的，采用的是狭义的培养模式概念。例如，曾冬梅等认为，人才培养模式包括人才的培养目标（培养规格）和具体的培养方式。

2."三要素说"

即培养目标、培养过程、组织管理（制度）。例如，李盛兵认为，研究生教育模式主要有三大要素即培养目标、培养方式和管理；许红认为，培养目标、培养过程和培养考核是研究生培养模式的主要因素；魏所康认为，人才培养模式的要素包括目的要素、内容要素、方法要素。

3."四要素说"

这是目前比较主流的观点。但在具体构成要素上，学者的看法各有不同。刘鸿认为，研究生培养模式的基本要素是培养目标、课程设置、培养过程和质量评估；胡玲琳等认为，研究生培养模式有着四大要素即培养目标、入学形式、培养方式和质量评价；还有人认为培养目标、课程体系、教学内容、导师指导是研究生培养模式的四个要素。

4."多要素说"

这种观点主要包括培养目标、招生选拔、课程设置与结构、培养方式方法、培养过程、实践实习、论文选题及答辩、导师指导、组织管理制度、质量评价等多个要素。姜世伟认为，人才培养模式的要素主要有教育理念、培养目标、培养过程、培养制度、培养评价；张建功认为，"专业学位研究生培养模式是将人才培养的目标、过程、资源、效果、环境等方面进行组合，是为完成特定的人才培养目标构建起来的整个管理活动的组织构建和策略"；廖文婕运用内容分析法将专业学位研究生培养模式确定为九个要素，即目标、管理、师资、课程、教学、学科、质量、资源和文化。在此基础上，为了简化专业学位研究生培养模式系统的复杂性，她将功能相似的要素进行合并，最终得出了专业学位研究生培养模式的五个子系统，即目标系统、管理系统、培养系统、质量保障系统及支撑系统。

可以看出，我国学者关于培养模式构成要素的认识有共性，亦有差异。共性主要体现在都一致将"培养目标"作为培养模式的构成要素之一。差异主要表现为认识的路径和立足点各有不同，基本上是学者个人的主观体悟，缺乏要素筛选的逻辑标准，导致要素划分宽窄不一，"多要素说"更多的是对"三要素说""四要素说"中某些要素的进一步细分或外延的拓展。对于研究生培养模式构成要素之所以众说纷纭，陈新忠、董泽芳认为，问题的症结在于："注重因素列举，忽视理论依据；注重因素分析，忽视逻辑关系；注重共性因素，忽视个性特色；注重显性因素，忽视完整统一"。然而，令人遗憾的是，他在指出存在问题的同时，却没有提出要素筛选与确立的原则。

（二）培养模式构成要素筛选与确立的原则

根据系统科学，我们认为，专业学位研究生培养模式构成要素的筛选与确立应遵循以下几个原则。

1. 重要性原则

在诸多元素中，只有那些对专业学位研究生培养模式的整体结构与功能起主要或关键作用、能够反映系统主要特征的元素才能成为其构成要素，而那些起辅助、次要或铺垫作用的元素不能被视为构成要素。例如，有些学者提出来的"培养环境""校园文化""方案实施"等应该是专业学位研究生培养模式的元素无疑，但把其作为要素有些牵强。此外，在模式研究中，要素应当是有限的、精简的，不能无所不包、无限扩充、任意扩大。

2. 独立性原则

尽管专业学位研究生培养模式构成要素之间是相互联系、相互渗透的，但要素存在的前提是其自身的相对独立性，各个要素之间是并列关系而非包容关系。

例如，"教育理念""培养观念""培养目标"三者之间有一定的交叉包容关系，很难在系统中以要素的形式彼此独立存在。而且，"教育理念""培养观念"是软性的、指导性的，渗透在整个培养过程的各个环节，不适合作为构成要素。因此，在这三者之间，我们更倾向于把渗透教育理念和培养观念的"培养目标"作为专业学位研究生培养模式的构成要素。

3. 完整性原则

系统是由要素构成的，要素与要素之间的联系构成有机的整体，它们的存在与相互联系共同搭建起系统的基本"框架"。因此，在进行专业学位研究生培养模式构成要素的筛选与确立时，应当立足于系统的整体性，确保要素齐全，不能漏掉某些要素。例如，"两要素说"和"三要素说"所构建的专业学位研究生培养模式过于简单，遗漏了一些要素，不足以形成一个完整的模式结构。

4. 一致性原则

要素筛选与划分应遵循逻辑一致性原则，各个要素之间边界相对清晰，范围、大小适中，不能跨度太大或太小，否则很难反映系统的特征。例如，相比其他要素，"培养过程"显然"块头"太大，不适合作为一个独立的要素看待，而应基于逻辑一致性原则，将"培养过程"拆分为与"培养目标"范畴相应对等的若干要素。

（三）专业学位研究生培养模式的构成要素

1. 培养目标

培养目标就是专业学位研究生培养活动的灵魂，在专业学位研究生培养模式中对其他构成要素有着统领、导向和督促的作用，其他要素都是围绕培养目标，为了实现培养目标而服务的。简而言之，培养目标是指通过有计划、有组织的培养活动来使专业学位研究生在知识、能力和素质结构上所期望达到的总体要求和规格标准。培养目标是根据社会需求、教育理念、研究生身心特征、学校的实际情况等确定的。由于国家、地区、学校、专业类型等不同，培养目标也有所区别。专业学位研究生培养目标的层次性如图 2-1 所示。

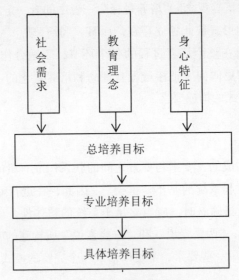

图 2-1　培养目标的层次性

2.入学方式

专业学位研究生培养的入口都设有一定的遴选程序，他们只有符合相应的条件并且通过考核才能获得入学资格。专业学位研究生入学方式主要包括两方面的内容（图 2-2）。一是针对不同的培养对象设定不同的入学条件、选拔标准、途径和具体方式方法。二是研究生录取后的具体学习方式是采用全日制方式，还是非全日制方式；是入学就读，还是异地学习或网上学习。由于专业学位研究生教育具有鲜明的职业指向性，在招收对象、选拔制度、学习方式等方面也很大程度上区别于学术学位教育。在专业学位的生源中，有很大一部分是在职人员。这与他们的工作特点和素质结构相适应，专业学位研究生的招收选拔方式，包括考试科目、试卷形式、录取标准和方法等，都是自成体系的。我国专业学位研究生入学采用的是国家集中统一考试选拔制，考试内容重点强调运用基础知识、基本理论分析问题和解决问题的能力，在复试中注重实务操作能力的考查，最终以综合评分的高低作为录取的基本依据。发达国家多数采用宽进严出的入学申请制，通过一个简单的遴选程序，即可获得入学资格。在学习方式上，专业学位研究生教育有更大的灵活性，既有脱产全日制学习方式，也有在职攻读方式，学生可以在业余时间完成学业。随着现代教育技术的发展，在网络进行个性化的课程学习也成为一种重要的学习方式。

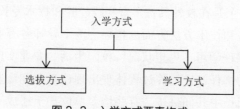

图2-2　入学方式要素构成

3. 课程教学

专业学位研究生培养的中心环节是课程教学，主要就是教师的讲授和引导之下，再通过一系列的相关课程的系统学习，这就为专业学位研究生打下了坚实的理论基础，能够形成比较完善的知识结构，从而对前沿的技术和方法进行掌握，并且能够提高在模拟演练的仿真环境下处理实际问题的能力。专业学位研究生课程教学包括三方面的内容（图2-3）：一是课程结构；二是课程教学方法；三是课程考核方式。在课程结构中，专业学位除了开设一些基础性、理论性课程之外，也开设了大量实务性课程和讲座。例如，国务院学位办发布的《全日制专业学位研究生指导性培养方案》中，设置的课程类型包括公共课程、基础理论类课程、专业技术课程、选修及其他课程等。在课程教学方法上，除了讲授法外，也采用了大量案例教学法、小组研讨法、合作学习、模拟演示法等，使研究生团队的力量和集体的智慧得到发挥，并且能够创造性地解决现实问题，让团队合作的意识和能力得到培养。在课程考核方面，采取灵活的形式，多样的方法，可采用考试或考查的方式进行，一般不要求提交学术论文。

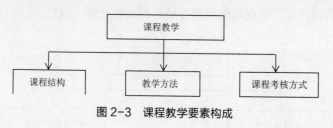

图2-3　课程教学要素构成

4. 导师指导

在专业学位研究生培养中，导师指导有着特殊的重要作用。专业学位一般都采用双导师制或复合导师制，也就是说一个专业学位研究生有两个导师：一个是校内有学术专长的专业理论学习指导教师，这个侧重的是研究生在校内学习、训练和研究的指导；一个是在校外具备丰富实践经验和技术专长的企业或行业导师，侧重的是在工作实务和技术方法方面的指导。两个导师各有所长，共同担负起对专业学位研究生的课程学习、思想状况、校园生活、专业实践、毕业论文、就业等进行全方位指导的责任，让培养过程体现出理论学习和专业实践的高度融合和相互渗透，在教学相长中共同进步。有些培养单位甚至还成立了由校内导师和校外导师共同组成的指导小组或指导委员会，对专业学位研究生的培养目标、课程设置、培养方式方法、实习实践及毕业选题与研究等提出改进的意见和建议，使专业学位研究生的培养更加贴合社会需求。导师指导要素构成如图 2-4 所示。

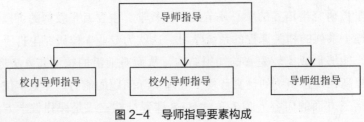

图 2-4　导师指导要素构成

5. 组织管理

专业学位研究生培养是由一系列相互衔接的环节和阶段性活动构成的有序整体，其各环节的内部运行及环节之间的起承转合都离不开组织管理要素提供的支撑和保障。组织管理要素在专业学位研究生培养过程中主要发挥供给和配置资源、督促引导、建章立制、检查评估、质量管理等作用，以此来保障培养活动能够有序进行和顺利开展，促进各环节的相互协调，并通过反馈调节机制及时纠正活动偏差，提高活动效能，确保培养流程与培养目标的整体一致性。

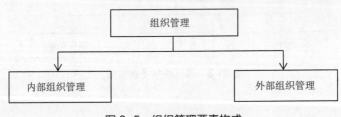

图 2-5　组织管理要素构成

6. 专业实践

专业学位研究生培养的重要环节，提升专业学位研究生职业技能和素质以及训练专业学位研究生的重要步骤是专业实践，其构成如图 2-6 所示。保障不少于半年的实践教育是我国不同类型的专业学位训练的重要要求。真正场景下实施的包含见习、实习的工作实务实践以及在校内或实践场所展开包含实训和演练的模仿实践是实践教育的两个方面。例如，在法律硕士专业学位研究生培养方案中，实践教学的学分数达 15 学分，占总学分的 1/4 以上，实践教学时间不少于 1 年，教学内容包括法律职业规范与伦理教育、法律文书写作、模拟法庭训练、法律谈判，以及在公检法等司法单位或企事业法律工作部门进行不少于 6 个月的实习。训练专业学位研究生的标识性元素是分量极大、整体安排的专业实践，它是明显地差别于专业学位与学术学位教育的，它的基本目标是凭借大量的实践教育让专业学位研究生从浅到深、由表及里地了解认识有关职业需要的基本技巧、办法和素质。

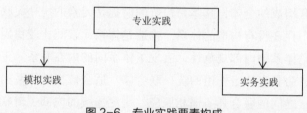

图 2-6　专业实践要素构成

7. 毕业及学位授予

毕业及学位授予是专业学位研究生训练经历的最终步骤，也是度量训练品质是否合格的主要办法，其构成如图 2-7 所示。在海外，普通修课型的专业学位研究生不需要上交学位论文，科目考试终结就可以让学校发布毕业证书或学位证书。在国内及某些国家，编写学位论文和实施学位论文辩论的模式还被专业学位保存了下来，但在实际需要上和学术学位迥然不同。比如，应用题目或实际问题大多是我国专业学位论文选题的由来，同时具备鲜明的职业使用价值和行业氛围。专业学位论文大多是把研究生整体使用知识才能处理现实困难的技能和水准表现出来，论文模式日渐多元化，不仅能够在规定含义的运用性论文外，还能够表现出来以研究报表、规划设计、研发产品、解析案例、管理计划、发明专利、文学艺术著作等形式呈现出来。专业学位论文必须有关联行业专家参加，它和学术学位的独立评论标准系统不同。

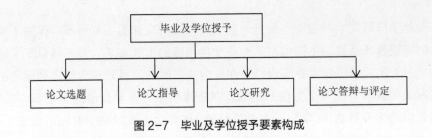

图 2-7　毕业及学位授予要素构成

二、专业学位研究生培养模式的结构分析

构成系统的要素之间并不是相互割裂的孤立存在，而是通过密切的互相联系和相互渗透所产生的、具备稳固构造的统一体系。"构造是指体系内各种构成元素之间的比较稳固的联系方法、组织次序及其时空联系的内部表达方式。"体系是由元素统一关联构成的全体，其体系构造的前提是元素的统一关联。所有体系均具备特定构造不存在没有构造的体系。构造是体系元素间比较稳固的关键所构成的统一框架，是体系的内部规范性，表现了体系间的内在联系。正因为结构的存在，系统才能成为具有特定作用的统一联合体。适合恰当的体系构造需要组成体系内在的各元素之间的联合具备遥相照应、头尾连接的内部逻辑联系，并凭借关联密切、丝丝入扣和有效运动使得体系功用得以最好发扬。体系的构造有各种类别，我国学者苗东升觉得，体系的构造涵盖软构造与硬构造、框架构造（元素的静态关联模式）与实行构造（元素的动态连接模式）、空间构造（元素的位置联系）与时间构造（元素的顺序联系），人们通常运用施行构造与框架构造的二维解析办法，也就是从联合动态与静态的方向显示体系的互动施行模式和稳定联系模式。

在专业学位研究生训练方式体系中，各元素之间遵循特定教学规范把各元素串联、搭构起来，而并不是杂乱无章与次序的简单累加。从时间构造来看，专业学位研究生训练方式是遵循特定的时间秩序分布的，不能扰乱秩序。比如，训练专业学位经历中，首先设置训练目的，再者管理招生筛选、科目教育，接着展开专业实习，最终通过学位论文科研获取学位而终结，这个经历是一个有序构造，是与体系目标符合、能合理达成体系作用的稳固构造。从空间构造看来，专业学位研究生训练方式各元素所处的地位是比较稳定的，不可以随便调节地位。科目教育、训练目的、导师指引、组织管理、入学模式、专科实习、毕业及学位授予七大元素所形成的、顺序连接的整体即是专业学位研究生训练方式，它统一把动态施行和静态联系联合起来，是一个比较密闭和适合放开的自管理体系，是构造范围与经历范围的联合。联合体系合理的概念与模式，依据高水准运用型人才训练的基础规则和训练行动的常见过程，专业学位研究生训练方式构造如图 2-8 所示。

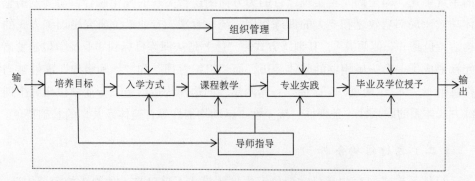

图 2-8 专业学位研究生培养模式结构图

（一）框架结构分析

在专业学位研究生训练方式条框构造中，各元素所在的地位比较稳固，位置和功效截然不同，元素之间顺序连接，互相联系。其中，训练目的发扬着指导、统御的功效，它位于核心位置，是训练方式构造中的关键性元素。不管是专科实习、科目教育、入学模式、毕业及学位颁发，还是导师引导、组织管理均会受训练目的感染和限制的，也均是为达到训练目的而顺序聚集在一块的。训练目的是连接各元素的主流，它不仅渗入到各种元素中，还是训练行动的最初步骤。特定的训练目的决断了和它相适合的组织管理系统、导师引导模式，以及科目教育、专科实习、入学模式和毕业及学位授予条件等。对培养模式而言，培养目标是"一着不慎，满盘皆输"的元素。当训练目的形成改变，剩余各元素也会形成对应的改变，进而产生不同作用与特色的训练方式。按照先后次序串接在一起，训练方式构造的主体"骨架"是遵循先后顺序连接在一起的入学模式、科目教育、专科实习和毕业及学位颁发，其也是训练经过的阶段性步骤。科目教育在一定水准上受到入学模式的限制，比如，课程安排及课程教育模式办法对于全日制与非全日制入学的专业学位研究生是不一样的。科目教育夯实了根基是为了专科实习，专科实习是科目教育的延伸、强化与拓宽，再通过毕业及学位颁发步骤的整体性培训，实现训练目的的大致需求。训练方式的支持性元素和保证性元素是导师引导和组织管理。根据导师在训练经历各个步骤的个体化引导，专科学位研究生能更顺畅地融合在训练经历之中，保障训练经历的效率与流畅。依据组织管理，对各元素施行审查、监察和引导，推动各元素遵循预期道路行动，从系统上保障整体功效的达成。因此能够看出，专业学位研究生训练方式各元素之间是一种互相关联、互相感染的联系，依据各元素之间的互相感染和互相限制，达到训练方式的系统强化，即全部元素实现以目的为方向的逻辑关联的强化联合，切实发扬全体功效比局部功效之和要大的训练作用。统一看来，专业学位研究生训练方式的构造特色是"一体两翼"，其训练方式之"体"是从训练目标到毕业及学位颁发诸元素形成了一个头尾相继的整体经历，而"组织管理"和"导师引导"能够被当作黏附于"体""两翼"。这种"一体两翼"的边框构造给予了专业学位研究生训练方式体系的联系性、条理性、统一性、运动均衡性等普遍体系共享的基础特色。

（二）运行结构分析

以体系模式保存的专科学位研究生训练模式不单单是一种静止的模范构造，更具备烦琐的内在运动构造，它是一种过程化的高水准使用型人才"生产线"。之所以专业学位研究生训练方式内在保存着三种科学合理的实施体系如反向反应体系、运动调整体系和正面输送体系，是为了保障体系的稳固性和合适性。

在专业学位研究生训练方式实施构造中，之所以不仅存在正面输送体系，还有反向反应体系，是因为信息的传播是双向的，并不是单方面的。一个体系，不管是科技配置，还是生物体能，甚至社会精神体系、认知体系、文化体系。虽然中间的反应通路可能不尽相同，但反应的通路实质上是信息通路，凭借信息通道来运用讯息对体系管理性、繁琐性实施新的规范，对体系发扬功效，调整体系的构造、作用和活动。体系维持稳固的元素是反向反应制度，它能让体系凸显出与目标相符合的行动。为反向反应体系提供信息反向输送的道路的是专业学位训练方式各组成元素之间的联系性。在各元素实施行为中，聚集着运动轨道和姿态的信息遵循反向反应体制输送给关联元素，并渐渐传播到"组织管理"元素和"训练目的"，凭借搜集信息、审查解析，"训练目标"凭借"组织管理"元素再颁发命令，更正其余元素的活动差错，让它们最终回归到预期轨迹上来。然而，保存着"反应延迟"和"信息失真"行为在反向反应体系中，反向反应体系的作用受到信息通道以及信息输送是否遭受打断的影响。所以，之所以体系一定创建合理的反向反应体系，是为了具备巨大的生命力和顺应力。

专业学位研究生训练方式的元素间还保留着运动调整体系。形成专业学位研究生训练方式的元素均具备特定的自我调整力和韧性，当一个元素产生改变时，与之有关的元素也会凭借运动调整机系的功效而形成一些改变，进而让训练方式凸显出风格迥异的特色。

三、专业学位研究生培养模式的功能分析

所有体系均是一些作用的联合体，对其所在氛围和有关体系具备某些含义和财富。作用是指体系与外在氛围互相关联与反应中表达出来的特质、技能和功能，是体系内在比较稳固的关联方法、管理次序及时空形式的外在表达方式。体系之所以要求环境连续供应一定的能量、信息和财富，是因为其出现、生长和繁荣均在一定环境中。当作交换，体系也必然为环境供应对应的功效服务。所以，体系保存和繁荣的根据是功效，没有了相应的功效，体系本身也将渐渐消亡。

对于专业学位研究生训练方式作用有两类认知途径：一是把专业学位研究生培养模式看作认知体系，即自觉构造的方式和模板所具备的功效；二是把专业学位研究生训练方式当作实体体系，即训练高水准运用型人才的专科行动所具有的功效。

（一）视之为实体系统

在实体体系看来，专业学位研究生训练方式一样发扬着人才训练、合理研发、服务社会和领导社会的功效，但其方向具备明显的运用型特色，它是我国研究生训练体制的主要构成部分。

1.人才培养

在训练人才层面，专业学位研究生训练方式的功效表现在为经济社会成长传输大量不一样类别的高水准运用型人才。专业学位研究生模板是标准化的高水准运用型人才加工"流水线"。"流水线"有两头：一头是训练出大量及格人才，在社会各职业中接纳检查；另一头是依据社会要求建设不一样的专科学位类型、明确训练目的和招生数目。在专科学位研究生训练的主要经历中，要想提升人才训练的社会合适性，使人才训练作用得到有效显示，就要着重训练经历与社会要求衔接、概括学习和专科实习融合、学位证书与职业资格连接。

2.科学研究

在科学研发层面，专业学位研究生要想具有创造研发的根基和技能，需要凭借大批的实习练习与整体的理论练习。在练习期间，很多专业学位研究生均踊跃参加老师或实际机构的运用型课目研发，参加实质问题的调研、讨论和处理，是科学研发的主要后备军。在中国，专业学位研究生的必需经历是学位论文的发表，其也是对专业学位研究生科学科研技能的整体训练经历。在导师的引导下，专业学位研究

生凭借选题、研发策划、研发实行和成果表现等一连串程序掌控科学研发的基础办法和通路，进而做出对实际机构有主要运用价值的创造性成果。

3. 社会服务

在社会服务层面，社会服务的内容是供应高水准的人才资源和运用性的研发成果。在此，专业学位研究生训练方式的功能还表现在增加校企协作的模式和通道，推动产学研共同创造，为政府或企事业机构在工作中遇到的问题提供帮助。

4. 引领社会

在社会领导层面，专业学位研究生训练方式的作用有：创新教育体制，增宽高水准人才训练通道，推动高水准人才训练的多元化和适合性；领导精神产业，专业学位研究生训练所提倡的勇敢实习、踊跃搜索以及大胆创造的精神和现今社会的时期精神异曲同工；领导社会加工，凭借连续传输高素养人才为企事业机构，展开连续创造性研发。连续研发新科技、新作品和新艺术，增加企事业机构的核心竞争力，领导社会分工的新指向；领导社会活动，更新人们现有的教学理念和价值观，推动青年人选择适合自己的人生成长途径，促进社会朝着好的方向发展。

（二）视之为认识系统

专业学位研究生培养模式不单单是人才训练的实体体系，并且是人们的自主认知体系，在实习中发扬着规范对照功效、改良强化功效和理性认知功效。

1. 理性认识功能

专业学位研究生训练方式是建设在感性认知前提下的理性认知，它也是对专业学位研究生训练实习体验的归纳和抽象概述。各国、各地区不同类型的专业学位研究生培养实践是具体的、生动的、各不相同的，蕴含着丰富而庞杂的信息，很容易给研究者造成"不识庐山真面目，只缘身在此山中""只见树木，不见森林"的问题。只有通过系统思维和科学方法，对专业学位研究生培养中的关键事实和信息进行甄别、筛选，抓住主要矛盾，抽出关键要素和根本特征，揭示要素间的联系，才有可能形成专业学位研究生培养的规律性认知。专业学位研究生训练方式反映的是专业学位研究生训练规则，也是对专业学位研究生教学实习高度聚集的理性认知。

2. 标准参照功能

一个事物假如可以用"方式"称呼，证明这个事物是适合练习和效仿的，它具备进步、老练等特征。只要这种专业学位研究生训练体系具备稳固的构造、合适性的功效和完备的经过，它就是一个稳固、老练的体系。其余国家或区域，尤其是专业学位研究生教学后发型国家或区域，都能够把这种方式当作准则模范，取长补短，完善的专业学位研究生训练方式。

3. 改进优化功能

所有模板均是在各自的背景中生长和繁荣起来的，世界上没有十全十美、普遍适用的"模板"，所有模板均有各自的优点，也存在某类水准不够。在不一样的国家或区域，以及不一样的高级学校，在长时间的训练实习中渐渐产生了具有本身特点的专业学位研究生训练方式。在教学国际化的大环境下，多元化的专科学位研究生训练方式也在普遍的沟通中凸显优点，发现缺点，互相择善而从，连续调节专业学位研究生训练方式，强化训练过程，使体系功效最大化，进而使经济社会繁荣的要求得以满足。

第三节　专业学位研究生培养模式的属性分析

属性是事物在与其他事物的相互联系和相互作用中表现出来的特性，是事物内涵的外在表现。每一个事物或者是对象的属性都具有其特殊性，是由其自身的本质所决定的。人们对于事物属性了解的途径除了感官之外，还可以借助一定的技术手段来实现，还有就是在理性认识与感性认识的基础上进行具体的升华。专业学位研究生培养模式既具有独立性，又在与其他相关事物和环境的交互作用中展现出独特而鲜明的属性。

一、实践性与理论性

专业学位研究生培养模式是对专业学位研究生培养实践的抽象概括和体系构建，具有鲜明的实践特征和较强的理论色彩。但专业学位研究生培养模式不是对专业学位研究生培养实践的具体描述和鲜活再现，也不具备教育理论固有的原创性、系统性和专深性，而是处于理论与实践的中介地位，集实践性和理论性于一身。正如我国教育学者查有梁所言，模式是与理论和实践紧密相关的一种介质，三者之间既相互区别，又相互联系。正因为专业学位研究生培养模式具有这种中介性特点，所以在理论与实践之间发挥着承上启下的作用。向上，可成为教育理论的源泉和基础，甚至发展成新的教育理论；向下，有成熟的模板和明确的操作程序，可具体指导教育实践。

专业学位研究生培养模式的生成有两种路径：一种是从实践到模式再到理论；另一种是从理论到模式再到实践。无论哪一种路径，都离不开理论的指导和具体社会实践工作的检验。实践是检验真理的唯一标准。理论来源于人们对实践所得来的经验的归纳、总结，并且已经接受了实践的检验；而对理论进行类比、演绎就能推测出不同的模式，从而对实践的发展起到推动作用。所以可以说模式是人们对客观事物进行思维抽象的一种描写。

从第一种路径来看，专业学位研究生培养是人类教育实践不断发展的产物，作为一项培养高层次人才的有组织、有计划、有目的的活动，专业学位研究生培养的实践本身是需要教育理论指导的，无论是培养目标的确定、课程体系的设计，还是教学方式方法的选择、专业实践的革新，都不是随意地盲动，而是在教育理念关照下的主动探索。专业学位研究生培养的创新性实践是人们的教育智慧、社会需求和培养实际条件综合作用的结晶，其本身就蕴含着一定的教育理论价值。经过一定时期的探索，专业学位研究生培养的流程逐渐完善，要素和结构趋于稳定，方式方法和管理制度日益健全，功能得以有效发挥，这就表明专业学位研究生培养已经自成一体，为模式的形成和构建奠定了丰富的实践基础。实践是模式形成的源头活水，在广泛、深入的实践探索中，经过人们不断的经验总结和抽象概括，运用模式研究方法，建立反映其培养实践主旨思想和根本特征的专业学位研究生培养模式。模式是理论与实践的高度融合，但模式只是一种理论的雏形，与具有系统化知识结构的理论相比，二者之间存在很大的差异。所以要进一步促进专业学位研究生培养模式理论化进程的发展，还需要继续深入实践，增强模式的普适性和科学性，夯实理论的支点，才有可能在某方面取得理论的新突破。"必须强调的是，用经验性数据检验模式的重要性。离开这一步，模式的建立将成为无益的联系。只有建立有效的模式，提高其现实性，才能使模式的建立对理论知识做出有效的贡献。"

从第二种路径来看，人们也能够以既有的教育理论为指导，结合专业学位研究生培养实践，主观设计出新的专业学位研究生培养"模式"。但这种"模式"是否可行、有效，还需要接受实践的检验，在实践中进行修正和完善。模式的建立并不是一成不变的，已经建成的模式也可能在现有的理论条件下被推翻重建，因此可以说模式与理论既相互区别，又密切相关。这种理论推演的模式经过大量实践验证后，有可能成为真正的专业学位研究生培养模式，同样具有理论意义和实践价值。

综上所述，专业学位研究生培养模式既是教育理论的具体化，也是培养实践的升华，更是理论与实践的高度融合。作为沟通理论与实践的中介，专业学位研究生培养模式的科学性程度高、操作性强，不仅为专业学位研究生教育改革提供方向性指导，而且为一线教师和管理者提供具体的操作流程和方法，促进培养过程中各个环节的科学化和规范化，提高培养质量。

二、复杂性与简约性

系统具有复杂性的特征，系统的复杂性主要表现在其内部是众多因素、层级结构与外在环境相互交错的过程。

这些特性具有不连续性、不确定性、不可分离性和不可预测性，不能用传统的还原论方法来描述和处理。一个系统，无论是大还是小，都具有复杂性特征。作为人类社会的一项高度专业化活动，专业学位研究生培养系统是当之无愧的开放复杂系统，不仅内部要素众多，要素间的组合和关联纷繁复杂，结构动态变换，而且深受外部环境诸多要素的影响和制约，是很难全面认识和整体把握的。专业学位研究生培养模式是对专业学位研究生培养活动的全面深入总结和高度抽象凝练，对象的复杂性决定了模式本身的复杂性。一个不能够准确反映系统复杂性的模式很难成为一个科学、良好、可供学习和借鉴的模式。专业学位研究生培养模式的复杂性主要来自以下五个方面。

（一）源于系统规模的复杂性

一个系统规模越大，复杂性程度就越高。经过近百年的发展，专业学位研究生教育规模和教育地位都在不断地提升，而且在很多国家中专业学位的教育规模已经远远超过了学术学位的规模。规模的持续扩大导致专业学位研究生教育系统日益复杂，新情况、新问题不断涌现，大大增加了人们认识的难度。

（二）源于系统多样的复杂性

专业学位研究生教育虽然有一些共性特征，但在不同的国家、地区和学校，甚至同一个学校的不同专业学位类别中，专业学位研究生教育的具体情况千差万别，呈现出的状态多种多样，没有一个统一的固定模式，也缺乏公认的批判标准。

（三）源于系统构成要素与层次结构的复杂性

专业学位研究生培养系统涉及的要素众多，任何一个要素的变动，都会对整体产生一定的影响。作为一个正在形成和发展中的系统，专业学位研究生培养活动要素间的关联和系统结构还没有达到超稳定状态，始终处于动态调整之中，而且系统自身结构并不是单一结构，而是高度层次化的结构，不同层次相互缠绕，层次界限模糊不清，导致复杂性急剧增加。

（四）源于系统开放性的复杂性

专业学位研究生培养系统是一个开放的社会文化系统，与社会环境保持着广泛的物质、信息和能量的交换，无论是培养观念的变革、培养目标的确定、培养过程的组织，还是导师队伍的配备、培养方式的选择、物质条件的保障，以及培养人才的输出和质量评价，都需要社会诸多力量的介入、供给和参与。"开放性越发达的系统，复杂性越发达。有机系统比无机系统发达，文化系统比物质系统复杂，重要原因是前者的开放性远胜于后者。"

（五）源于人的主观因素的复杂性

人是最复杂的动物，理性与非理性交织，情感、思想、意志等难以进行定量化描述。专业学位研究生培养活动恰恰是高度人性化的活动，培养对象的主体是身体和心理趋于成熟的青年群体，培养活动的实施是有一定学养、多学科交叉的教师队伍，培养质量依赖双方智力劳动的投入和主观能动性的发挥，极大增加了系统的复杂性，很难进行精确的概括和描述。

复杂性是系统客观存在的属性，作为"万物之灵长"的人类具有认识自然、改造自然的志趣和能力。面对系统的复杂性，人类的认识活动总是力求简约，试图简洁直观、清楚明了地揭示系统的主要特征和运行规律。所谓模式研究，就是以简单、抽象的思维模式对复杂的研究对象进行具体的描述，从而从本质上和整体上对事物的属性进行一定的把握。专业学位研究生培养模式就是对专业学位研究生培养活动及其规律的简约性认识成果，它简明扼要地概括了专业学位研究生培养活动的构成要素、结构关系和运行机制，是人们认识专业学位研究生培养系统总体状况的捷径。从要素的选择上来看，专业学位研究生培养模式一般只选取少数几个关键要素进行研究，而将其他元素或要素忽略不计。从结构关系来看，专业学位研究生培养模式反映的是总体框架结构关系和要素间的相互作用关系，与其要素内部的层次结构并没有联系。立足专业学位研究色具体取向，其注重的是整体一致性和共性，有意识地回避了矛盾性和个性化特征。例如，在探讨我国专业学位研究生培养模式时，就是从各级、各类专业学位具体的培养活动中抽象概括出总体特征，而较少地关注不同专业学位类别培养活动中的具体差异。构建模式的过程是一个简约化认识的过程，其核心就是要抓住事物运行的主要矛盾和关键信息，去除对事物本身不太重要的信息和因素，避免迷失于事物的复杂性和表面性，更简洁、深入地认识事物的规律性。

三、稳定性与发展性

任何系统都是相对封闭又适度开放的。在系统与环境之间存在着边界，边界一方面是维持系统自身独立性的屏障，保持系统的存在；另一方面是又为系统与环境之间的信息、能量及物质交换提供了媒介，使系统能顺应环境的不断更替，持续发展。系统的存在意味着系统有一定的稳定性，但这种稳定性不是静止不动的，也不是封闭的，而是开放中的稳定性、动态中的稳定性。专业学位研究生培养模式本身就是紧密、完美的系统，具有强大的自我稳定和自我更新能力，在保持自身稳定性的同时，也要不断根据社会需求的变化进行调整，在稳定与发展中保持内在的张力。

（一）稳定性

稳定性是任何一个系统都必须具备的属性，是系统的内在根基。系统的稳定性主要表现在系统能够在一定的社会环境中保持稳定，并且可以进行一定程度的自我调整，使系统尽量保持其原有的结构和功能。模式是事物在实践中形成的一种比较稳定的结构功能耦合体，是事物标准样式的体现。只有专业学位研究生培养活动的各要素和各环节在不断实践中形成一种稳定的结构框架和运行机制，表现出比较鲜明的风格和特征，能够有效实现培养的目标，才可称为培养模式。因此，专业学位研究生培养如果能上升到"模式"阶段，表明这个系统一定是一个稳定性较高和功能强大的成熟系统。一个尚处于探索之中、发展不明朗、未定型的系统是不能以"模式"相称的。专业学位研究生培养模式的稳定性主要表现在以下几个方面：

1. 要素的稳定性

无论哪一种专业学位研究生培养模式，其构成要素都是万变不离其宗的，都离不开培养目标、培养实施过程和组织管理等，而且任何一个要素在一定时间或空间范围内也是稳定的。例如，专业学位研究生培养目标一旦确定，就具有一定的效力，培养单位都要按照这个目标执行，不能随意变更。

2. 结构的稳定性

专业学位研究生培养模式要素之间的关联和相互关系保持着稳定性和有序性，各个培养环节环环相扣、前后衔接，次序不能颠倒，时间和内容相对固定。例如，每个学校都制订了不同类别的专业学位研究生培养方案，对培养目标、课程设置（课程结构、学时学分、教学考核方式）、专业实践、学位论文等做了全面、详细的规定，在专业学位研究生的培养实施中就必须按照这个方案有条不紊地进行，任何教师、管理人员和学生都无权改动。

3. 运行机制的稳定性

为保障专业学位研究生培养活动的顺利开展，并为其有效运行提供支持和督导，其在自身的运行过程中形成了比较稳定的运行机制，这些机制包括条件保障机制（为专业学位研究生提供必要的图书资料、教室、实验室、宿舍、实践基地等）、检查考核机制（确保各项活动在目标和规范框架下进行）等。

4. 功能的稳定性

系统功能是结构的外在表现，结构决定功能，结构的稳定性也就决定了功能的稳定性。专业学位研究生培养模式的功能也是相对稳定的，总的来看，人才培养、科学研究、社会服务和引领社会是其共有的功能，但不同的专业学位研究生培养模式功能的侧重点不一样，有的侧重于人才培养，有的侧重于社会服务，有的侧重于科学研究。只有培养模式的构成要素、结构和运行机制是稳定的，其功能才可能不发生大的变化。

（二）发展性

系统的稳定性是相对的，而变动性和发展性是绝对的。系统的发展性源于系统的开放性，完全孤立的封闭系统是不存在的，如果系统长期处在一个封闭的环境中，那么它将失去自身发展、进化的机会，最终消亡。因此，任何一个有生命力的系统一定要在封闭与开放、稳定与发展之间保持动态的平衡。作为一个充分开放的系统，专业学位研究生培养模式不是僵化的教条和固定不变的程式，而是处于不断地发展变化之中。第一，社会需求是专业学位的产生和发展的原动力。无论是专业学位的类别设置、培养规模，还是专业学位的培养目标、课程设置、培养方式等都会根据社会需求的变化进行相应的调整。第二，专业学位研究生培养的良好发展还需要社会为其提供更多的社会支持。除了经费、师资及物质等方面的帮助外，社会中的相关行业还应积极参与专业学位培养过程，为专业学位研究生提供实习、实训和研究等方面的指导。第三，专业学位研究生培养质量要接受社会的检验。学校是人才培养的主体，各行各业是人才需求的主体，人才的选拔权和使用权由用人单位掌握，人才培养质量的高低归根结底要由用人单位说了算。专业学位研究生教育如果忽视人才市场的反馈信息，不重视用人单位的意见、故步自封，很可能导致人才供求失衡，使毕业生就业率降低，这必将影响系统的稳定性和功能的有效发挥，甚至导致培养模式被社会淘汰。因此，专业学位研究生培养活动必须顺应社会需求的变化，对内部构成要素、结构、运行机制等方面进行相应的调整，促进培养流程的优化和培养质量的提高，从而使其形成一个有效的良性循环。专业学位研究生培养模式的发展性还应当是自觉的、主动的和有选择的，教育有自身的独立性和规律性，不能沦为社会的"跑马场"，不能完全由市场牵着鼻子走，而应积极灵敏地反映社会需求，在保持稳定性的同时促进内部变革。当这种变革尚未突破原有培养模式的特质和结构框架时，则属于该模式的合理革新和新陈代谢。当培养目标及培养流程的要素组合发生革命性转变，并形成新的结构功能耦合体时，这就意味着旧的培养模式的消亡和新的培养模式的诞生。

四、整体性与多样性

整体与系统的关系是辩证统一的。系统成为系统的前提就是必须具备整体性。而整体性又是对系统特征的总结。系统是各个要素随机组成的一个具有新功能的有机整体，整体的功能并不等同于原有各个要素的机械相加，但各个组成要素所具备的功能是其整体功能的重要组成部分。任何系统都是以整体的形态而存在，有了系统的整体性，才有系统相对的独立性与差别性，才赋予了世界丰富的多样性。

专业学位研究生培养模式是紧紧围绕"培养什么样的人""如何培养人"和"培养的人怎么样"等核心问题在实践探索中形成的结构完整、功能齐全、要素合理和运行有序的有机系统。离开了系统的整体性，"只见树木，不见森林"，将系统的各个组成要素完全割裂开进行对待是没有任何意义的，也无法从中对专业学位研究生培养模式进行整体的把握。其实，专业学位研究生培养模式的构成要素选择、结构划分都是人为的、主观的，是基于人们认识的便利性所做的简单切割。而在实际运行中，这些要素之间并没有明确的划分界限，而是相互渗透、相互作用、相互影响，你中有我，我中有你，相互配合，共同构成了系统的整体，服务于系统的功能。要素不能脱离系统而存在，离开了专业学位研究生培养模式的整体性，紧紧强调培养目标，或者看重课程设置，忽视其他要素，忽视要素间的联系，往往很难实现预期的效果。所以，对专业学位研究生培养模式的具体构建必须进行整体设计，各要素和各环节都应服从系统整体性的调配、通力配合、紧密衔接、相互协调，才能发挥"整体大于部分之和"的功能。系统的整体性特征也提醒我们，在学习和借鉴其他专业学位研究生培养模式时，一定要秉持整体的观点，对培养模式进行全方位的系统分析，并根据自身系统的整体性择善吸收，不能只看到其他培养模式的"一鳞片爪"，就妄加评论或盲目照搬。因为此系统的经验未必能在彼系统中有用，在很多情况下，盲目照搬或不假思索地嫁接，往往名不副实，不能发挥应有的效用。

专业学位研究生培养模式具有鲜明的时代烙印、本土特征和校本特色。在不同时代或在同一时代的不同国家和地区的大学，基于文化背景和教育理念的差异、专业学位研究生培养目标的不同定位及拥有资源状况的多寡不均，导致专业学位研究生培养活动构成要素及其组合形式、运行样态等呈现出不同的特征，从而使专业学位研究生培养模式得以丰富多彩，形式各样。研究生教育模式是与国家的具体发展情况相适应的，是一定时期一个国家经济、政治及科学技术等的发展产物，并且与国家的特色文化息息相关，其发展的过程也并不是一帆风顺的，需要经历从幼稚到不断成熟的过程。不同是绝对的，相同是相对的，世界上不存在两种完全一样的专业学位研究生培养模式。即使文化同源的国家，由于发展的不平衡与具体国情的差异，专业学位研究生培养模式也是不一样的。在一个国家内，不同学校的专业学位研究生模式也都打上了自身的烙印，在某些方面形成了自己的特色。特别是私立高等教育发达的国家，其大学拥有自身发展的主动权和自主管理权，可以根据人才市场的需求和自身的条件大胆进行专业学位研究生培养模式的改革探索，从而表现出更加丰富的多样性。专业学位研究生培养模式的多样性不仅以整体形式出现（美国专业学位研究生培养模式与日本专业学位研究生培养模式的显著差异），而且更多地在局部表现出来（培养目标的差异、入学方式的差异、课程教学的差异、导师指导的差异、专业实践的差异、质量管理的差异、毕业及学位授予的差异等）。不同的专业学位研究生培养模式有不同的构成要素和结构特征，在社会功能上也各有侧重、各有利弊。正因为模式的多元共存，才使得专业学位研究生培养模式的相互借鉴、取长补短和共同发展成为可能，也才更加能够真正以社会经济具体发展需求为依据有针对性地培养应用型高级人才。

第三章 国外专业学位研究生教育的发展及启示

第一节 美国专业学位研究生教育的发展概况

美国最先开始专业学位研究生教育，早在1908年，哈佛大学便有了历史上第一个专业学位，即工商管理硕士学位。在专业学位研究生教育的漫长发展时期里，硕士专业学位教育已经成为硕士阶段教育的主流，几乎全部的专业领域都有相关的专业硕士专业与其相对应。随着知识经济时代的到来，伴随着学术性招生逐渐减少的现实以及人均受教育水平的上升，当今的美国教育界呈现出专业化逐渐增强的趋势。而硕士专业学位的覆盖领域也在不断地扩展，其专业性更强，内容也更加丰富。

一、美国专业学位结构

（一）美国专业学位的科类结构

所谓专业学科的科类结构主要是指其具体依托的学科类别，也就是其专业领域。在美国，每个州的具体学科专业的设定是以其具体发展情况为依据的，并随着科学技术的发展和社会的进步进行不断的更新。专业学位以学位的性质为划分依据，主要分为学术学位和专业学位两种。专业学位与学术学位的主要区别在于：专业学位依托的学科主要为非传统学科，学生毕业以后主要从事某些领域的实际工作，因此其教育过程中更加注重对学生专业实践能力的培养；而学术学位的依托学科主要为传统学科，其学生毕业以后大都从事科研类工作，因此其教育方向比较侧重于对理论的研究。美国专业学科的具体学科依托情况如表3-1所示。

表3-1　CIP-2000学科群设置情况总表

序号	CIP-2000 学科群名称	所含学科数	学科大类		备注
1	交叉学科	21	22	交叉学科	学术性学位为主
2	文理综合	1			
3	英语语言文学	8	28	人文科学	
4	外国语言文学	17			
5	哲学与宗教	3			
6	社会科学	12	39	社会科学	
7	心理学	23			
8	历史学	1			
9	区域、种族、文化与性别研究	3			
10	自然科学	7	35	理学	
11	计算机与信息科学	11			
12	数学与统计学	4			
13	生物学与生物医学科学	13			
14	工学	34	34	工学	专业学位为主
15	医疗卫生与临床科学	34	34	医学	
16	工商管理学	21	21	工商管理	
17	教育学	15	15	教育学	
18	农学与农业经营	14	20	农学	
19	自然资源与保护	6			
20	法学与法律职业	5	5	法学	
21	建筑学	8	8	建筑学	
22	艺术学	9	9	艺术学	
23	公共管理与社会服务	6	6	公共管理	
24	传播与新闻学	6	6	新闻学	
25	图书馆学	3	3	图书馆学	

序号	CIP-2000 学科群名称	所含学科数		学科大类	备注
26	神学	7	7	神学	专业学位为主
27	工程技术	17			
28	科学技术	4			
29	通信技术	4			
30	精密制造技术	6			
31	军事技术	1			
32	机械与维修技术	7	70	职业技术	职业技术为主
33	建造技术	7			
34	交通与运输服务	4			
35	家庭科学	9			
36	公园、娱乐、休闲、健身	4			
37	个人与烹饪服务	4			
38	安全与防护服务	3			

从表 3-1 中我们可以得出以下结论：美国专业学位的科类构成中，专业学位主要与农业、法学、教育及工商管理等非传统学科为主，而学术性学位则主要以文化、历史、数学及化学等传统学科为主。众所周知，传统学科的立足点大多数对应某一个学科基础知识的研究，就读传统学科专业的学生其毕业以后的就业方向主要是在高等院校或某些研究院从事教学或者是科研工作；而非传统学科则不同，在实际生活中的作用主要是为科研设计和研发提供帮助，这些专业的学生往往具备较高的实践操作能力，其毕业以后的就业方向大都是实际的企业部门或者是事业单位。所以总结来说就是学位的具体性质、依托学科及培养对象这三者之间是既对立又统一的关系，也就是说它们之间在相互联系的基础上又存在相互制约的关系。

概括来讲，专业学位学科依托的对象主要是非传统学科，其教学目的主要是为固定的职业岗位培养高层次的专业人才，在具体教学方面侧重于对学生应用、实践能力的开发和思维能力的培养。虽然说专业学位与学术学位之间存在明显的区别，但它们在美国教育市场的关系并不是完全决裂的，例如在一些个别的高等院校中存在某一个学科可以被同时授予专业学位和学术学位的情况。也就是说专业学位与学术学位的划分并不是完全绝对的。只要能促进教育的发展，对教育的发展有切实的促进作用，专业学位与学术学位之间的任何可能性都有存在的可能。

（二）美国专业学位的层次结构

专业学位的层次结构主要包括学士学位、硕士学位和博士学位，其具体的针对人群是指具有大学专科学历及以上学历文凭的毕业生。在美国，其专业学院的课程安排大都与文学士课程一致，时长为4年，顺利完成课时并毕业的学生被授予专业学士学位。学士教育的专业化目的性越强，其毕业后所授予的专业学位便与其具体能力更加匹配。但随着社会的进步和科学技术的发展，学士专业学位的教育已经不能满足社会发展的具体需要，因此一些与社会发展规律相违背的专业学士学位便会被取缔，当前学校可以以其具体的发展情况决定在淘汰某些学士专业学位后增加别的学士专业学位。

在专业学士学位的教育地位不断下降的情况下，美国的一些教育机构为促进学生能力的进步，为学生学士毕业以后的再教育提供了条件，我们称之为学士后教育，其时长一般为1学年左右，主要教学目的是向学生教授语言、计算机或者是会计等专业的使用知识和技能，为其以后的就业提供条件，完城学士后教育的学生会被授予学士后证书，但由于其短暂的学习并不能使其具备某项专业技能，因此并没有学位证书。在大多数情况下，一个专业的针对性教育大都是从硕士学位开始的，因此其相关专业层次也主要为硕士学位和博士学位这两个层面。但是在这里，我们仅针对硕士学位展开相关探讨。

在美国的硕士学位，一般可以分为专业性硕士和学术性硕士，专业性的硕士包括教育硕士、工商管理硕士等，学术性的硕士包括文硕士或者理硕士。一方面，通常专业硕士是在学位头衔前注明自己所学的专业，比如会计学硕士、建筑学硕士、工商管理学硕士、土木工程学硕士、刑事学硕士、工程学硕士，课程安排一般比较紧凑，管理严格，声望也很高；另一方面，图书馆学和工商管理等专业硕士学位已普遍被视为符合专业条件的标志。并且专业硕士学位与相关职业资格联系紧密，对于教育硕士的授予数量是在伴随着美国教育的不断发展和进步一起激增的。

在美国，它们的学位名称通常并不受法律限制，因此，美国高校对于学位名称的命名是有很大权利的，虽然社会中的一些劳动市场和协会以及教育界在学术命名上会产生一定的影响，但是在使用的时候，对于学位名称的分析也就显得有些棘手，硕士学位的名称太多，要想搞清楚它们并不是那么容易的。在教育界方面，有些被称为是理科硕士，也有些被称为是文科硕士，还有的则被称为是专业硕士。对于专业硕士的授予是有一定要求的，它需要专业项目指导和专业学位的一些报告，学生无论是进行专业性学习还是学术性学习，主要在于他们自己的目标，如果想认识一种学位名称所代表的是专业性还是学术性，最有效的办法是参考学生的成绩或者是熟悉机构实施的项目请求，从一般意义上说，一般的学位代表的学位性质是可以从它的名称来进行有效的判断的。表3-2是美国一些常见的硕士学位名称。

表3-2 美国常见硕士学位名称

学位名称	学习年限	学位类型
建筑学硕士	通常2～3年	专业学位
文学硕士	学科不同，学习年限不同	通常在多种学科中授予学术性学位
教育学硕士	通常1年	专业学位
工商管理硕士	一般2年	专业学位
教育硕士	一般1～2年	既授予专业学位又授予学术性学位
美术硕士	2～3年	专业学位，其中表演艺术专业通常被认为是一种终结性学位
图书管理学硕士	2年	专业学位
音乐硕士	2～3年	通常是专业学位，有时也授予学术性学位
公共卫生硕士	2年	通常授予专业学位
理学硕士	学科不同，学习年限不同	通常在多种学科中授予学术性学位和专业学位
养护学理科硕士	2～3年	通常是学术性学位，有时也授予专业学位
社会工作硕士	2年	通常授予专业学位
神学硕士	2～3年	通常是学术性学位，有时也授予专业学位

二、美国专业学位的特点

（一）学科设置层次合理、分类丰富

在专业学科上，就其种类来说，它的分类可以涉及医学、工学、工商管理、

法学、教育学、艺术学、建筑学、新闻学、图书管理学、公共管理、神学等诸多领域，它的范围十分广阔，并且伴随着社会的不断进步，有一些跨学科的专业和新兴的学科专业在社会中接二连三地涌现出来，这不仅极大地丰富了其种类的类别，而且还增添了多样性。

（二）管理机构多样化

美国的专业学位的发展受联邦教育部的间接调控和政府部门的直接管辖，专业学院的自由发展和社会团体的监督是密切相关的，由联邦教育制定发展战略，引导专业学位的发展。另外州政府在不超越宪法的基础之上，在本州之内自由制定法律条文，决定基本教育的权利为州政府所拥有，在政策上为专业学位的发展保驾护航，在学校内，专业学院可以在本学校内行使校内的教学和管理权利，使专业学位可以自由发展，同时，在社会上，也有社会团体对专业学位的发展进行监督，尤其是民间的认证机构的监督，在专业学位的设置上，可以成为专业学位的发展特色。

众所周知，美国的文化是多元的，多元的管理机构可以有效地约束专业学位的良性发展，专业学位在发展的过程中，不断对国家和社会力量进行渗透，但是这种渗透是不可避免的，这取决于高等教育在历史上的发展作用，我们可以看到，学校是一个开放性的教育系统，在某种程度上不可避免地要和社会因素进行互动与交流，专业学位是服务于社会的，它的职能也因此更加明显。因此，它与外部力量的互动是有利于专业学位适应市场的，可以有效地接受市场的检验。

（三）培养模式与职业资格相联系

美国的大学的创办与发展是立足于个人群体或者是地方政府的，在大学的历史文化熏陶下，在美国高等教育下的专业性学生的发展也是比较灵活的，它的培养模式也因此更加灵活。

专业学位的培养是受各种因素影响的，由于学生所学的专业、学生来源和办学模式有着不同的特点，因此其培养模式也就不同。它可以满足不同学生的需要，给学生提供更多的选择范围和领域，可以让学生选择更多的适合自己的领域，灵活的培养模式可以培养更多的专业人才，同时也可以使大学根据自己的所处的地理位置、教学水平和资源、服务主体以及服务领域等多个方面的实际情况，提高学校本身的办学质量和效率。专业学校的培养模式的灵活性体现在模式的各个方面，在入学的形式上，每个学院对于申请工作的经验要求不同，所要求的推荐信也就不同。在课程教学上，每个学校都有自己的教学模式，比如案例教学是美国

MBA 和 MPA 教育在教学当中的显著特点，但是并不是所有的大学都是如此，每个专业或每个院校在提高自己的教学质量的同时，也在努力形成自己的发展特色，在培养年限方面由于生源不同也就因此具有更多的灵活性。

不仅具有灵活性，而且还与职业资格制度有着密切的关系，这一点体现在专业学位的教学模式上，专业学位的研究生在培养目标上具有应用性和实践性，主要培养的是特定的职业岗位的应用型高级人才，在这一点上，它与职业资格要求有着相同点，在课程教学中注重与实践相结合的方式，要求在实习中将理论与实际相结合，而且大量聘用社会专业人员进行教学。

（四）市场机制占主导地位

20 世纪 60 年代以后，在美国传统文理学科受到了某种程度的削弱，也象征着美国大学出现了专业化的趋向，主要体现在一些实用的就业能力强的工程等学科得到了一定时间的长足发展。随着工业化不断深入开展，大学和工业界之间的联系日益密切，大学在为工业界培养实用型人才的同时还在不断地注重应用研究，在此过程中于某种意义上也可以说是工业界改变了大学传统上的只以基础研究为主的科研趋向，发掘其最终原因还是工业时代市场机制发挥的作用。

一是社会经济不断发展对高校的要求也不断加深，要求高校转变教学需求来应对不断变化的市场需求。只有采集社会的各个方面的信息，在实践中摸索市场的定位并制定自身的发展规划，在应变中赢得市场，赢得自身生存的资源保证和生存市场空间，是美国专业学位顺利发展的主要因素。

二是市场机制的变化也不断要求高校改变学生的培养模式，关注市场人才需求变化，适当调整专业结构，这样才能顺利招收足够的优秀生源来应对市场对人才需求的变化，也是其主要因素。

三是美国经济的迅速发展越来越需要大量自然科学、工程、心理学、社会学、农学、经济学和商学等专业博士，这直接导致学科结构朝着有利于专业学位的方向变化。因此，市场机制主导在美国专业学位的发展中成为显著特征之一。

三、美国专业学位的培养模式

从以上的分析可以看出，美国专业学位研究生培养模式伴随着市场经济的发展，职业资格制度的变化而不断地发展变化，总体而言，其专业学位研究生培养模式具有培养目标明确、培养方式丰富多样、办学特色明显等特征。以建筑学硕士为例，从培养目标、培养过程、支撑条件、外部协作和质量保障五部分对美国专业学位研究生培养模式进行分析。

（一）培养目标

美国部分高校建筑学硕士专业学位研究生的培养目标，见表 3-3。从表 3-3 可以看出，美国高校对建筑学硕士研究生的培养目标都是表述明确并富有特色，并根据不同的情况，设定不同的培养目标来满足社会对高层次建筑学专业人才的需求。以哈佛大学为例，学校建筑学硕士研究生教育分为 M Arch I 和 M Arch II 两个项目。前者适合已取得非设计类专业学士学位或者是准专业设计类专业学士学位的申请人，后者适合在建筑学或其相关领域完成了五年制的专业本科学位的申请人。哈佛大学依据自己的专业特色，以及针对的不同对象，都制定了明确的目标。M Arch I 项目能够为建筑学领域的全方面专业活动而做好准备，这符合了本项目招收对象未取得专业建筑学学位的学习背景；而在 M Arch II 项目中，其针对的培养对象是已获得建筑学专业本科学位的学生，所以其培养目标的要求就不同于 M Arch I 项目，提出了更高要求的培养目标，即要求学生不仅要通过学习扩充在专业领域的知识基础，而且要在此基础上提高理论基础和分析技巧。康奈尔大学和耶鲁大学的培养目标也都与哈佛大学类似。除此之外，各高校的建筑学硕士专业研究生的培养目标大致包含以下三部分的内容：一是专业基础知识的学习；二是知识的实际应用；三是为他们成功获得注册建筑师资格做准备。

表3-3　美国部分高校建筑学硕士专业的培养目标

序号	院校名称	培养目标
1	哈佛大学	（1）M Arch I 使学生能获得专业建筑学学位，使研究生能为在建筑学领域的全方面专业活动做好准备； （2）M Arch II 使已经获得专业建筑学学位的研究生通过学习扩充在专业领域的知识基础，提高理论基础和分析技巧
2	麻省理工学院	给希望成为注册建筑师的学生提供专业教育，以帮助他们成功获得注册建筑师资格
3	康奈尔大学	（1）Master of Architecture（Professional）致力于将来自各种学科背景的研究生培养为以建筑业为职业的专业人员； （2）Master of Architecture Program（Post-Professional）为已获得专业建筑学学位的学生提供高级的设计课教育和独特的批评质疑方式

序号	院校名称	培养目标
4	加州大学伯克利分校	以全面且具有挑战性的教育使学生能够获得通过认证的专业学位
5	耶鲁大学	（1）M Arch Ⅰ项目使学生掌握建筑学的基本原理，并将确保学生获得发展自身才能和技巧所需要的灵活性与自由； （2）M Arch Ⅱ项目使学生在更广泛的文化和社会背景下扩展他们对建筑设计及其意义的理解。学生将获得自由和支持去发展日益增强的与他们的工作相关的反思、批评和思考能力

（二）培养过程

专业学位研究生培养过程是一个复杂的系统，本文仅从培养模式结构的主体"骨架"入手，即按照培养过程中的入学形式、课程设置、专业实践和毕业论文等四个要素分别进行分析。

1.入学形式

美国部分高校建筑学硕士专业学位研究生入学形式情况见表3-4。从表3-4可以发现，美国建筑学硕士研究生教育的入学一般要求具备以下几个基本条件。①学士学位。将申请人严格区分为已获得非专业建筑学学士学位或已获得建筑学专业学位两种情况。M Arch Ⅰ适合已获得非专业建筑学学士学位的申请人。在入学条件中，一般还要求申请人修过微积分以及物理学的课程。通常情况下，关于建筑学史概论的课程也是必需的，未完成这些先修课程的学生在入学后将被要求在规定时间内完成这些课程，类似的学校有哈佛大学、麻省理工学院和耶鲁大学等。M Arch Ⅱ项目则需要申请人已获得建筑学专业学位。②推荐信。所有的高校都需要有推荐信或者介绍信，国外高校都很看重推荐信，尤其是在专业学位研究生的招生录取环节。③相应的外语考试。所有的高校都要求提供 GRE 考试成绩，对于非英语母语申请人还需要参加 TOEFL 考试，并达到学校规定的成绩。而对于建筑学博士研究生而言，除上述要求外，还要求提供相关的研究成果或作品，以证明申请者具备独立开展学术研究的能力。

表3-4　美国建筑学硕士研究生部分高校入学条件与学制情况表

序号	院校名称	入学条件	学制
1	哈佛大学	（1）M Arch Ⅰ项目适合已取得了非设计类专业学士学位或者是取得了准专业（pre-professional）设计类专业学士学位的申请人。申请人必须修过以下课程：一学期微积分课程或更高级别数学课程，一学期物理学，两学期关于艺术和/或建筑学历史课程。所有课程至少为 B 等分数； （2）M Arch Ⅱ项目要求申请人在建筑学或其相关领域完成了五年制的专业本科学位； （3）推荐信； （4）GPA 与 GRE 成绩； （5）母语为非英语的留学生需提供 TOEFL 成绩	（1）M Arch Ⅰ项目学制为 7 学期，跳级生为 5 学期； （2）M Arch Ⅱ项目学制为 3 学期
2	麻省理工学院	（1）获得学士学位，或者由系认可的相关学士学位； （2）修完两个学期数学课程； （3）修完两个学期自然科学课程； （4）修完六个学期人文科学和/或社会科学课程； （5）不满足（2），（3）或（4）条中某一条的学生也可以申请入学，入学后必须在第二学年之前补完相关课程； （6）母语非英语的申请人必须提供 IELTS 成绩或 TOEFL 成绩； （7）GRE 成绩	（1）没有正式修过建筑学的学生学制为三年半； （2）修过建筑设计类专业的学生学制为两年半
3	康奈尔大学	（1）Master of Architecture（Professional ）项目申请人必须获得学士学位，专业不限； （2）Master of Architecture（Post-Professional）项目申请人必须已获得专业建筑学学位，留学生需要提交有关其所获学位是其国家认可的专业建筑学学位的官方证明； （3）申请人需要提供三封推荐信； （4）参加 GRE 考试； （5）非英语母语的申请人，除了已经在英语为官方语言的国家以英语为教学语言的学院或大学学习两年或以上的之外，必须参加 TOEFL 考试	（1）Master of Architecture（Professional）项目学制为三年半（2）Master of Architecture（Post-Professional）项目学制为一年半

2. 课程设置

课程是专业学位研究生教育人才培养的主要载体，是实现专业培养目标的手段。CIP 也把"有独立的特色课程或实践，并且所有课程或实践构成一个有机的整体"作为收录学科专业的核心条件之一，这充分说明有机整体课程是美国各学科专业的基础和实质所在。

鉴于获取课程信息的可能性和研究的需要，根据 *Design Intelligence* 杂志的排名，选取 2011 年美国最好的建筑学硕士项目排名第一、第四和第十的哈佛大学、康奈尔大学和耶鲁大学进行研究。通过对哈佛大学、康奈尔大学和耶鲁大学等高校网站的查阅和对相关资料的归纳整理，得出建筑学硕士专业学位课程设置情况，如表 3-5 所示。

表3-5　哈佛大学、康奈尔大学和耶鲁大学建筑学硕士学位课程总体结构表

类别 / 门数与学分 / 模块	哈佛大学				康奈尔大学				耶鲁大学			
	必修课程		选修课程		必修课程		选修课程		必修课程		选修课程	
	门数	学分	门数	学分	门数	学分	门数	学分	门数	学分	门数	学分
1. 建筑设计	8	56	2	8	8	42	—	—	6	33	—	—
2. 建筑历史与理论	6	12	2	8	4	12	3	9	3	9	1	3
3. 建筑科学与技术	8	24	—	—	6	19	—	—	8	24	—	3
4. 视觉研究	4	8	—	—	2	6	2	6	3	9	—	—
5. 其他	—	—	3	12	1	3	3	9	—	—	6	18
6. 毕业设计	1	12	—	—	1	9	—	—	1	9	—	—
小计	27	112	7	28	22	91	8	24	21	84	8	24
总计	共34门，140学分				共30门，115学分				共29门，108学分			

从表 3-5 可以看出，哈佛大学、康奈尔大学和耶鲁大学建筑学硕士学位研究生课程总门数分别为 34 门、30 门和 29 门，平均为 31 门；其总学分分别为 140，115 和 108，平均为 121 个学分。三所大学建筑学硕士学位研究生课程的总门数及总学分大致相当。

系统结构是指组成某一整体的各个部分之间关系的合集。而课程的结构是指

各种类别的课程在整个教学中所占的比重、某一课程中不同内容之间的比例，以及它们之间的相互关系。课程设置的中心环节就是课程结构的规划。若想达到最初和最根本的教学目的和目标，将关于教育的设想基本实现，就必须通过课程结构的合理规划来达到。因为课程的架构一旦确定了，那么学生将会以怎样的顺序学习和掌握课程知识，教学内容以怎样的结构展现出来就都确定了下来。下面我们将从层次结构、类型结构、学科结构、状态结构四个方面对美利坚合众国为专业型硕士学位研究生设置的课程架构进行全面的分析和了解。

（1）层次结构

课程结构中的层次结构是说，不同维度和同一维度中的课程是如何分布的。因此，根据课程的分布，层次结构可以细分为横向架构和纵向架构。同一维度中课程的分布就称为横向结构。从各个大学设置的课程中我们不难看出，课程单元是课程横向结构的基本组成部分。哈佛大学的建筑学专业型硕士学位研究生的课程包括了建筑设计学、建筑学历史、建筑科技、建筑理论及方法、视觉设计研究、社会经济学、实践课程、个人研究方向研讨 8 个单元；康奈尔大学的课程设置前 5 个与哈佛大学相同，其余的为建筑的文化、其他选修，共 7 个单元。而耶鲁大学的建筑学课程设置包括建筑设计学、建筑实用技术及实践、材料学、建筑学历史、视觉设计研究、城镇及景观学、其他选修 7 个单元。通过对以上三所世界著名的大学关于建筑学专业型硕士学位研究生的课程设置情况进行分析和归纳，大体可以分为以下几部分：建筑设计学、建筑学历史及理论、建筑科技、视觉设计研究、其他，这 5 个单元。

根据表 3-5 统计归纳的相关信息，将这些课程纵向整理，可以划分为：以建筑学历史及理论、建筑科技、视觉设计研究为核心的基础课程；以建筑设计为中心的核心课程以及实践应用课程，每一个维度包括多少具体课程、以及各课程的分数详见表 3-6。

表3-6 美国高校建筑学硕士学位课程纵向结构比例表

门数学分 层次 I	哈佛大学		康奈尔大学		耶鲁大学	
	门数	学分	门数	学分	门数	学分
基础课程层	58.8%（20）	37.1%（52）	56.7%（17）	45.2%（52）	55.2%（16）	44.4%（48）

门数学分 层次丨	哈佛大学		康奈尔大学		耶鲁大学	
	门数	学分	门数	学分	门数	学分
核心课程层	38.2%（13）	54.3%（76）	40.0%（12）	47.0%（54）	41.4%（12）	47.2%（51）
应用课程层	3.0%（1）	8.6%（12）	3.3%（1）	7.8（9）	3.4%（1）	8.3%（9）

如果按各维度所包含的课程数量来降序排列，基础课程包含的课程数目最多、比例最大，其次是核心课程，再次是实践应用课。如果按各维度的学分大小来降序排列，那么核心课程所占学分最高，其次是基础课程，实践应用课仍然排在最后。

（2）类型结构

根据一个课程中所包括的知识在整体专业知识体系中所处的位置不同和具有的实际作用，我们将之分为必修课和选修课两种——这样就称为课程的类型结构。必修课是指该门课程学生必须学习同时取得相应的学分，选修课是指该门课程不强制学生必须修习，学生根据自己的兴趣、意愿和想要研究的方向自主选择课程。无论是必修课还是选修课都是必不可少的，不是说选修课就不重要，二者相互补充，必修课就是一个完整专业体系大楼中的"地基"和"钢筋水泥"，而选修课就是"室内软装"，显然缺一不可。

根据表3-6，我们不难看出，三所大学设置的课程中，必修课的数量大于选修的数量，平均比例是3.2:1。根据修读不同课程获得的学分来分析的话，必修课的学分也是远远超出选修课的，必修课学分与选修课学分之比平均是3.8:1。对于选修课的可选范围来说，哈佛大学是这样设定的：第五学期和第七学期的选修课必须从相关职业练习和建筑学历史两个单元中选择。耶鲁则是规定选修课中的一门须从城镇及景观学中选择，两门须从建筑学历史及理论、建筑实用技术及实践、材料学、视觉设计研究中选择，与哈佛不同的是，耶鲁大学允许建筑系的学生选择其他院系的选修课进行修读，当然是要在导师允许的情况下。由此可见，选修课的可选范围非常广，课程内容十分丰富，但是仍有一定的限制。

（3）学科结构

课程的学科结构指开设课程所涉及的学科类别。教育观念的变革是美国大学近年来十分重视的问题，并且以此为切入点，以社会、自然、人文三大类学科为中心，建立健全了课程结构，使之更加合理，有利于学生对其专业的理解和把握。举个例子，哈佛大学就要求所有学生入学后须从人文科学专业中选择一门、社会科学专业中选择一门课程进行学习，并且选修一门学校规定的自然学科课程。

建筑业在大众眼中是一个专业性强 / 极具技术性的行业，但其实建筑行业也十分富有人文气息和文化底蕴。建筑业相关从业人员不仅要具有扎实的建筑学基础和实践经验，要想成为顶尖的建筑设计师，还要具有较高的艺术造诣。所以，在美国大学中，建筑学专业型硕士学位研究生在校期间除了要学习建筑学基础课程和实践课程，还要修学人文类、社科类等一些方面的课程。建筑学中人文社科类的课程在诸如哈佛、耶鲁、康奈尔一类的世界顶尖级高等学府中所占比例在20% ~ 30% 左右。如此重视人文社科类课程就是因为一个优秀的建筑工程师要具备的不仅是专业知识，还要有职业道德和文化修养。

（4）状态结构

课程的状态结构是说课程内容是以怎样的状态存在的，主要是为了体现课程内容是否能够跟上时代发展和专业研究的步伐，是否及时更新。根据前文提及的三所高校所提供的课程内容信息，我们可以得出一个结论：其课程的状态结构具有动态更新、丰富灵活、紧跟实际等特点。各个高校设置的课程甚至每个学期都要根据实际情况而调整，同时实时在网站上进行公布和更新。以耶鲁大学为例，相关学院设定的学生培养方案要以实际情况和需要为中心进行动态调整，该项任务由计划委员会承担，对相关文件进行定期管理和修订。要使得不同程度不同背景的学生能够得到最合适的课程，并且给学生以选择的自由和权利。哈佛大学就针对不同学习程度的学生设计了多种课程方案，例如：非建筑系及其相关院系的学生分为提前入学、高年级转入、没有相关背景三种，不同的学生入学后有不同的课程安排和所需学分要求。如果是理工类或文史类非建筑学专业的学生想要转入相关专业，需要选择修习最少一学期的大学微积分或高等数学，还要修习最少一学期的大学物理，其中力学是必需的，达到标准后就可以申请进入相关专业的第一学期。如果是已经完成四年制文史类、理学类建筑学、环境设计系的预科学习，这三类其中一类的学生则以高年级转入的形式进入第三学期，后期只要进行两年半的学习就可以完成学业。如果是哈佛本科生在符合条件的情况下可以申请学习全部或部分一年级的课程。耶鲁和康奈尔也有类似的规定和制度。

美国部分高校建筑学硕士学位研究生教学方式如表 3-7 所示。

表3-7　美国部分高校建筑学硕士学位研究生教学方式情况表

序号	院校名称	教学方式
1	哈佛大学	讲座、研讨等
2	麻省理工学院	讲座、案例教学； 案例的选择既与学生的发展阶段有关，又与社会实践给建筑职业带来的巨大挑战有关
3	康奈尔大学	授课、参观和讨论
4	加州大学伯克利分校	授课、讨论等
5	耶鲁大学	学生将通过专题讨论会、展示会、出版著作以及案例讨论的形式进行学习

美国高校建筑学硕士学位的学生在校期间的学习方式不仅有听课、听讲座、小组研讨，还包括丰富的社会实践，例如与真实的建筑设计师、馆长等共同工作、参与讨论等。各大高校利用自身的社会资源，联系相关场馆、企业等，使建筑学等相关专业的学生能够真正地进入社会、参与实践，将学习到的理论知识加诸于现实，为学生的学习供给具有代表性和实际意义的教学案例。例如康奈尔大学 Master of Architecture Program（Post-Professional）项目的学生在第三学期就将在纽约进行实践学习，每个单元的学习内容都包括实地参观研究纽约市内的建筑，并与曼哈顿顶级的建筑工程师、评论家一起讨论和工作。

3. 专业实践（表3-8)

表3-8　美国部分高校建筑学硕士专业实践安排情况表

序号	院校名称	时间安排
1	哈佛大学	M Arch Ⅰ项目的毕业生要想在毕业后获得职业从业资格的注册，申请人必须在建筑事务所完成一个短期实习，并且通过注册资格考试。学生可以选择在校期间的暑假进行实习
2	麻省理工学院	建筑设计专业的课程中有部分课程将和实践紧密联系，需要学生就现实生活中出现的或发生的与建筑有关的事件进行思考和设计解决方案

序号	院校名称	时间安排
3	哥伦比亚大学	建筑设计课与实践紧密联系，教师安排现实中出现的与建筑有关的问题，要求学生思考查证，设计解决方案，以考查学生对建筑理念的理解和对建筑设计技巧的掌握
4	康奈尔大学	课程中将安排专业实践
5	华盛顿大学圣路易斯分校	安排相应的专业实践项目
6	耶鲁大学	从 1967 年开始，耶鲁大学建筑系就给一年级的学生提供设计和建造建筑物的实践机会。现在，这一传统已经成为建筑系课程的一部分

实践是教学环节中最为重要的一部分，特别是工科类的专业，实践是学习的根本目的和最高目标。美国大学都十分重视实践教学，重视理论知识和实践的结合。学生在校期间一定会有经验丰富的教师带领，深入实地，深入实践，参与到实际建筑项目的方方面面，去实际的建筑工作中感受自己学习过的理论知识是如果付诸实践的，并深刻感受建筑师这个职业的价值。例如麻省理工学院建筑设计学院的就要求学生对于生活中发生的或是发现的与建筑物有关的真实事件进行思量并推敲出一个合理的解决方案。如 2012 年四川地震后校舍的重建方案，学生就要考量校舍的基础功能及校舍对于所在地区和学生的重要意义。在四川这种中间盆地丘陵、四周高山的现实地形条件下如何构建具有高安全系数的建筑，使震后的学生和家长重新找回对校舍的信任，同时还要兼顾当地的风俗习惯和文化传统。老师对于学生实践课程的考核要重视学术和社会要求两个方面，两者并进。耶鲁大学让一年级的学生提供设计和建造建筑物的实践机会已经成为建筑系课程的一部分，这个教学计划与当地的一家非营利中介机构合作，要求学生在经济欠发达区域构思设计、建造完成一栋独立住宅。这项教学不仅培养了学生的实践能力，还能在实际工作的过程中树立学生的社会责任感，增强建筑系学生为社会服务的信念，同时在实践中发掘灵感，一切都为日后成为优秀的建筑工程师打下扎实的基础。这些教学内容和课程的设置都深刻体现了美国大学对建筑学专业型硕士学位研究生的教育不仅是重视理论知识的学习，更重要的是将知识融入实践，最终为社会实践服务的教学理念。

4. 毕业论文

从表3-9中可以看出，尽管学制不同，各高校对毕业设计的要求也不同，但美国大学的建筑学专业型硕士学位研究生在毕业前的最后一个学期都要完成毕业设计（论文也算毕业设计的一种）才能顺利毕业，毕业设计可以有丰富广泛的形式和内容。毕业设计由导师负责。如麻省理工学院的建筑系学生要在完成一定阶段的课程后才能开始进行毕业设计。在学生着手准备毕业设计之前，学校开展了前期课程，学生可以依据自己的研究方向、兴趣爱好选择相应合适的课程，同时要与自己的导师讨论沟通以确定研究内容、准备研究所需材料，在这个过程中导师要及时纠正学生思路上的错误，提出修改意见。在最后一个学期开始前，学生就要准备好论文框架了。最后一个学期的时候，麻省理工会邀请建筑工程师、学校老师、社会人士组成论文评议组，共同评议学生的毕业设计，使学生的设计更加完善。其后是公开答辩环节，答辩期间麻省理工则会邀请顶尖建筑工程师和评论家组成答辩委员会。毕业设计包括但不限于论文这一种形式，其形式是丰富多样的，但以模型、图纸、调查分析为主，学生发表的文章并不是审核的中心。

表3-9　美国建筑学代表高校硕士研究生毕业论文情况表

序号	院校名称	时间安排
1	哈佛大学	作为提高学生的独立思考能力和解决设计事务能力的一个环节，March II 项目的学生可以在独立的有关设计的论文中根据自己的兴趣进行选择。需要准备论文的学生必须在第一学期结束前从导师处通过研究课程，并准备建筑学硕士毕业论文开题报告
2	麻省理工学院	建筑硕士论文的核心应该与建筑设计有关，学生应在倒数第二个学期期间申请论文开题。申请论文开题的学生至多只允许有一门必修课没完成，并且这门未完成的课程必须是前一个学期内的。有多门必修课未完成或是有较早学期内必修课未完成的学生，只有完成所有课程后才能申请硕士论文开题
3	康奈尔大学	申请建筑学硕士专业学位的学生必须在第七学期完成一份令人满意的硕士论文。论文应该调查研究建筑学上的命题，提供有关建筑学发展趋势的研究证据，展示学生对建筑学的综合理解能力
4	加州大学伯克利分校	所有建筑学硕士研究生都须完成一篇设计论文。在硕士导师的同意下，可以研究论文替代
5	耶鲁大学	最后一个学期，在指导老师的同意下，学生可以选择以一篇独立完成的设计论文替代高级设计课

（三）支撑条件

支撑条件是培养高质量研究生的重要基础，支撑条件应包含硬件条件和软件条件等，下面我们从师资队伍、图书馆和实验室三要素来分析美国专业学位研究生人才培养的支撑条件。其中，师资力量是培养优秀毕业生最为重要的模块，师资水平的高低除了直接影响教学的质量，还影响着专业型硕士学位研究生人才培养的水平。英语中，学术型硕士学位研究生的导师称为 advisor——直接翻译称为"顾问"，而专业型硕士学位研究生的导师称为 supervisor——监督者。为学生答疑、列参考书、组织小组研讨的导师称为 instructor——指导者。除此之外，某些特殊专门项目培养计划的导师称为 program director——项目主管，还有一些称为 thesis supervisor——论文导师。

1. 校内导师的遴选、管理和培训

美国的大学教师能否成为研究生导师的条件主要是指导学生科研的能力。若想成为研究生导师，需要具备合格的学位、相关科研经历、研究生课程的教育教学能力、指导学生学术研究的能力、学术成果（出版物及论文等）、相关职务等条件。其中首要条件就是是否具有合格的学位以及学位的等级。

美国高校的研究生导师评选资格中学位这一标准是十分重要但不是最为必要的条件。如美国大学中法学院的研究生导师、教授都是从成绩优异的毕业生里招聘到的，他们除了教授这一身份，更是社会上顶尖的律师或法官。因为对教学和科研的追求、向往，他们放弃了高薪的律师法官等职业，回到学校，从事法学的教育。这样的教师有着扎实的基础理论知识，还有丰富的实践经验。美国诸多的优秀法学人才正是在这样的教育方式下培养出来的。同样的还有康奈尔大学机械工程学院，学院的 200 余位终身教职教授均是享誉世界的机械工程师。这些教授不止能将理论知识更好地授予学生，使学生深刻理解课堂上的基础知识，更能促进学生将知识转化为实践，运用于实践和工程中。

美国大学中，研究生将在半年到一年不等的时间内学习全部基础课程，在这段时间里不指定导师，也不确定未来的研究方向。但是会有研究生顾问（由教授兼任）在这个学习期间尽量了解每一位学生的学习情况，指导他们选课、选择导师，为学生答疑。学习基础课程的同时学生也对该专业和系内导师有了一个大致的了解，教授在授课的时间观察学生，了解他们的基本情况。通过这样的方式，导师和学生在互选前就彼此有了相互了解和认知，尽量避免失误和盲目，为研究生培养过程中的项目实施和科学研究奠定了良好的基础。基础课程的学习完成后，

学生将选择一位教授成为自己的导师。教授同另外 3 ~ 4 位教师共同组成研究生指导组，该教授为指导组的组长。指导组共同对学生研究生期间的研究和毕业设计做出指导和建议。但是导师在确定之后不是一成不变的。若学生在进行毕业设计之前有任何情况出现，根据规定，学生可以按程序更换导师。在诸如企业管理、社会管理等社会科学专业中，其硕士学位是终结性的，因此就不需要多人组成的研究生指导组，只需选择一位教授成为其导师即可。美国高校中博士研究生的指导老师由一位导师和博士研究生指导组组成。与硕士不同的是，博士在入学几个月后即确定导师，然后在接下来的一年内再确定另外两位教师或研究员成为指导组的成员。导师作为指导组的组长，负责指导组的各项事宜。指导组的成员是由学生选择确定的，同一位教师或研究员可以作为多个指导组的成员指导多位学生。一些诸如生物、物理等边缘学科和交叉学科，和文史类专业如宗教、哲学、历史等，这些专业学生的指导组成员相对较多，以使得学生在完成毕业设计和研究时能够得到指导组全方位的指导建议，最好的情况就是指导组成员能够涵盖学生毕业设计中可能涉及的所有学科。举例来说，一位农艺学的研究生指导组成员要包括三位农艺学教授和一位生化教授。博士研究生在校期间若想转专业，或者指导组成员由于各种原因不能继续担任该职务，学生可以按规定换导师，重组指导组。

综上所说，硕士研究生在入学后首先要学习基础课程，其次在此期间要和教授进行双向了解，最终学生确定了自己的研究方向、科研倾向再结合对教授的了解之后才能确定研究生学习期间的导师。导师的工作是指导学生的科学研究，及时纠正科研中出现的错误，频率为一到两个月一次，通过以下方式进行：听取学生的报告、科研课题确认、论文书写、讨论研究、安排工作等。

思想要在相互交流中才能碰撞出火花。组成美国高校专业型硕士学位研究生导师队伍的人通常来自世界各地，都曾是顶尖的建筑工程师，在各自的国家和地区从事建筑设计行业多年，具有丰富的社会实践经验，不仅如此，因为他们来自全世界的各个国家和地区，受到的教育不同，成长的文化背景也不相同，因此能够给学校和学生带来极其丰厚的社会资源。这也是美国高校导师队伍的一大特点。正因为有了这样的导师团队，世界各地顶尖人才的思想相互交流，创新性得到极大提高，无论是对教学制度、教学思想还是对科研方向、科研创新都是非常有益的。

2. 校外导师的遴选、管理和培训

在美国，一些在国家政府部门或是企业中工作的人，具有充足的社会实践经验，同时还有相当的科学研究能力，这些人才也会被聘用到高校中，成为专业型硕士学位研究生的校外导师，也称为兼职教师。这些校外导师在优秀研究生的培养中也起到了至关重要的作用。

一般情况下，校外导师由教务负责人或院长负责批准任命，被任职的职务决定了校外导师的任职时间。以匹兹堡大学为例，具有教学资格但又从事着一定的本职工作的教师若想成为校外导师，首先要经过民意检测，需要最少6名在校导师的提名（如果该院系的导师数量不足6人，则需要本校其他学科院系的导师参与提名），然后由系主任或院长正式授予其导师资格和任职证明。任何导师的任命都需要在教务负责人处备案才行。

参与竞选的预备校外导师需要具备能够胜任研究生课程教学的证明、曾在研究生委员会服务的经历证明、科研经历及出版著作和文章的情况证明。教务负责人对校外导师的提名和任命具有最终解释权。

3. 校内导师与校外导师的关系

美国高校中专业型硕士学位研究生的教育由校内导师和校外导师共同承担，二者相互协作、相辅相成。

导师的职责也在学校的规定范围内，在对专业型硕士学位研究生的教育教学过程中，一般通过两种方式管理导师的能力。其一是以设立导师小组的方式考察导师对学生的指导工作。研究生指导小组会定期举行会议或小组讨论来检查学生的研究进展情况。这种定期举行群体会议的形式就很好地约束了导师对学生指导工作的正常开展。其二是以书面形式划分确定研究生在校学习、科研期间的责任和权利——即刊印指导手册。这样的方式将师生双方在研究生期间需要做的事情确定下来，便不会有遗漏和差错。

导师的工作贯穿于整个研究生培养过程的整个环节，如课程的选修、研究计划的制订、科研工作的开展、科技论文的写作与发表等。所以，在导师与学生教学、科研的互动过程中，形成了较为密切和融洽的师生关系。正是这种关系的存在，不仅使得导师对学生的情况更加了解，可以针对不同的学生情况开展不同的专业教学和指导，而且学生在学习和科研的过程中，也能比较有效地掌握该专业领域必需的知识技能，为开展科学研究提供扎实的知识基础。

此外，美国一般实行"双导师制"，由大学与企业各指派一名教师作为学生的指导教师，他们与研究生一起制订选修计划，确定科研课题，共同指导其完成科研及相应的论文等。这样，在培养过程中就又形成了协作培养模式，其中的教师来自两个系统：一位是校内导师，具有深厚的理论基础；另一位是校外导师，具有丰富的实践经验。

（四）外部协作

1.产学合作

专业学位与学术学位相比，尤其强调专业实践经验，所以高校对专业学位人才的培养一般都有设计项目或工业实习期的要求，有些计划还包括商务训练，最后大都以一个设计作业而不是一篇研究论文来获得专业硕士学位。两者的主要区别在于专业学位研究生强调实践经验而不强调学术水平。下面以美国部分有代表性的高校专业学位研究生专业实践为例，来研究美国是如何通过产学研合作的实践教学基地建设为专业学位研究生提供实践安排的。

研究生培养单位与企业合作培养专业学位研究生不仅是由专业学位人才培养的目标所决定，而且也是其特定规格所要求。校企双方共建联合培养基地，一方面可以发挥培养单位人才密集、知识雄厚和科研领先的优势，另一方面可以利用企业技术实用、课题明确和经费充足的长处。

美国专业学位研究生的培养，紧密依托职业背景，及时响应社会需求，有效利用社会资源，密切培养单位与相关企业和社会部门的合作，如签订合同、基金资助、订货单、捐赠、用于设备或设施的贷款、人员交流、设立奖学金或安排咨询活动，建立科技园、大学与工业合作研究中心、工程研究中心和科学技术研究中心等，为高层次应用型人才的培养提供了优越的外部环境和条件，逐步形成了产学结合的有效教学实践模式，归纳起来主要有以下三种。

（1）学校主导型

这种模式是以学校为主，将企业的有关实际项目纳入专业学位人才培养的环节，或企业直接委托高校进行人才培养。

第一，高校将企业的实际项目纳入实践环节。为提高专业学位研究生培养实践环节的有效性和针对性，美国部分高校将来自企业真实的实践问题作为专业培养实践环节的一部分。第二个特征包括创造环境，突出和激励相互影响和支持关系。最后，扩大与企业和政府的合作关系，鼓励他们参与教学活动并为学生提供宽广的就业机会。

第二，企业委托高校进行人才培养。由斯坦福大学（Stanford University，SU）的毕业生创办的惠普，也产生于斯坦福大学的工业园区，自从 1954 年与 SU 结为伙伴关系以来，一直与斯坦福有着良好的合作关系。惠普公司自斯坦福大学开办第一届 M.Eng 班开始，就让其员工参与培训，它也是最早引进 SU 远程 M.Eng 教育的企业。时至今日，惠普已成为斯坦福的终生合作伙伴，斯坦福大学每年都为惠普公司的员工提供相关领域最新的技术培训。

（2）企业主导型

这种模式是以企业为主，将实践环节安排在企业内部进行。有些专业学位研究生培养单位的实践项目不仅来自企业实际的项目，而且还要在企业内部进行实践安排。每逢春秋新学期开始，公司就到培养单位招纳新生并分配新的实习任务。企业向学生提供生产、测试、设计、研究、规划、技术设计、管理等工程环节的一手的实践条件或平台。培养单位则向每家公司委派一名教师负责校企联络相关实践事宜，并经常走访企业调查学生的实习情况。实习期结束，很多企业还会提供相应的职位雇用曾参与其实习项目的学生到企业就业，这里显示了经过充分实践教学环节的专业学位研究生在就业竞争中的优势。

（3）产学合作型

产学合作型就是企业与高校联合对专业学位人才进行培养。如 MIT 的五年制专业学位研究生在后两年的攻读专业硕士时间内，学习研究生的课程，同时参加某公司的项目，取得某公司的资助，毕业后有很大机会可以直接到该公司工作。这样不但解决了学生的就业问题，对企业正在进行的研究项目有所贡献，同样也缩短了企业的招聘成本和培训成本。

2. 国际合作

一方面，他们通过招收国际留学生来扩大自身的国际影响力，如哈佛大学目前全院有 1/3 的国外留学生，他们来自世界上 40 多个国家和地区；另一方面，部分学校也会提供一些国际课程或实践，以鼓励学生走出国门，扩大视野，增长知识，增强能力。如康奈尔大学会在每年的 6 ~ 7 月提供一些国外暑假课程，课程一般涉及讲座、研讨会、教程等，这些课程对哥伦比亚大学的学生和专业课程的注册人开放。

（五）质量保障

专业学位研究生教育质量保障体系是专业学位研究生教育质量保障机构所开展的一系列相互联系、相互制约的质量保障活动。在宏观层面上它涉及专业学位研究生教育质量保障的架构与机制，在微观的运作层面上涉及各种资料保障的方法和手段。专业学位研究生教育质量保障体系一般可分为外部保障体系和内部保障体系两部分。专业学位研究生教育的内部保障体系主要指高等教育机构内部所建立的有关质量控制的相关管理机制和运行机制；外部质量保障体系则主要指全国或区域性的专门机构，根据教育质量保障活动的需要，依据一定的评估标准和程序，对高等教育机构进行监督和评估的过程。专业学位研究生教育内部质量保障体系和外部质量保障体系二者相互联系、相互作用，共同实现了对专业学位研究生的教育质量予以保障的功能。

高等学校内部质量保障是指高校为维持和提高自身教育教学质量而主动采取的全部有计划、有组织的系统管理过程，它涉及学校教学的方方面面。参考2002年中国学位与研究生教育发展战略报告中关于研究生教育质量内部保障体系的分类，下面从质量管理体系、质量监督体系和质量反馈体系三部分对内部质量保障体系进行论述。

1. 质量管理体系

建立质量管理体系是保证教育质量的制度保证。其中包括学校要培养怎样的毕业生、什么程度的学生准许入学、整个教学过程怎样进行、毕业设计怎样进行、学位授予标准等多项内容，除此之外，还应包括教师团队建设、学校基础设施建设、学校内部环境建设等各个环节。

（1）培养目标

一所高校要培养怎样的毕业生即是这所学校在人才培养方面的最高目标和最终目的。培养目标作为一项标准是高等院校建校之初就应该考虑的内容，还是校内进行自我评测自我鉴定的重要标准。美国高校专业型硕士学位研究生对自己学校学生的基础能力、必须具备的基本素养、必须掌握的基础理论知识、需要熟练掌握运用的实践技能、毕业生的未来发展方向都有清楚明确的定位，每一所高校对本校的教育目标都十分明晰和精确。同时，各高校的培养目标也是以本校的实际情况为基础，能够凸出本校特质。

（2）入学条件与学制

学校的准入条件一般都是确定的，申请入学的同学需要提交三部分资料：①学历情况。申请者必须首先取得本科学历或其同等学历；②资格证书。各院校要求的考试成绩和资格证书不尽相同，通常申请者可以选择一项，或者参加GRE考试或者提交本科期间的GPA成绩，以此来观察学生的学习能力；③补充材料。大多数高校都要求学生提供一份个人简历、一份推荐信、各种能够说明申请目的的书面材料等。由此我们可以看出，美国高校在批准学生入学的标准上，考查的是多方面的能力，除了必须达到硬性要求，还有对补充材料的审查。全面客观地考量每一位学生。

学制方面，美国高校硕士研究生的培养时间通常是一到两年，但是学制一点都不死板僵硬，十分灵活富有弹性。申请不同学位类型、不同课程框架、不同教学方式的学生在学制上是不尽相同的，学生的选择余地十分广阔。

（3）教学方式与实践安排

美国大学在如何给学生进行讲授课程的问题上做出的努力十分值得我们学习，各高校的教学方式和讲课形式都格外丰富，课程内容的范围也是相当广泛，完全不拘泥于任何形式或者内容，很是重视学生之间、学生和教授之间的研究讨论，并且理论与实际相结合，实践课程占有极高的比例。特别是专业型硕士学位研究生的的教学目的就是要培养匹配社会需求，能够承担一定社会责任的毕业生，因此实践课程都是有严格设定的。如 UCLA 的机械系专业型硕士学位研究生的课程设置，要求学生必须参加企业实践，如果是工程博士则必须有两年以上的参与工业实习的经历。真实地参与到企业的实践中去，学生原本在学校学习到的理论知识就得到了实践的检验，一方面巩固了已学的知识，另一方面提高了解决实际问题的能力。无论是理论知识还是实践能力都是一名优秀毕业生所必不可少的。

（4）论文要求

在毕业设计方面，美国大学给了学生极大的自由，只要学生能够证明自己的能力和科研成果，那么任何形式都是可以被接受的，并不拘泥于发表论文着一种方式。例如学生可以解决一个现实生活中的问题，完成一个项目来证明自己达到毕业标准，可以毕业。但是，学校毕竟还是有一定的规则和章程，不同的学位类型在毕业考核时有一定的差异，学术型硕士学位研究生仍然是侧重于毕业论文的书写，与之不同的专业型硕士更倾向于认可学生的实际操作能力、解决问题的能力等，因此考核的方式就变得更为百般多变。

（5）支撑条件建设

科研成果的出产需要一定的基础设施来支撑，因此学校的基础设施建设就显得尤为重要，这就是一个学校的硬件。美国高校每年都会从州政府或是联邦等到教育部门的拨款，另外，优秀毕业生或是社会企业也会为学校捐款，这些款项除了用于修建和维护学校内的楼宇建设、器材采购等项目，还会作为招聘顶尖教师的资金、奖励优秀学生的奖学金、自助贫困学生的助学金等发放。除此之外，美国高校经常与社会机构或企业合作，学校为用人单位提供优秀毕业生，为单位创造财富和价值，社会机构和企业为学校提供宝贵的实习机会促进人才的培养，两方合作，达成共赢。

2. 质量监督体系

为了加强高校的自我监督能力，为提高教育教学水平助力，各高校还设立了学位评定小组以及各学位评定分组。这些评定组织就组成了学校的质量监督体系。

经过多年的发展，这个体系已经相当完备。通过这个质量监督体系，学校能够及时发现教学中存在的问题，并及时改正，同时对过往的总结过往经验，不断提高教学质量。

3. 质量反馈体系

学校要对毕业生的去向情况进行跟踪和调查，同时收集用人单位对本校毕业生的意见，这样两方面就组成了质量反馈体系。建立质量反馈体系是十分重要且必要的，因为通过对毕业生的追踪调查能够反映出学校前一阶段教学成果的质量和问题，然后进行反思和整改，从而促进教育教学模式的进步，促进教育水平的提高。当前的情况是，美国大学通常会设立专门的组织和机构负责教学质量反馈体系的组建。这些组织和机构的主要任务有三：第一，在校内定期收集老师和学生对教学方式的意见和建议，从这些建议中总结出共性的问题和结论，及时反馈于教学工作中，纠正教学中不合理不适宜的部分，以使得教学质量得到提升。第二，研究和借鉴国内外其他优秀高校的教学模式和反馈体系的发展趋势，再根据自己学校的发展情况，因地制宜，总结出合理的具有可操作性的建议上报学校管理层，促进本校专业结构的调整、研究课题的优化、各管理部门职能的完备。第三，定期向用人单位和毕业生以发放问卷或电话的形式进行追踪调查，切实了解本校毕业生在社会上是否能够承担一定的社会责任，满足社会发展的需要。调查内容主要涉及社会及用人单位对本校硕士学位研究生的认可程度和接受程度、毕业生的就业率和去向等问题。这些资料的收集和提炼总结对本校研究生培养工作的提高和进步是极为重要的。

第二节　英国专业学位研究生教育的发展概况

一、英国专业学位研究生教育的发展背景及概况

19世纪末期，为了促进研究机构如大学等达成生产、教学、研究工作的一体化，英国相关部门大力强化科技发展投入，力求实现学术研究的技术化、实用化。此时，英国的高等教育开始向大众化方向迈进，大学生源因此开始出现多元化倾向。也正是此时，研究生教育也开始进入规模化、普及化阶段，一个表现就是研究生数量的快速膨胀。这种形式也掀起了一场关于研究生教育发展方向的大讨论，最终，政府、社会人士与大学的教育机构就这一问题达成了共识，也即传统的研

究生培养方式和教育思路已经不能满足经济社会发展和科学突破进步的需求，想要适应知识经济时代的新要求，国家必须让研究生的培育观念和培育模式随着社会和技术的进步而不断发展创新。

英国在专业研究生教育和培养方面和包括美国在内的很多欧美国家如出一辙，都以经济发展和社会行业进步需要为指南，着重培养学生的综合职业技能，以求得到更多在特定职业领域具备高尖端专业知识的技能型人才。英国的专业学位硕士研究生教育和全日制研究生教育是一个有机整体，两者都是其完整的教育体系不可或缺的组成部分，这种模式，同样也代表着全世界教育发展的最新趋势。专业学位研究生的教育应当是各领域多方向的全面覆盖，并且注重研究生教育对本国经济社会发展的实用价值，重视自主学习能力的培育，在教育中贯彻理论与实践相结合的原则，以求将大学研究的先进成果，尽快地转化为生产实践的推动力量，产生更快更好的社会生产效益。

英国的专业学位研究生教育和任职资格紧密关联，随着现代社会的不断进步，社会形态、经济结构的不断演化，学科、职业分化日益加速，越来越多的职业专业化程度不断提升。职业任职资格以获取研究生硕士学位为前提，是英国国民的就职现状。

要想研究英国专业学位教育的发展路程，就不得不提及其传统高等教育培养模式进行技术化变革的时代背景。英国的高等教育源远流长，其高等教育发源可追溯至举世闻名的创建于 12 世纪的牛津大学以及创办于 13 世纪的剑桥大学。这两所大学的高等教育包括研究生教育都有一个显著的特点，那就是注重人文教育，轻视理工科学，这就导致了他们的教育与社会实际严重脱节。而当今社会，理工科学、实践科学的地位逐渐攀升，从社会的边缘学派向核心学派发展，不再被社会各界所轻视。大学教育也不再是高山流水的象牙塔文化，而是更加注重实际效果和社会需求的，与社会发展进步紧密相连的一个共同参与、良性互动的开放系统。

而自"二战"之后，英国政府及教育界相关人士愈发关注科技教育在高等教育中的占比，把加强科技教育、转变传统教育结构、平衡科学文学在教育中的占比上升到了新的战略高度，并采取了一系列新措施，以求加速技术教育的发展速度，如 1945 年英国政府发布的《珀西报告》（*Percy Report*）以及 1946 年发布的《巴洛报告》（*Barlow Report*）还有 1956 年发布的《技术教育白皮书》，都对解决教育中存在的质量与数量的关系问题、技术教育实际推行的具体问题做出了初步的解答，为后来的技术教育发展提供了初步的构想。而英国政府于 1963 年发表的《罗宾斯报告》则着重阐述、探讨、研究了英国的高等教育该如何与社会发展的实际相结合这个问题。英国随后确立了高等教育"双轨制"的新形式，并加大了科学技术学院建设的投入，使高等教育的结构逐渐转变，并向满足社会需求的方向完成了蜕化。从此，英国的高等教育开始向工业化的方向转变，为国家培养尖端工商业人才和科技人才成为英国各高等教育机构的主要目标。随后 1964 年成立的"全国学位授予委员会"（简称 CNAA）则彻底改变了英国只能将高等学位授予传统大学成员的规则，更多技术学院培养的实用型人才得到了获得高等学位的机会，这极大促进了高等技术教育的发展。直至 1992 年，英国原有的高等多科技术学院已经基本全部升级为大学并获得了独立授予成员学位的权力。此时，英国现代的研究生培养模式完全成型，人才培养方向更加多元化。

而英国的人才培养方向与其各个大学创立的时代背景、办学理念以及治学传统都有很大关联，不同大学的人才培养侧重均有不同。如古典大学因其传统因素特别注重学生独立的科学研究能力，以培养优秀的科研领域导师和高级研究人员为办学目标。而新兴的大学和新兴地区的大学则注重学员综合素质的培养，以提供工商企业高级管理人员为办学宗旨。而在技术大学以及多科大学里，培养研究生的首要目的就是解决社会发展的实际需求，因而培养能为地方发展提供技术支持的各种高级人才则是这些技术大学的最高追求。虽然这些不同的大学人才培养理念各不相同，但在近几十年来，英国不同类型、不同目标的大学呈现出了一种互相融合、互相借鉴的发展格局，既保留自身的办学传统和优良品质，又广纳教育同人的长处，合力培养能促进社会发展、经济繁荣、科技进步的优秀高等人才。

二、英国专业学位培养特色

英国的硕士学位由授课式硕士学位和研修式硕士学位两种不同的学位类型组成，他们的培养目标也存在着明显的差异。不同于研修式硕士学位目标开阔、思路发散，授课式硕士学位的职业目的性更强，其课程也一般更短，多为一年左右，学生要上满一定学时的课程，并每学期写出规定数字的论文，而且年终还需递交最后的毕业论文，这样方能获得相关的专业硕士学位。作为全世界银行及金融服务业的领导中心之一的英国，发达的金融服务业是其高等教育发展的重要社会背景，因此英国大学开设的财政金融、会计、银行与投资等硕士课程发展历史悠久、品质世界一流，且学员就业前景好。如 Newcastle University 提供的国际金融分析所示，硕士课程非常强调实践，包括真实生活资料的分析、财经新闻报纸的分析、分析家的报告分析和实际账户的分析，这些内容都是颇受学生欢迎的学习方向。

在英国，同哲学等其他的博士学位一样，博士专业学位也被看作是职业教育的基本形式之一。因而，设立博士专业学位也代表着英国全社会对高等职业教育的认可和职业教育普及时代的到来，这不但意味着高等教育领域对职业教育的最高程度的认可，也同时昭示了英国乃至全世界高等教育的发展前景，这一变化也代表着仅仅重视理论知识研究的传统单一教育模式的彻底变革。1992年，英国设立了教育史上第一个博士专业学位，也即教育博士学位，该学位最早于布里斯托尔大学设立。而就在同年，沃里克大学、曼彻斯特大学等知名英国大学均纷纷设立工程博士学位，此后不久里兹大学、达拉姆大学和加的夫的威尔士大学也纷纷效法。这些学位在这些知名大学的设立，是博士专业学位在英国飞速发展的一个缩影。

英国专业学位教育的一个显著特点表现在专业博士的培养之中。博士专业学位10年间在英国大陆的快速发展充分验证了这个观点，如今的博士专业学位已经不再被视为英国高等教育背离传统的畸形发展，它已经得到了社会的充分认可，并且成为英国高等教育中一股不可磨灭的新鲜活力。博士专业学位与哲学博士学位等传统博士学位相比，在人才培养的方向、培养方式和学生研究工作发展理念等角度有着独特的见解，这些特点主要体现在以下几个层面。

首先，博士专业学位的职业针对性比哲学博士学位要强很多。它更多地面向有较多实践经验的在职人员，学员大多以追求其职业进一步发展为求学动力，这些学位也是为了培养这些职业者的科学研究能力。

其次，不同于哲学等传统博士学位，专业博士学位更加注重学员的职业发展和自身综合素质的提高，正是因此，他不仅培养学员的研究能力，为自身职业领域带去研究发展的活力，更是注重学生的自我发展能力，为学员的自学提供机会和基础，让学生可以不断学习理解社会各领域发展的最新成果，吸收以为己用，切实提高学员的学习能力，增强学员的学习方法，赋予他们学习特定领域专业方法的能力，能够判断、吸收其他实践工作者的成果，并以此为基础，进一步发展这些实践所得，推动行业的进一步发展。对于他们来说，研究本身并不是他们的学习目的，将这些研究成果为基础，实现自身能力的发展和本行业的发展才是学习的最终目标。

最后，英国专业博士培养方式也与哲学博士的培养方式有着很大区别。一方面，在教学角度上，博士专业学位一般要求学员能够独立进行研修课程讲授，讲授课程分为专业领域的知识学习和科研训练两个方面，而其培养计划则多以模块课程和计算机学的形式实现。如著名的伯明翰大学的讲授课程就由两个模块构成，一个是研究模块，以进行研究训练和其相关的考试为主要内容，共计100～120学分。另一个则是学科模块，主要形式是课程的学习和相关的考试，共计60～80学分，学生可以在这两个模块中自由选择。除了这两个模块以外，还有论文部分占 360 学分，因此总计学分 540 分。针对专业博士的培养模式，英国大学质量保障委员会（Quality Assurance Agency for Higher Education，QAA）在 1999 年发布的研究生教育质量排名报告中也有明确指示。另一方面，在实践问题上，博士专业研究生教育一般被要求要与社会实践密切结合，其研究与成果必须和他们的工作经历，社会现状相结合，研究成果必须能服务于他们的行业和全社会的发展，也即实践的进步。这种理念在工程学专业研究生培养领域尤为明显，比如在曼彻斯特大学进修的工程学专业研究生在学习和教育过程中必须与其他专业技术人员和相关行业管理人员进行配合开展学习和实践研究工作，在此基础上还要修习相关课程，学习管理课程并参加技术讲座等活动。

高等教育质量的提高同时还需要评估制度的建设与革新发展。所谓专业教育评估，它的出发点和侧重点在于将具有专业性质的教育投入到学生步入社会之中，以此来看毕业生是否适合此种类型的行业标准和要求，以及是否具有进入该行业的最低衡量资格。在这种着重点之下，专业学位与注册专业师、资格认证三者之间的关系便显得越发紧密。总的来说，该评估模式将学校专业教育与社会职业教育联系起来，与此同时注册专业师及从业资格认证制度也对教育水平和质量的提升起到了助推性的作用。

三、英国专业学位培养模式

对于英国而言，它的专业学位研究生教育在全世界都是名列前茅的。随着"二战"之后经济社会的影响，英国的学位制度也发生了质的改变，它调整了发展的模式和方向，其主要关注点放在了培养具有实践应用型的人才模式之上，在这种模式下便衍生了一批专业学位。在不同的国家对于研究生的学位具有不同的规定，例如对于英国而言，它主要是指经过系统学习而获得学位的研究生，它的另一个名称为课程硕士。它的最大特色在于培养具有创新型和实用型的专业群体，不同于研究型的培养模式，对于课程论文的撰写也没有硬性的要求。对于现在的英国高等教育现状而言，具有专业性质的专业学位研究已成为现代大教育的重要主导力量，从构成来看，其所占比例已达到了 75%，在整个教育体系具有非凡的影响力。

（一）培养目标

在英国的教育体系中，其专业学位研究生教育主要由授课式科学硕士、授课式文学硕士和专业博士三种形式构成。对于前两种形式而言，它们主要是需要经过系统的学习从而获取专业技能和专业所需的学分，培养一定的教育教研能力，与此同时研究生要想顺利圆满地毕业还需要撰写一篇研究报告和一篇专题学位论文。对于着两者而言，它的主要着力点在于为高素质人才提供职业规划，在此基础之上培养能够适应社会并为各行业所接纳的高素质、高能力、高水准的人才。不仅使他们可以适应社会，还促使他们可以在社会的残酷淘汰式竞争中存活下来，发挥自我专业优势和智慧与能力，为英国社会经济的发展贡献自己的力量。

（二）入学形式

在录取研究生的程序上，英国具有自己的独特性。即由院校发挥自己的主体属性，根据有关法规政策自我确定录取的各种条件，以及自行开设各种公共考试来进行人才的选拔。但是对于学术学位研究生而言，也具有一些硬性的基本要求，如是否具有本科毕业等级证书，同时它也会接收学校的优秀推免生。除此之外，对于一些不具备推免的学员而言，则需要无条件进行最少三科的考试，笔试通过者则会进入下一轮的面试。笔试和面试均合格者才算正式具备了心仪院校的入学资格。相比较与我国自己的博士生选拔方式而言，英国的研究生入学则具有某学相似之处，如需要至少两封推荐信，该信的推荐者必须是与报考者有直接关系的人，如申请人的授课老师等。推荐信的内容首先需要介绍申请者的学识潜力、科研能力等，其次需要提交申请者未来的研究计划，即一篇已发表的论文或者是课题的研究方向或研究思路，同时还需要提供能够证明外语能力的证书等。

对于专业学位的培养而言，它的主要出发点在于培养具有专业性质的专业人才，在培养的过程中，对于培养所需要的资金支持具有广泛的途径，同时工商企业等也会进行自主投资。在这种模式之下，衍生了一种新的特点，也就是说申请者即使没有本科学士学位的相关经验证明，但是只要自身具有过硬的技能也是可以申请入学的，对于英国的研究生群体而言，具有专业学位的研究生基本上有超过一半的人具有至少三年的工作经验。由此可知，英国的具有专业学位的研究生基本上是具有固定的工作的，从整体而言，专业学位的学生的平均年龄也超过学术学位研究生的平均年龄。

（三）培养方式

1.培养年限

在最初的英国本土模式中，对于研究生的具体教育年限没有质的规定性和年限性，但是一般的时间为三或四年。经过时间的磨炼和实践经验的积累，现如今英国模式已初具成熟形态，对于研究生得到培养年限也有了统一的规定，多数高校都有了明确的注册规定。从学术学位的研究生来观看，如全日制的研究式文学硕士和科学硕士对于他们的注册时间一般为一年，部分高校注册时间为两年；全日制哲学硕士注册年限一般为两年，部分高校注册时间为三年；全日制哲学博士注册年限一般为三年，部分高校注册时间为五年。从专业学位研究生来观照的话，对于他们的科研性相对较低，但是要求此类研究生群体一方面必须在规定的年限内修读完大量的课程，在此基础上还要撰写一篇小论文，于是在注册年限上全日制的一般为一年，部分高校注册时间为两年。另一方面对于全日制的专业博士而言，他们不仅需要在规定的年限内修读完相关的大量课程，而且还要在理论知识的学习之上进行大量的科研实践，因而全日制的专业博士注册时间一般都会高于三年，部分高校注册时间为五年。

2. 课程教学

对于英国的学术性研究而言，在课程教学的领域，早期的英国模式对其没有硬性的规定，其着力点在于是否具有进行独立的科研和论文写作的能力，在新的社会要求下才出现了完整体系的课程教学模式。但是在发展的历程中，研究生是否需要进行系统的课程教学仍然是一个有待各方商榷的环节。但是总的来说，即使仍有各种不确定的因素和意见存在，但是最终的结果仍是课程教学被投入进了关于研究生的教育框架中。

对于英国的专业学位研究而言，在研究生的学习体系中，课程教学起到了主体性作用，同时全日制的专业硕士学习年限一般为一年，在这一年时间中，将近有 3/4 的时间花费在了课程学习之上，对于课程的选择而言，它具有大范围、大数量的特点，可以满足不同学生的需求。对于专业学位的课程来说，它的主要出发点在于与生产实践产生相互作用，在实践中应用知识，从而获取更大的、更完善的技能。在相关课程的设置中具有不同的要求，总体而言，主要会有 2 ~ 4 门的核心课程，它的主要特点在于培养具有专业能力的人才，设置 1 ~ 5 门的专业课程或者跨学科课程，它的主要特点在于具备自由属性，可满足学生的自我发展学习需要。在专业博士的课程教学过程中，主要以分割成各个小模块的方式推进，有课程模块、科研训练模块、论文模块等。

3. 导师指导

在研究生的教育模式中，对于专业学位研究生而言，学生与老师之间是一对一的专属模式关系，在这种模式中，所讲求的是一种师生间的平等关系，总的来说每一个研究生个体都将会有一位为其提供各项科研和学习指导的导师，导师将扮演一种答题解惑的指导角色，师生间的平等关系将促使其共同探讨问题寻求解决方式，而不是直接给出具体答案。对于导师的构成而言，他们有的来自工商界，有的是政府的工作人员，甚至有的是国际组织中的相关人员。总的来说，他们都是集理论与实践于一身的优秀人才，也就是双师型教师，他们对专业学位研究生的学习均起到了良好的促进作用。

4. 质量评价体系

论文的撰写在英国的研究生教育系统中占有非常重要的作用，其中论文是否具有独创性和实践性是衡量论文优劣的重要指标。对于学术型的研究生毕业论文而言，是否具有学术性原创或者创新性则显得很重要，同时对于非专业学位研究生而言，是否具有实践创新和社会利用价值则显得非常重要。特别是针对于专业学位博士而言，他们论文的提交有更严苛的规则，要求将实践性和创新型有机结合起来，并且能对社会经济的发展有一定的影响和启示。

在整个论文的提交过程中，研究生需要做一系列的工作并且要经过漫长的过程，首先研究生需要将撰写好的论文提交给自己的导师，之后等待导师给出各项意见，在修改之后再次提交等待导师的认同，然后由导师提交到各系的相关负责部门进行评审。在之后的审核过程中，对于学位论文需要从外校引进一个评委，对于博士论文的评审则需要在一个本校评为的基础上引进一个外校评委。假若学校评审合格，则将会进入最后的答辩环节，在此环节中，学生们必须要无条件接受各位老师提出的一系列问题，此环节的实习一般不会超过三个小时。在答辩环节假若由学生出现初次答辩不予通过的情形，学校则会允许他进行二次答辩，二次不通过者则可以自己相学术委员会提出申诉。

创新型和独立性在英国的研究生毕业论文中占有非常大的比重。专业学位的研究生在对其专业课程的成绩划分标准的时候更是对其论文的质量高低着重关注，创新型应该如何具体地体现呢？它并不一定要求所研究的问题有多么的高深，关注点在于所研究的问题在具体应用上的可操作性和可实现性。

纵而观之，在研究生教育的世界范围内的大系统中，英国属于较成熟与成功的案例，对后来者具备一定的示范性。一方面，在英国的体系中，专业学位硕士研究生的教育和培养始终是为社会的各行业服务，为其提供所需要的各项人才。另一方面，专业学位硕士研究生教育自我调控性有所改善，具体体现在选课、学习时间、研究生的自我研究等方面。再者，专业学位硕士研究生教育已经和研究生的人生选择有机结合在一起，甚至于在英国社会中，是否具有专业学位硕士研究生资格证明是决定是否能获取职位的第一条件。这一现状一方面提高了各行业的产品质量，另一方面也促使了研究生教育的社会化发展。

第三节　日本专业学位研究生教育的发展概况

一、日本专业学位研究生教育的开设领域

（一）各领域开设背景和目标

随着国际形势的变化和社会经济的快速发展，各领域都需要在新的教育背景下所培养的具有高素质和高能力的人才。这一现象反映在日本社会中便是从 2003 年开始日本政府相继在法律、会计、MBA、技术经营、国际公共政策、公共卫生等各种各样的领域创设了专业学位研究生教育，从而为社会提供所需求的人力资源。在 2008 年，在教育行业政府又增设专业学位研究生教育。从宏观而言，政府所做的各项举措都是为了向社会输送各种有专向技能的人才，但是在各个不同时期的不同环节仍然是有不同之处。接下来将对几个主要领域的设置背景、社会效用等情况作简要的介绍。

1. 技术经营（MOT）

简单而言 MOT 是英文 Management of Technology 的缩写，译为技术经营。对 MOT 进行解释的话就是将技能和实践相结合的综合性人才。他们不仅能够在竞争激烈的企业中立足，掌握高精尖的技术核心，而且还可以对企业的效益进行优化，促使企业在沙场竞争中更具有优势。

在 20 世纪 80 年代之前，日本的技术在国际上处于领先地位，但是在 20 世纪 90 年代之后，它的领军势态便呈现出了衰退的姿态，这是因为它没有把技术的提高完美地应用在企业的发展之中，没有将二者有机结合在一起。在现阶段，日本在 IT、机器人、生物工程等领域有了新的突破，使其可以应对现代科技进步的快速化和市场对人才的需求度。在新的环境背景下，日本政府又实行了新的举措，也就是将 MOT 的课程体系也引入了各大学的专业学位研究生院。

2. 会计

会计专业学位研究生院创建于 2005 年，其主要目标是培养会计，通过会计师

的考试拿到会计师执照。日本现有持会计师执照的人员 21500 人，想要在今后 10 年内发展到 50000 人，所以期待作为培养机构之一的会计专业学位研究生院能够为此做出积极贡献。会计专业学位研究生院不仅能够培养会计师，还能够培养企业的财务、税务、会计负责人和高级财务总监，培养国家、团体等公共机关的高级会计总监，培养非营利性组织的会计、财务专家、顾问等。同时，会计专业学位研究生院还为那些想要进一步提升自己，学习最新知识和技术的会计师或会计提供了再教育的场所。

3. 公共政策

公共政策专业学位研究生院创建于 2003 年，主要目标是培养能够制定公共政策并且具有专业性知识的国家、地方或国际组织的公务员。还可以培养政治家、议员、秘书、调研员，以及能够为一般企业制定经营政策的工作人员。公共政策这一学科是政治学、经济学、法律学、社会学等多学科的混合体。

4. 公共卫生

公共卫生这个概念在日本非同一般，它不仅包括医学中的疾病治疗与研究，还包括分析引起疾病的各种社会因素和环境因素，是预防疾病、促进人类健康等各种领域学科的综合体。公共卫生学作为日本医学教育中的重要一环，其授课范围涉及保健、福利、心理学、社会学知识等多门类学科。例如：东京大学所开设的公共卫生专业学位研究生院的课程就包括生物统计学、临床免疫学、保健医疗经济学、健康社会学、老年社会科学、法律学、医疗安全管理学等学科。

5. 临床心理学

日本的欺侮现象和多发的少年犯罪现象已成为社会不可忽视的心理问题，还有中年人的社会压力和精神压力都给日本人的心理造成了很大的负担，人们都希望通过心理治疗得以缓解。因此培养更多的持有心理医师资格证的人才，是日本创建临床心理学专业学位研究生院的重要原因。心理医师的工作范围比较活跃，既可以担任教育、医疗、福利机构的辅导员，也可以在司法领域对犯罪分子进行心理治疗，在劳动领域进行职业适应性调查等工作。

6. 教育

随着社会的变化，日本社会在教育方面的一系列问题也凸显了出来，例如校园暴力、学生逃学等事件层出不穷。在教师方面，也呈现出与学生难以沟通、在教育教学方面不太完善等问题，缺乏作为一个教师的基本职业技能。因此，对于教师和教育的现状问题再次成为社会关注的焦点问题。培养能力型教师的呼声越发强烈。另外，在2006年新的教师资格制度的产生，促使教师重新定位，重新自我充电，重新寻找实现人生价值的平台。因此，同年6月日本中央政府机构重新提出将专业研究生院的制度引入得到普通教师的培养培训之中的理念，目的在于能够改变公众对教育的不信任的声音。

教育专业学位研究生院目前主要专攻于培养两类人才，一类是在掌握本科水平的素质能力者中培养更加具备实践性指导能力与拓展能力，能成为新型学校创建中具备卓越能力的创新型教师；另一类是以学校在职教师为对象，培养在地区及学校工作中能发挥指导性作用，具备扎实指导理论与出色的实践能力和应用能力的核心骨干教师。

7. 法律

如今，在日本国民生活的各种场合，对法律人才的需求量都在不断增加，然而日本旧司法考试的合格率仅为2%～3%。为了培养更多的法律人才，日本于2007年推行了新的司法考试制度，但是，仅靠改进考试制度是难以解决这些问题的。因此，在改进考试制度的同时对司法教育的完善便显得尤为重要了。于是，在新的司法考试的背景下，作为司法领域专业学位研究生教育的基础之石的法科大学院的理念便自然而然地产生了。

对于法律专业学位研究生院的招生情况而言，它具有大范围、普及性的特点，一方面接受法律专业本科毕业的学生，另一方面也包括非法律专业毕业的学生。到2007年，法律专业学位研究生院已经招收了具有各自领域实际工作经验非法律专业的学生近三成以上。法律专业学位研究生院的毕业年限为3年，需要修满93学分以上。到2008年，已经在不同学校开设了74个专业，希望能为法律人才的广泛培养做出贡献。

（二）日本专业学位各领域简介

日本专业学位各领域简介如表3-10所示。

表3-10　日本专业学位各领域简介

领域	概要	毕业后的就业（举例）
技术经营	通过学习经营战略、组织运行、金融财政、市场学、技术生产管理、信息系统等科目，培养学生在经营领域的领导能力。MOT 是将管理和技术融合的领域	经营企划、CEO、风险投资顾问、先进的技术战略与政策制定者等
会计	培养具备专业知识和技能、具备 IT 应对力，具有专业的理论知识和较好判断能力的会计专家。能够担任企业或行政机关的会计监督和管理职责（毕业者可免除公认会计师考试的一部分科目）	会计师、企业或行政机关的会计专家、咨询顾问等职务
公共政策	培养学生在公共政策方面具有发现课题、分析问题的能力以及能够进行评价和立案撰写的综合能力（毕业的学生如果想成为公务员，仍需参加公务员考试）	在国家机关、行政机关中从事政策的制定、修改和立案等职务
公共卫生	培养能够保护和增进健康、预防疾病的指导人员	公众卫生行政职务、企业等的健康管理专家、医院的医疗安全管理者和智囊团成员等
知识产权	培养能够创造、保护和活用知识产权的人才（2008年以后入学的学生，可以免除公共课考试的一部分科目）	申请专利商标的代理人、企业或行政机关的知识产权的维护人
临床心理学	培养能够对人们的系列问题进行专业性援助的人才，或心理咨询师（可以免除由日本临床心理咨询协会组织的临床心理咨询师考试的部分科目）	企业或教育机构的生活辅导员，还可以从事与医疗、保健、福利相关的事业等
法律专业	培养具有律师、法官、检察官能力的人才	律师、检察官、法官，企业或行政机关的法律顾问
教育专业	培养具有实践性指导能力和开拓者能力的新教师，教育专业学位研究生院是使教师能担当起学校的领导职务的特殊化研究生院	幼儿园、小学、中学、高校等特殊教育机构的教师

二、日本专业学位研究生教育的培养模式

　　基于上述背景因素，日本文部省于 1999 年 9 月对研究生院设置标准进行了修改，从 2000 年起，不论国立、公立和私立大学都可以设置"专业学位研究生院"。日本的这一举措旨在使研究生教育放开眼界，面向企业，面向社会，满足经济社

会发展对高级学术人才和高级职业技术人才的需要。随着日本对专业学位教育改革步伐的推进，日本专业学位研究生教育的制度设计主要体现于 2002 年中央教育审议会提交的两份咨询报告及后来据此修改的《学校教育法》《学位规则》以及文部省新制定的《专业学位教育设置基准》等相关法律文件中。2002 年修改的《学校教育法》在第 65 条关于加入了关于研究生教育体系中的培养高学识、高水准的专业化能力的内容，从而正式在法律上确认了专业研究生院在研究生院中的地位。此基准还对专业学位研究生院的教员组织、教学方法、毕业条件、设施设备等做了一系列详细的规定，这为专业学位研究生教育的大力发展与走向正轨提供了政策依据。随着这一政策的制定，起始于 2003 年，日本陆续在法律、会计、MBA、技术经营、国际公共政策、公共卫生等行业开设了专业学位研究生教育。在 2008 年，日本政府有投入资本在教育领域开设了专业学位研究生教育，为了培养理论知识和实践能力相结合的优秀人才。

（一）培养目标

日本的专业学位教育具有自己的特色定位，目的在于培养专业化的高素质人才。具体来说，例如法科大学院的目标旨在培养专业的法律从业者。教职大学园的目标在于培养社会教育所需要的中小学教育者和监管者。

（二）招生、学习年限及学分要求

日本 2003 ~ 2009 年在学人数见表 3-11，2009 年在职人数比例见表 3-12。

表3-11　2003~2009年各年度在学人数

	2003	2004	2005	2006	2007	2008	2009
在校人数	645	7866	15023	20159	22083	23033	23381
在职人数	560	4246	6979	8768	8943	8056	9430

表3-12　2009年在职人数比例

	全体	国立	公立	私立
学生数	23381	7675	737	14969
在职学生数	9430	2912	250	6268
在职学生所占比例	40.30%	37.90%	33.90%	41.90%

对于专业学位大学而言，它有一些最基本的硬性要求，如至少应具有本科学士学位。对于专职学位而言，它主要侧重于对在职人员的关照，具体体现在下面各项上。如一般会设有最少一年、最多三年的学习期限。在日本社会中，学术性的硕士学习期限一般为两年。与此同时，针对学术性的硕士，要求研究生们要取得至少 30 个学分，并且还要进行学位论文的撰写工作。而专门职大学院要求则至少后要取得 30 个学分，法科大学院学分则至少要取得 93 个学分，教职大学院则至少要取得 45 个学分，在其中需包含至少 10 学分的学校实习。

（三）培养过程

在整个课程体系中，包括公选课和不同专业的必修课。例如在教职大学院中，公选课主要由五个方面构成。第一个是关于课程的选择和编排领域，第二个是关于课程的具体操作领域，第三个是关于课程的职业规划领域，第四个是关于课程的经营领域，第五个是关于课程的学校的教育会让教资队伍领域。这五个领域可谓相辅相成，互相促进，互相协作，共创课程设置的新发展。

对于实习环节而言，它主要是由访问实习学校、实践调研、参加实践和学校具体操作实习的四小环节部分构成。在第一个小环节中，主要的侧重点在于从实习学校的整体状况出发，进行宏观把控。在第二个小环节中，主要的侧重点在于应用各种观察方法对教育教学的各种活动进行整体观察。在第三个小环节中，主要的侧重点在于进行社会实践。在第四个小环节中，主要的侧重点在于是学生参加专门或者校外的各种实践教学活动等。

对于专门职大学园的具体教学方法而言，它主要是由案例分析、实地调研、多重辩论和进行质疑四个环节构成的。与此同时，对于法科大学院的教学方法而言，除了相同的四个环节之外，还应有最多接纳 50 人的团体教学。在这样的小团体教学案例中，主要是从已选定的固有题目中进行实地的调研。日本专业学位研究生院旨在培养掌握专业知识的专门人才，因此，它在招生、学制、教师组成、教学方法、课程设置及毕业条件等几个方面都有着自己独特的特点。日本专业学位研究生院的教学情况与现有的学术型研究生院有一定的差别。专业学位研究生教育是独立于学术型研究生教育和博士研究生教育的一种特殊的学位呈现。

表 3-13 反映了专业学位研究生教育的教学情况与学术型研究生教育的异同。

表3-13 专业学位究生院的特点

	普通硕士课程	专业学位课程		
		专业学位研究生院	法律 专业学位研究生院	教育 专业学位研究生院
毕业年限	2 年	2 年	3 年	2 年
毕业条件	30学分以上和导师指导下的硕士学位论文	30学分以上	93学分以上	45学分以上，其中包括10学分的在校实习
有实践经验的教师		30%以上	20%以上	40%以上
有实践经验的教师	为了充实教师的组成和提高教学质量，除了聘请有实践工作经验的教师外，本专业的教师也必须是专职教师，禁止其他专业的教师来兼职本专业的课程。			
具体的授课方法		A实例研究、现场调查、双向和多向的提问–研讨	A同左 B少数人接受的教育（法律专业一般只招收50人）	A同左 B学校实习及共同科目是必修课
学位	硕士学位	**硕士（专业学位）	法律博士（专业学位）	教育硕士（专业学位）

1. 入学条件

与以往的研究生院不同，专业学位研究生院更注重招收具有社会工龄的人员，在工商类行业中这一点显得更加突出。但是这并不意味着所有的行业领域都是如此，例如在教职大学院（授予相当于我国"教育硕士"的专业学位）并不只招收在职教师，也招收本科应届毕业生。

2. 招考办法

一般来说，各校会根据本校各专业的具体要求而进行自主招考，这种模式与普通的研究生教育模式有异曲同工之妙，但是这并不排除特殊情况的存在，如法科大学院的初试通常是按照全国的统一考试标准和模式进行，等到复试环节时才会由各校自主安排具体事宜。

3. 学制

在日本体系中，专业学位研究生教育年限通常是两年，但也会出现一年的特殊情况，最多不会超过三年，与此同时，法科大学院的学习年限通常为三年，在本科阶段时最短两年，最多不会超过三年，博士学位研究生教育学习年限一般为三年。总的来说。法科大学院在研究生的教育学制中是一个特殊的个体，大多与原始学制是一脉相承的。

4. 课程设置

在研究生学习的课程设置中，除了研究生院本身的相关必修课程之外，还会有一些技能性的其他学位课程。这些举措的出发点在于为社会输出具有高级专业性职务的具有高深的学识及卓越的能力的人才。通常的学习期限为两年，但是在具体的操作过程中，会因具体情况的不同而出现特殊的情况，可以在两年内的期限中任意完成所有的课程内容。同时，对与具有社会工作经验的实践性人才而言，他们会有特殊的学位课程，即一年制或多年制。

5. 教学方法

在具体的教学过程中，学术性研究生院并没有太多硬性的要求，只要求按照必要的科目去编排相应的系统的教材。而在专业性研究生院中，为了提高教育的质量，因此采用了多种教学方法，如课堂讨论、现场调研和小组互动等多种方法。在毕业成绩的评定环节，要确保评定的公开公正性，可以在事先向学生传达评定的各项标准，并且老师可以对其为学生进行答疑解惑。除此之外，学生自主在其他的研究生院所学习而获得的学分可以被本院所接纳，但要求跨科学分不得高于本院规定的毕业学分总数的 1/2。

6. 专业学位研究生院的教师队伍

对于专业学位研究生院的教资队伍而言，要求每一位教师都在自己的专业领域作出了相应的成绩，要有扎实的理论知识基础和社会实践经验，要有超强的人际交往能力和指导能力。在整个教师队伍中，有丰富的工作经验的教师要至少占全部队伍人人数的 30%，再具体的划分中，针对法律专业的至少要占总教师队伍的 20%，针对教育专业的至少要占总教师队伍的 40%。对于这个教师队伍而言，他们不属于大学本科、硕士课程、博士课程的教师的事业编制之内，拥有其自己的特殊体系。获得了专业学位的人，如果被认定具有在大学工作的能力，就可以与一般硕士学位、博士学位获得者同样地获得大学副教授、教授的资格。

7. 毕业条件

专业学位与其他的研究生教育毕业条件的学分要求上最低是 30 学分，其中法科大学院是一个特殊，最低是 93 学分。例如教职大学的要求是 45 学分。两者相比较而言，专业学位研究生教育侧重点在于社会实践，模拟实验等具体的操作环节，对学术论文不做硬性的要求。

（四）学位授予

在日本的教育体系中，专业学位的授予被认为是与硕士学位和博士学位并列的研究生教育的第三种学位，其由两部分构成，即硕士专业学位和法务博士专业学位。但是两者之间还是有区别的，为了使这种规则明确化，《学位规则》对其做了具体、明确的划分，例如学术学位硕士授予硕士学位，如文学硕士学位，而专业学位则授予某专门领域硕士学位，如"信息技术硕士学位。但是法科大学院授予博士专业学位，授予 法务博士学位。教职大学院授予"教育硕士（专门职）"学位。

从日本专业学位研究生教育的特点可以看出，其在课程设置及毕业条件等方面都具有很大的灵活性，为更多的人提供给了更多的机会。专业学位的研究生教育为适应新的时代背景下的新要求，成为高等教育发展的必然途径。这种发展理念将研究生教育中的自我学习和实践有机结合在一起，为企业和高校培养了一大批高能力的建设者和管理者。将现代的专业学位研究生教育模式融入到传统的企业内部的职工培养培训模式进行学习，这既节约了成本又提高了效率和质量。日本的"专业学位研究生院"也是人们自我提高的场所，日本过去的"论资排辈"制度已经开始动摇，"能力主义"崭露头角。因此人们不得不努力学习，进行自我知识更新，他们认为进入"专业学位研究生院"学习、提高是一个较好的选择。

三、日本专业学位研究生教育的评价体系

在设置专业学位研究生院的大学中，该学院的教育课程、教员组织等相关的一系列教育活动情况，需要每 5 年接受一次第三者评价机构的认证评价（《学校教育法》109 条第 3 项、《学校教育法施行规则》40 项目）。第三者评价机构可以对大学的质量保证保障体系做全方位的检查，根据国家的法律法规，由那些通过认证的第三者评价机构制定评价基准，对大学的教育研究活动等相关情况，定期地

进行评价。

专业学位研究生院是以培养高级专业性人才为目的的学院。在此发展的过程之中，为了促使教育水平和质量的提高，相关学院必须按照有关规定接受第三者评价机构的监督评价，在这种趋势之下，针对于专业学位的研究生院的第三者评价机构有了更进一步的发展，每个专业领域都有与之相对应的评价机构。

作为评价机构都必须符合国家文部省的基准、方法和体制的规定。对于构成评价机构人员的属性而言，不仅有学校的专业教师，而且有企业的在职工作人员。要想成为一名评价员，有意愿的人首先需要自己向文部省提出申请，然后等待有关机构的审核，假若审核合格的话，便拥有了成为一名正式评价员的资格。

接受评价的专业学位研究生院不仅要符合各自评价机构的要求，还需进行网上公示，接受多方的审议与认证，才能通过认证。对于日本专业学位研究生院的第三者评价机构而言，它仍处于发展的初级阶段，许多领域仍有明显的大缺陷，在一些特殊领域仍需要且有必要采取国际通用的方略进行评价，也考虑接受国际评价机构的评价。日本国内的评价机构还需要通过向国际评价机构的学习、交流，来改善本国的评价机构。表 3-14 为与不同专业学位领域相对应的一些评价机构。

表3-14 专业学位研究生院认证评价机构

专业领域	认证评价机构	成立日期
法律 专业学位研究生院	财团法人日弁连法务研究财团	2004 年 8 月 31 日
	独立行政法人评价与学位授予机构	2005 年 1 月 14 日
	财团法人大学基准协会	2007 年 2 月 16 日
经营（经营管理、技术经营、经营信息、金融）	特定非营利活动法人 ABEST21（THE ALLITANCE ON BUSSINESS EDUCATION AND SCHOLARSHIP FOR TOMORROW, a 21st century organization）	2007 年 10 月 12 日
会计	特定非营利活动法人国际会计教育协会	2007 年 10 月 12 日
经营（经营管理、会计、技术经营、金融）	财团法人大学基准协会	2008 年 4 月 8 日
助产	特定非营利活动法人日本助产评价机构	2008 年 4 月 8 日

第四节 国外专业学位研究生教育对我国的启示

各国通过不同性质的院校、不同的教育体制积极地发展专业学位教育，总的来说都是为了自我社会经济的发展，是一种迫在眉睫的必然需要。我门可以从中获取一些经验教训。

一、专业学位教育在国家高等教育发展中的重要地位

对于高等教育的发展而言，它在一定的程度上始终是为国家和社会的发展服务，同时国家对教育的支持和投入，也在很大程度上促进了高等教育的发展。例如英、法等国都已经实行了教育的革新，力求使教育更好地为国家和社会的发展服务，将学生作为将于发展的主体，将学生能力的培养放于中心地位。在这种新的发展需求下，专业学位教育以其独特的优势为社会提供了新生的人才力量，为国家高等教育的新发展注入了新的血液，弥补了我国应用性高科技人才紧缺的不足。

二、建立"产学研"联合培养模式

在现阶段的发展中，高校的发展应充分利用企业和社会资本的优势，使其资金链条的支撑呈现多方位和大范围的特点，可以将生产实践和企业发展以及科学研究结合起来，努力培养各种操作性质的应用性人才。这种有机结合的联合培养模式已经在国际社会中被广泛接受，例如在 1950 年前后，美国的斯坦福大学已经开始对这种产学研相结合的模式进行了实验，在 1970 年前后，英国也紧随其后开始推行这种模式。在这种联合发展的模式之下，不仅能够促进大学教育的发展，而且可以使企业的优势资源得到最大限度的发挥，为高等教育的发挥提供充足的资金支撑。在这种模式的具体操作中，首先由企业对提出人才的具体要求和标准，然后由教育方和企业方共同约定的导师根据具体的要求和标准对学生进行有效的指导，确保教育主体者都可以完成自己的相关课题和学位论文。

三、加强专业学位教育与职业资格认证的结合

在整个国际形势中，专业学位教育的发展应与社会职业资格认证制度相结合。参照国际上的一些成功案例，我们可以清楚地看到不少的发达国家和地区都将两

者紧密联系在了一起，甚至于是否拥有资格证书将直接决定是否可以从事某项职业。在我们的社会中，有一种明显的状况，即专业学位教育并没有同职业规划由紧密的直接联系，从而也直接导致了专业学位研究的停滞。面对这种情况，国家的有关部门和教育行政主管方应做出新的努力，提出新的理念，在实践中应摸索出经验教训，使各项制度进行优化完善，提高企业从业者的专业化素养，进一步为专业学位教育的发展提供动力。

四、注重专业学位教育的国际交流

在新的时代环境中，一个国家要想在世界民族之林中占据一席之地，就必须拥有杰出的人力资源，这是最重要的，也是最迫切的。在借鉴国际经验的同时，我们自身要将眼光放广、放远，要以一种积极活跃的态度向国际靠拢。要认真总结经验，认识世界，取其精华去其糟粕，积极学习，促使我国的专业学位教育向新的方向发展。与此同时，在借鉴外放经验的同时还要进行自我的努力创新，一步步推动本土专业教育模式的革新和发展。

五、学位教育是高等职业教育的延伸

在国外，专业学位教育又被称作职业学位教育。它的侧重点在于培养社会的实际从业者、工作者，另一方又成为在职工作者进行自我深造的一个机会和平台，可以说是高等教育具有延展性特点的一个具体表现。国际的成功经验显示了在经济和科技快速发展的新的时代背景下，教育的终身化已经是必然性的发展要求，尽管我国在这一点上貌似还不太成熟。专业学位研究生教育的产生，可以说是职业教育被高等教育接纳的一个重要表现，这一点是历史发展的必然，同时，它也将为我国如何建设高等职业教育的体系化和系统化提供了成功的先例和经验。

第四章　我国专业学位研究生培养模式的实践探索

第一节　我国专业学位研究生人才培养的实践探索

20 世纪 80 年代初，我国社会各个领域都面临革故鼎新、锐意创新的艰巨任务。社会主义初期阶段的发展要务是经济图强，企业经济效益的发展需要大批优秀的高级管理、技能型人才。在这种时局下，依托高等院校培养专门人才的思想引发了教育理念与人才培养实践的大讨论。一方面，现代企业发展需要具有前瞻性战略目光的高素质的具有领导力的人才，在这种现实要求之下，高等院校便承担起了为企业培养具有管理才能的专业硕士研究生班，可大批次的企业的高级管理决策人才。另一方面，高等教育培养应用型人才在规格上离不开企业、产业界的帮扶与"检验"。总而言之，伴随着国家改革开放政策的推行，社会各行各业百废待兴，对人才的需求无论在数量上还是在品质上都提出了新的要求，研究生教育通向企业的必要性和可行性得到了来自理论和他国先进经验的论证。为此，我国研究生教育在这一阶段的发展主旨是改变原有的独家办学模式，形成教育、科技、经济部门、企业联合多位一体的办学机制，以打破单一学术型人才培养的路径。

一、早期校企合作实践推动研究生培养目标走向分化

自 1981 年《中华人民共和国学位条例》颁布之后，上海、北京等地少数高校捕捉到时代气息，率先在工程、工商管理、医学、金融、法学等若干行业性特征较为突出的学科领域培养高层次应用型人才。"敢为人先"的探索，使得面向实际应用部门培养高层次应用型专门人才的重要性越来越受到关注，只不过这些努力并未触及学位类型结构的调整。在 1984 年的 12 月，研究部的研究生司颁布了有

关公告，该公告使培养工程类型硕士生的试点工作在我国的部分有条件的工科院校拉开了帷幕。在 1986 年，国家教育委员会又发布《关于改进和加强研究生工作的通知》，分析了研究生教育倚重"学术型"人才培养的单一模式职工所存在的缺陷，指出了走学术型与应用型相结合的发展之路。1987 年，国务院学术委员会联合最高人民法院、检察院及司法部门针对法学学科开展了"高层次应用型专门人才"的培养改革工作。1988 年，国务院召开的学位委员会第八次会议正式讨论了专业学位的设置问题。1989 年，少数高校开始了工程型、管理型硕士生的招收和培养工作。

在经过一系列的磨炼之后，对于研究生的培养目标已有了明显的区分，在关注发展研究生的学术理论素养及水平的同时，还应提升研究生的实践技能和解决实际问题的能力。虽然学位类型的分化尚未明确下来，但人才需求结构的多元化格局雏形已显，即在侧重于培养学术研究型研究生的同时，强调培养既具有学术理论基础又具备较强实践能力、解决实际问题能力的应用型人才，以向更多的生产、设计工程部门输送毕业生，试图打破研究生培养是向科研院所输送教学、科研师资储备力量的单一培养目标。

二、校企合作开辟招录途径

依据企业需求，高校以培养工程、企业管理人才为主。招录生源的途径主要有两种：一是从应届大学毕业生中选拔有培养前途者，经过两年的教育使其成为高层管理人员的后备力量，以培养其成为从事实际工作的高层管理人员，使其"能担任工商界、政府部门及其他机构中之重要职位"；二是从第一线有实际经验的、具有大学文凭的优秀在职人员中选拔，学员通过在职学习完成学业。后一种招生途径被认为更为有效，根据有关数据显示，在当时美国的 500 强企业中，将近有 100 家公司的总经理是哈佛大学管理学院的硕士班毕业生。我国以清华大学为首的一些高校也积极招录在职人员攻读研究生。与之相应的，入学考试是人才选拔的重要保障。

三、调整知识结构以提升研究生的经济社会适应力

调整知识结构，首先是合理地设置课程。课程体系的设计以广博为原则，将"描述式"的课程设计与"处方式"的课程设计理念相结合。例如，培养管理硕士的业务课程体系就包括经济、管理及财务类课程：①管理总论类，如企业组织与管理原则、企业策略与政策等；②财务会计类，如会计学、财务管理、投资管理

等；③经济类，如工业经济学、技术经济学等；④管理类，如计划管理、生产管理、质量管理、设备管理、物资管理、人事与劳动工资管理等；⑤市场类，如市场管理、推销学、市场预测与研究等；⑥系统类，如运筹学、系统分析、决策中的数量方法等；⑦信息类，如管理信息系统、计算机程序设计等。

四、建设实践基地加强研究生的科研训练

在进行具体的教育教学中，如何选择教学方式是一个值得思考的问题，在教学方式的选择中，除了有传统的课堂教授之外，一方面还可以将讨论、实例分析、专题研讨、竞赛模式、指导研究等方法应用到教学之中，另一方面还可以组织进行实地的观察和调研等活动等。清华大学于 1987 年将研究生社会实践纳入培养计划，连续两年召开基地建设研讨会，及时研究和解决社会实践活动中出现的重要问题。华中理工大学（2000 年改名为华中科技大学）走出去与企业联合培养专业学位研究生，曾与东风汽车公司有着长期的教学、科研、生产的合作关系，与武汉钢铁（集团）公司、中国水利水电长江葛洲坝工程局、中国航天科工集团第三研究皖、湖北华电青山热电有限公司等大中型企业、科研院所建立了高层次人才培养合作关系，这些单位为该校应用型人才的培养提供了校外培养基地。

科研训练着重于提高企业效益，强调学位论文选题与生产实际需相符相陈，相互照应，与研究生学位教育的总要求和培养的技能目标相一致。例如，东风汽车选送的一名专业学位研究生，其论文选题是"Mx-4 曲轴连杆颈车床震动噪声的分析及对策"，该车床是东风汽车公司生产中的关键设备，如果不解决这个问题，东风汽车公司将面临因曲轴断轴而导致被迫停产的局面。为此，经学校导师、工厂工程技术人员的反复调研，决定将该问题研究作为研究生的论文课题立项。导师安排研究生担任该课题的现场测试、信号处理与分析、结构改进设计与实施等工作，在侧重"应用"培养的同时，也要求学生根据 Mx-4 车床自激振动的特点，在理论上分析产生"时变"的原因，找到进变系统自激振动的规律。经过两年的攻关，终于完成了该项课题，东风汽车公司的该名专业学位研究生在完成这个课题的过程中，个人能力从理论到实践都得到了较大的提高。

五、导师队伍吸纳业界人士

适应改革的大潮，就需要改变传统的培养模式，开拓教育培养的新途径发挥高校、工矿企业、社会各界的各自优势，开辟多种形式的联合培养之路。企业对研究生的需求在逐年上升，而研究生分配到企业的人数占总人数的比例还是相当

之小。研究生教育通向企业是实现教育、科技、经济健康同步发展的有力措施。与单一的学术学位培养不同的是，这一时期不少培养单位着眼于应用型人才培养，在导师队伍建设方面，强调指导小组的成员不仅需要"学师"，也需要"经师"。具体做法是，经用单位自行推荐，聘请有丰富实践经验和高素质、高能力的高级工程师担任兼职指导教师，实行"双导师制"共同指导。在培养工程型研究生中，聘请工程单位的高水平的高级工程师为兼职教授和研究生指导教师，主讲研究生课程，实行工程单位与学校共同负责培养研究生的培养模式。例如，华中理工大学依托产学研合作基地聘请了企业中近 300 名兼职导师。

六、学位论文选题突出企业生产需求

对于研究生的学位论文而言，他的选题要能够与企业生产结合起来，要具有实际的效益和价值。有利于理论联系实际和科研成果的转化。同时，学生应把学业论文的完成、学生科研能力的培养和适应企业的科研任务三者进行有序的链接，有利于把研究成果转化为生产力。因此，论文选题通常面向工程实际，帮助企业解决生产实际中亟待解决的某些关键技术。1986 年制定的工程型硕士研究生的学位论文的学术标准是：基本论点必须正确，结论对"四化"建设有实用价值；至少应该在实验方法、数据处理、工艺方案等任一方面有一定的新见解，取得某些新结果或有一定的革新与改进；相关的论文要有一定的难度和一定限度的论文量，要尽可能地在论文中体现出作为一个研究生的专业素养。对于论文最后定稿的审阅工作和论文答辩均要注意聘请有实践经验的高级工程师来把关。

综上，经济转型（高科技、高附加值、高创汇）对人才需求多规格化，要求生产从劳动力密集型转向了技术密集型，这就要求有适应于技术密集型生产水平的、层次较高的专业技术人才。此外，要办好外向型企业，就要有懂经济、外语、法律、市场、管理、金融、外贸等知识的复合型技能型人才。这是 1981 年我国学位制度建立以来，研究生教育在起步阶段面对经济社会的发展与挑战所做出的战略调整——主要在工程、医学、金融、法律、工商管理等专业领域率先培养高层次应用型人才。在这一时期，虽然在名称或概念上没有明确专业学位的设置，但近 10 年适应经济转型发展的人才培养实践却实实在在地推动了研究生学位类型结构趋向分化的步伐，以及对于产学研合作的初步探索均为 20 世纪 90 年代开启的专业学位研究生培养模式的设计奠定了基础。

第二节　我国专业学位研究生培养模式存在的根本问题

具体比较专业学位和学术学位，他们是隶属于国家教育同一体系的不同方面，培养的出发点各有不同。例如对于专业学位而言，它的目标在于培养具有专业技能的、从实践中一步步成长起来的、拥有高水平、高素养的正规性人才。对于学术性学位而言，它的目标在于培养不同学科的学术性人才，侧重学术研发，重视理论知识的理解和传播，输出的人才一般都是从事于大学教育，同时也会有一部分的科研机构从业者。总的来说，专业学位专业学位研究生教育与学术学位研究生教育在培养理念和具体的操作中有着根本性质的不同，但是由于我国社会教育自我发展的不成熟和其他因素的各种限制，我们还未能充分把握专业研究生教育发展自我规律和人才规律，在具体的操作中也难以摆脱学术学位研究生的影响，没有真正地实现专业学位研究生教育的自我发展和真正践行其理念。

一、培养目标不明确

对于专业学位研究生培养目标而言，它具有一种指引作用，是专业学位教育的出发点和追求点。每一个人都是一个独立的个体，拥有独特的思维方式，在这独特思维方式的作用下便会产生不同的价值观念体系，从而体现在专业学位研究生教育的每一个阶段和每一个领域，同时也对专业学位的培养具有极其深切的影响力。专业学位研究生教育价值观的矛盾，主要表现为学术取向和社会取向的矛盾冲突，这对矛盾的具体冲突与否影响了整个专业学位研究生的教育教学活动。总的来说，专业学位研究生教育教学活动主要是为社会各行业输出具有高技能的综合性人才，可以说为社会服务是它的一大基本特色。但是在具体的操作过程中，因为起步晚的原因以及制度的不成熟，加上各种不可控因素的影响，各高校在具体的培养过程中难以完美地实现自己最初的理念，致使整个教育教学活动处于一种不甚规范的状态，甚至于远离了最初的培养目标。在某些方面，专业学位的研究教育是模仿学术性学位的培养方式而进行的，对于有些学院而言，甚至都没有具体、明确的对于专业学位的纸质文本规定。

专业学位研究生教育的培养目的在于培养专家型的实践型人才，对具体的研究生群体，总体而言他们具有一定社会实践能力，但是都处于一般水平，在自己的领域行业没有做出傲人的成绩。从企业方面来说，他们更多需要的是具有实践能力的创新型人才，显然毕业生的整体水平现状很难达到企业的要求。探究造成这种现状的主要原因，主要有两个。第一个原因是从受教育者主体而言，许多受教育者对于提升自身综合素养的积极性不高，很多人仅仅是为了得到一个毕业文凭罢了。同样的，也有相当一部分的受教育者在现实的无奈下企图通过以专业学位的方式为自己的就业提供一个优良的跳板，并不是为了自我的教育和提升。第二个原因是从教育者主体而言，整个专业学位教育行业没有形成优良的培养模式、教学方法、教学内容等，没有形成自己真正的闪光点，同时对于教师队伍而言，师资的匮乏以及教师自身的知识素质等问题也阻碍了专业学位研究生教育培养实践性、综合性、创新性人才的目标的实现。

二、课程体系重理论轻实践

何谓课程体系，它主要指的是在一定的价值观念的导向性下，使课程的各个组成环节按照既定的程序有规律地组合起来所形成的一种系统。课程体系对于专业学位研究生的培养而言，它不仅仅是一种承载的形式，更是其核心部分。专业学位研究生教育的培养目标是通过课程体系的设置与实施来进行具体的操作的，大体系中各个环节质量的优劣直接决定着后续教育成果的效果。专业学位研究生教育课程体系是由其自己的特色价值观念所决定的，但是在具体的实践教学中，因为学术本位价值观对其形成的影响，以至于在专业学位研究生教育中出现了理论化色彩过于浓厚的现象，这直接影响了课程的设置中将实践性功能被置于边缘化的现象。没有突出自己的实践性特色和应用性特色，具有浓厚的学术性意味。总的来说，在整个课程体系中，学术性课程所占的比例过大，而应用性课程比例所占无几。

（一）课程设置过多强调学科体系

课程目标是专业学位研究生课程设置的依据，制约着课程结构的构建和内容的选取。专业学位研究生课程目标是专业学位研究生培养目标的具体化，它的确立常常有不同的价值取向，有的侧重于高深知识，有的侧重于社会需要。根据美国课程论专家泰勒的观点，专业学位研究生课程目标可以来自三个方面，即知识、社会和个人。对于我国的专业学位课程目标的设置而言，它主要来源于具有专业素养的相关教育专家的指导和建议，主要理念在于按照学科知识体系的大系统来安排教学，设置教学目标，主要的框架仍是以学科理论知识为基础的。于是可以说，我国专业学位研究生课程的设置主要是沿袭学术学位的课程，为了更好地发展，相关部门应该重视理论体系的完善性，应该对专业学位研究生课程投入更多的精力和关注。

表4-1是学生对专业学位研究生课程设置情况的描述性统计，从中可以发现，当前我国专业学位研究生的课程设置主要是"公共基础课＋专业必修课＋选修课＋实践课"的形式，这种形式的侧重点在于学科的体系性，强调的是学科知识的内在逻辑属性。综上所述，专业学位研究生教育模式的侧重点在于向社会输出各类别的高素质的专业性人才，在课程的设置中应将各学科知识进行有机的选择和整合。对于课程设置中的核心课程而言，它的主要出发点在于从生活中出发、从生产实际中进行选择，打破了学科之间的壁垒，将生产实际中的各种问题整合在一起。从表4-1中可以看出，核心课程在专业学位研究生课程设置中并没有受到足够的重视。

表4-1　我国专业学位研究生课程设置描述性统计

课程设置	频率	有效百分比 /%	累积百分比 /%
公共基础课＋专业必修课＋选修课	88	21.46	21.46
公共基础课＋专业必修课＋选修课＋实践课	277	67.56	89.02
基础课程＋核心课程＋实践课程	42	10.24	99.27

（二）课程结构中理论课程居于主导地位

结构功能主义认为，事物的结构是事物功能得以存在和发展的前提与条件。整体的结构将决定部分的功能。假若结构不合理，则会导致一系列的不协调的事故发生。简单来说，课程结构在人才培养目标和课程目标之间扮演着十分重要的角色，在整个课程体系中更具有举足轻重的作用。对于课程结构而言，它是人的思维的具体表现，是人们的价值观念在课程实践中的有机显现。假若将其关照到专业学位研究生课程结构中，应该要坚守技术为中心的理念，着力培养学生的动手实践能力。21世纪，是一个信息化的社会，更是一个知识性社会，面对高速变更的现代信息技术，更加要求我们要加强基础性知识理论的学习，专业学位研究生教育更要注重这一点，要在实践中磨炼自己，努力使自己与时俱进。但是在现实的具体操作中，因为学术学位的影响，专业学位研究生课程仍未能展现自己的特色。

我国《全日制金融硕士专业学位研究生指导性培养方案》中，课程结构分为公共基础课、专业必修课、选修课和专业实习，课程设置如下：

公共基础课（5 学分）包括：外语（3 学分）、中国特色社会主义理论与实践研究（2 学分）。

专业必修课（12 学分，培养单位任选 4 门）包括：金融理论与政策（3 学分）、金融机构与市场（3 学分）、财务报表分析（3 学分）、投资学（3 学分）、公司金融（3 学分）、金融衍生工具（3 学分）。

选修课（16 学分，培养单位从以下课程中任选，或者根据自己的特点设置）包括：商业银行经营管理案例（2 学分）、财富管理与固定收益证券（2 学分）、企业并购与重组案例（2 学分）、私募股权投资（2 学分）、资产定价与风险管理（2 学分）、金融营销（2 学分）、金融危机管理案例（2 学分）、金融企业战略管理（2 学分）、金融法（2 学分）、行为金融学（2 学分）、金融史（2 学分）。

专业实习（4 学分）。

从上述课程的学分分布来看，公共基础课占总学分的 13.51%，专业必修课占 32.43%，选修课占 43.24%，专业实习占 10.82%。因此，在全日制金融硕士的课程结构中，理论性课程占了 89.18%，而实践性课程只占了 10.82%。

三、培养过程重知识传授轻能力培养

对于培养过程而言，它与培养目标之间具有紧密的联系，过程是目标的载体和促使其完成的主要形式。对于专业学位研究生培养过程而言，它是专业学位研究生教学活动的展开，是指师生为实现培养目标，根据社会供需要求和学生自身心理发展规律而开展的一种交往互动过程。对于专业学位研究生培养过程而言，它的过程不是价值中立的，而是受特定价值观制约并体现特定价值观的。专业学位研究生教育的目的是培养各行业的高素养专业性人才，重点关注学生的动手能力和创新能力。由于受知识本位价值观的影响，在教育教学的互动交往过程中，对于专业学位研究生的培养往往是忽视了学生的特点而一味地追求知识理论的传授，没有真正地做到因材施教。

（一）教学内容脱离实际

对于专业学位研究生教育的内容选择而言，它主要是为社会输出可以适应社会发展的并且能为社会的发展提供动力的高素质的综合性、应用性人才。在这种内容驱动之下，就要求专业学位研究生的教育教学活动要从社会的实际生活中取材，要联系现实生活，传达时代精神。总而言之，专业学位研究生教育的内容要在传授学科专业知识的基础上联系社会生活，从小事中发现具有深远意义的大道理。对于教师队伍来说，教师可以将自己的已获取的和正在进行中的科研内容融入实际的教学活动之中，让老师可以为学生近距离地答疑解惑，最好能让学生近距离地接触这些成果，从而获取知识，提升能力。对于教师而言，应该树立终身学习的观念，努力更新知识，做到拥有一泉活水，而不是一味地进行对知识的重复和叠加。

教材是教学内容的一种载体，教材是教师施教之据，学生学习之托，在专业学位研究生教学活动中有着重要作用。教材是课程化了的知识体系，教材所呈现的知识是在课程中被结构化、经验化、系统化了的知识群。即使在不同的专业学位研究生的学习过程中有统一的参考性培养方案和基本教材，但是在实际教学过程中，仍有不少学校并未使用规定的教材，因此在整个教学成果的展示过程中便出现了良莠不齐的情况。甚至于有部分学校用同一套体系来进行专业学位教育和学术性教育，没有做到根据不同的情况设置不同的教学内容和方法等，未能做到因材施教。

（二）教学方法失衡

具体的教学过程是促使专业学位教育实现的必经之路，在整个教学活动中，教师必须通过一定的教学方法才能实现教学目标。于是，如何选择正确的教学方法，对整个专业学位研究生教育教学具有举足轻重的作用和地位，是整个教育教学环节中必不可少的重要因素。对于教学方法而言，它具有特定性、指向性。它受教学内容制约，是为师生所共同遵循的教与学的操作规范体系，它对教学过程具有引导和调节的作用。专业学位研究生的教学方法可谓丰富多彩，在具体的操作选择中并没有高下之见，在不同的环节它们均可以发挥不同的作用，产生不同的效应，需要重点关注的便是如何进行正确的教学方法的抉择。

专业学位研究生教育的侧重点在于培养学生解决实际问题的能力和动手能力，案例教学能把理论知识与实际问题的解决很好地结合起来，一位985院校资深教育专家认为，"案例教学是大家公认的培养专业学位研究生的比较好的教学方法"。有学者认为，没有大量的案例教学，是很难办好专业学位研究生教育的。哈佛大学商学院以教学的高水平而享誉世界，其教学又以拥有大量的典型案例而著称。1908年至今，哈佛商学院累积6000本以上的案例，这些案例是由哈佛商学院的教授自己设计的，主要用于哈佛的教学。一个哈佛的MBA在2年的学习生活中要读800个案例。但是，由于种种原因，我国专业学位研究生教育中案例教学的发展却大大落后了。我们调查发现，在现阶段的专业学位研究生教育教学中，教师没有摆脱传统方法的影响，仍主要以课堂讲授为主，不能很好地调动学生学习的积极性和主动性。

在教师常用的教学方法中，讲授法占74%，讨论法占12%，案例教学法占13%，其他方法只占1%。

（三）实践教学弱化

专业学位研究生培养的出发点主要在于为社会的各行业培养具有专业才能的、高精尖的综合性应用人才，对于学生而言，便要求他们具有相应实践领域的知识和技能。与学术性研究生教育资源相比，专业学位研究教育资源主要集中于具体的操作实践领域。面对此类状况，要求专业学位研究生的教育要发挥产学研相结合的模式，要努力培养学生的实践能力，同时要对教师进行专业的、综合性的系统培养，促使学生走出校门，投入社会，深入相关企业工厂，进行近距离的接触学习。具体而言，专业学位研究生教育具有专业性和实践性的特点，但是在整个教育教学的具体操作过程中，专业学位教育所要求的实践性并没有得到具体的体现，实践教学环节显得非常薄弱。因此，专业学位教育事业一直没有得到大的突破。

此外，调查发现，学生、管理人员和教师分别将"实践教学"作为影响专业学位研究生培养质量的第二位、第三位和第四位的影响因素，这说明在专业学位研究生教学过程中，实践教学处于一种被边缘化的地位。从学生自身而言，他们也对现有的理论性教学方法颇有怨言，这也从一个侧面反映了我国专业学位研究生教学过程中实践教学的不足。学生对"教学过程中实践能力的培养"和"教学过程中理论知识的传授"的满意度不高，这说明专业学位研究生教学过程中理论知识的传授仍然处于主导地位，实践能力的培养仍处在不甚突出的地位。

四、师资队伍建设落后

教师队伍的构成主要是由两方面构成的，一个是学生的自我专属导师，另一个则是专职授课教师。由于专业学位教育办学历史短、缺乏办学经验，当前专业学位的教师大都是从相关学术学位领域中聘任，其培养理念、教学方法方式、理论经验都是从学术性教育培养中衍生的，因此整个师资队伍仍有待完善，存在许多弊病。

第一，对于教师而言，他们并不是专职的针对专业学位研究生教育的教师，他们大多同时为学术性课业所服务，思维模式仍旧停留在学术性研究生培养模式上。对于专业学位教育本身而言，它具有自身的特殊性，结合各种现实的情况，应是在学术领域作出了贡献和具有社会实践背景的双导师制。但是在现实的开展过程中，双导师制却往往难以实行，并没有发挥预想中的优良作用，但是这并不能说双导师制是失败的，这是一种错误的观点。具体来说，对于本校内的教师而言，由于其长期从事同一工作，在同样的环境氛围中学习，所接触的人群基本都属于搞学术研究的，对实践类型的群体接触较少。同时对于自己的成长过程而言，几乎大多数的时间都是在校园和书本中度过的，他们对于社会的接触较少，更难以想象日新月异的新的科技变化。因此，在这样的情况之下，脱离社会实践的教师是难以培养出真正优秀的社会实践型人才的。

此外，校外导师的资源呈现出匮乏的现状。因此，在校内外导师都难以满足的情况下，所谓的双导师制看起来貌似名不副实。此外，校外导师缺乏监管和落实，实际上处于名存实亡的状态。

第二，对于教学方法而言，表现出落后思想的弊端。在整个专业学位培养过程中，案例教学是一种被广泛采用的成功的教学方法。它的主要优点在于可以使学生在具体的案例情景中获取最直接的经验教训，从而内化为自己的知识。与此同时，它善于解决一些理论性的问题。但是在具体的教育教学活动中，因为老师自身原因的各种限制和教学设备的不完善等原因，在案例教学的推广中主要存在以下两个方面的障碍：一是来自任课教师自身的阻力。对于教师而言，因为长期的思维定式，老师们大多习惯于用传统的方式进行授课，对于一些新式的教学方法，例如案例教学法等，教师感觉到难以将其灵活地应用到课堂中，会使整个的授课速度变得缓慢，难以完成相应的教学目标。二是没有对其进行恰当的应用。在具体的操作中，有少数老师作出了改变，愿意接受案例教学法，但由于自身的原因没有准确掌握案例教学法的相关注意事项，于是出现了使用不当的局面，甚至有时会出现课堂的失衡，使课堂气氛变得沉默而压抑。因此，要想正确使用案例教学法，提高教学的效能，必须对教师进行必要的相关培训。

第三，从教师队伍的构成而言，它呈现出单一性的弊端。总体而言，现在的教师队伍呈现出理论性强、实践性弱的表象，从而导致了学术型的教师居多，而具有社会实践指导能力的教师较少。对于学术性教师而言，他们的侧重点在于搞学术研究，对各种理论性问题有极强的把握能力，但是在社会实践中就显得相对薄弱了。在研究生的学位论文的指导工作中，所给予学生的也往往是一些理论性的指导，甚至于要求学生花费大量的时间去阅读一些文献资料，去做一些理论型研究，而极少会引导学生进行社会实践活动。但是究其根本而言，学位研究生的培养目的在于培养具有实践能力的指导型应用人才，为将来的职业规划打下坚实的基础。但是我们必须承认，在现实中，专业学位研究生教育却处于一种尴尬的地位，并没有发挥其专有的特色效能。因此，在往后的发展中，要使专业学位教育领域取得不错的成绩，就必须从各方面进行革新。

第三节　影响我国专业学位研究生培养模式的相关因素分析

对于我国的专业学位研究生而言，它的发展总是会受到其他因素的影响，并且各要素之间是一种紧密联系、相辅相成的关系。具体对照各方面的因素，将会探究出我国的专业学位研究生教育人才培养模式存在如下几个方面影响因素：

一、专业学位培养模式"理论化"色彩偏重

（一）"入口"重视对理论知识的考察

我国专业学位研究生教育分为全日制和非全日制两种学习方式。在全日制的学习方式中，它所接纳的教育对象最低为具有学士学位的本科毕业生。在招生的初试环节中，需严格按照教育部的相关规定来执行，要和学术研究生的招生有所区别，在具体的科目设置上一般包括思想政治理论、外国语、业务课一和业务课二四个科目。在具体的运作中，招生方更愿意与学术性考试科目保持一致，例如在招收专业学位研究生时，"数学一"受到各培养单位的更多关注。在复试环节中，对于考生理论知识的考察是最基础的形式。在整个招生环节中，各招生方并没有真正发挥复试环节中的考查功能，仅仅是整个体系中的一个环节罢了。对于非全日制学习方式来说，它所接纳的主要受教育者是具有一定社会实践活动经验的在职人员。同时，为了保证教育的质量，教育部门设计了关于在职人员读研的全国联考。从总体上来说，即使各科专业在初试时的考试科目各有不同，但其总的出发点都在于考查学生的基础性理论知识。

（二）培养过程重视理论知识的学习

课程学习、科学研究、实践实习和导师指导是我国专业学位研究生人才培养模式的重要组成部分。在整个课程学习方面，理论知识的学习占据核心地位。根据相关的调查研究表明，有超过一半的学生认为对教育硕士所设置的课程是不合理的，因为具有浓厚的理论化色彩，不利于学生真正地进行相关的职业规划。同时，在学位论文的撰写方面，相关研究表明论文的选题缺乏现实性和可操作性。具体来说，就是专业学位硕士生与学术学位硕士生的论文选题均以应用基础研究占多数，不同学位类型的研究生论文选题区分度不明显。在具体的实践操作环节，

并没有真正地落到实处，大多只是一种上下级之间的表面工程，没有真正地使学生从实践中获取益处，导致其实践失去了其应发挥的功效。总的来说，我国承担专业学位研究生教育指导任务的教师大都是具有高学历的人才，但是在某些方面可能会因为自身缺乏实践经验，实践能力不足。他们更加倾向于对学生进行学理研究方面的指导而不是应用能力的培养。

（三）"出口"重视对理论知识的考核

在整个专业学位的学习过程中，学位论文答辩是最后一个重要的环节，也是考核的重要手段。首先，对于答辩评委而言，理论性只是占据着大部分的比例。在这种现实下，整个答辩过程几乎没有实践经验的分析，充斥着浓厚的理论化色彩。简单来说，理论性的教师对学生论文的关注点在于他们论文是否具有独创性，关注学生自我学习的能力，而往往忽略了学生是否具有应用知识的能力。因此可以说，学生要想取得满意的论文成绩，就必须在论文中强烈表现出自己的学习知识的能力，反之，可能成绩将不会使自己满意。其次，对于论文的审核标准而言，可能理论性强的论文更容易审核成功。例如有关部门发布的《关于教育硕士专业学位论文标准的规定》：要想完成以前优质的学位论文，必须具有扎实的理论基础知识，同时还要学会对别人的成功经验进行有选择性的吸收消化。在类似文件的规范之下，我国的各教育硕士的培养计划中一直坚持这样的方向，因此，我国教育硕士的学位论文轻视实践，具有浓厚的理论色彩也就不足为奇了。

对于我国的教育现状而言，由于人才培养中的过重的理论化色彩导致在现实社会中专业学位研究并没有得到广泛的接纳。具体表现在以下两个方面：一是在在相关政策的限制中，专业学位研究生的生源比较匮乏，乃至有一部分是从学术性生源中因为接受调剂而到专业学位研究生院的。二是对于社会方教育机构而言，它以一种消极的情绪参与专业学位研究生教育，助推性功能很小。探究我国专业学位教育中这种理论化色彩浓厚的原因，最根本的还是在于其没有自己独立的发展模式，仍是在沿袭学术性研究生培养模式。可以说造成这种现状既有历史的原因也有现实的关系。当我们从历史的视角出发，学术学位一直占据我国教育历史发展的核心地位，因此，各项国家政策也比较偏向于发展学术学位研究，对于各教育方而言，是否拥有自主的学术学位权是其是否能够进行专业学位研究的首要因素。换句话说，各行业的教育代表方在进行专业学位研究时，学术学位研究培养模式是其发展的根基和框架。

二、相关政策与制度的障碍

（一）对专业学位的意义和性质认识不足

俗话说，有什么样的思维，就将会有怎样的行动。这一点反映在专业学位上，可以说因为对其的意义和性质认识有偏差，于是便产生了诸多错误的思维导图。首先是将专业学位教育定位成了技能的培训模式，没有真正看到它是隶属于学位教育的层次。其次是在专业学位人才的培养模式上没有和搞科研创作的人才进行明确有效的分类，应使二者的界限明晰化。再次对于发展专业学位教育的高校和教育机构而言，没有真正做到以教育为主，更多地侧重于商业化。第四个是受教育主体没有真正地理解专业学位教育，仅仅将其看作获取学位的跳板。总的来说，每一种错误的理解都影响了其真正的健康发展。究其根源，主要在于制度中存有漏洞。举个例子来说，对于考试的标准这一部分，假若有严格的规章制度，那么招生单位只需严格依照各项规定就可以轻而易举地在这一环节淘汰掉不符合规定中的各类人。对于本书的写作而言，初衷在于表达自己的拙见，并不是要对专业学位所表现出的微弱的积极能量表示否定，只是希望有关部门可以有所作为，能够促使专业学位教育的发展真正地走向阳光和制度化。我们必须认识到，在新事物的漫长发展过程中，信任和自律是非常重要的，但是我们要重点关注的仍然是有关规章制度的硬性操作力和执行力，因此，仍需要一步步地使各项制度完善起来，为专业学位教育的发展提供动力。

（二）专业学位研究生教育学科专业目录还不完善

学位与研究生教育学科专业目录是学科专业设置和相关学位教育的具有方向意味的纲领性文件，对于我们专业学位教育发展而言，在这一层面上仍是有所欠缺的。在我国，专业学位研究生发源于 1991 年，在此初始期相关教育部门提出了专家作为主导力量，实际部门进行积极配合，从个别性开展推广到大范围推广的理念，但是一直没有制定具体的可供参考的专业目录。可以说正是因为在这方面的不完善性，导致了我国各高校专业学位研究生教育的发展没有一个光明的指向标，没有一支经得起时间考验的具有高素养和能力的优秀教资队伍，没有可以在国际中形成优势的学科带头人和科研发起人，从而使整个专业学位研究生教育的方向有所偏轨，步伐有所停滞。

（三）尚未构建完善的专业学位研究生教育质量保障与监督机制

随着时代的发展和社会的进步，我国的专业学位研究生教育机制取得了初步的成效，如将政府的监管和帮扶与专家的指导以及学校发挥自主性充分结合了起来。但总的来说，由于我国专业学位研究生教育开展较晚的原因，整个专业学位研究生教育体系的发展仍是处于初级阶段，人们对其仍报有部分偏见和不理解。总的来说，在发展的现有阶段，对整个专业学位研究体系仍没有制定出适合我国国情和现状的评价模式和监管模式。高校之间专业学位的发展处于一种零散化的状态，这样的现状虽然促使各高校努力突出自己的特色和优势，但从总体而言对于长远的发展却是没有任何益处的。一者不利于各高校之间进行综合评价，相互交流借鉴经验，二者也不利于社会以及政府代表对各高校进行统一的监管，同时对于研究生群体而言，没有统一的衡量标准以及没有统一的被社会所认可的证明物。具体说一下监管环节，在这一环节可能会出现各部门之间职责的推诿性和模糊性，行政化色彩在教育教学中可能会过于浓厚，各方面的制约性因素可能会阻碍我国专业学位教育向一种健康可观的姿态发展。

（四）专业学位研究生教育缺乏与职业任职资格之间的有效衔接

参照国内外的相关案例，从而发现专业学位研究生的教育具有其自己鲜明的特色，如必须具备相应的从业资格证明。国际上的很多国家都将是否拥有专业学位、是否可以从业作为——重要衡量标准。这一点在英、美等专业学位研究生教育现比较成熟的发达国家和地区表现得更加明显。它要求对于专业学位的人才的培养标准需要和企业所需的人才标准相统一，所接受的各项教育要能匹配市场所要求的职业资格证明。可以说专业学位的学习和后期的职业生涯之间形成了一种直接的系统关系。例如在美国，若没有获取法律博士学位，将不予报考律师；若没有获取医学博士学位，将不予参加职业医师培训。对于我们来说，仅有少数的专业学位与国家的职业资格直接挂钩。可以说，专业学位与从业资格之间所形成的各行其是的格局，使专业学位研究生教育和市场的供需之间相互分离了，两者之间未能形成一种共赢的局面，甚至已成为一种发展的阻力因素。这种相互脱离的现状，不仅没有完美践行专业学位研究生学位最初的定位和理念，而且与其离最初理念渐行渐远。

通过上述分析可知，我国的专业学位研究的教育模式，受到了多种因素的制约和影响，如理念、制度和资源等。

首先是相对落后的教育理念。俗话说，思维决定具体的操作方式，它们之间是一种相互影响的关系。假若没有良好的思维能力，在具体的操作步骤上就可能会有各种缺陷。对我国的专业学位研究生教育大体系而言，有些高校的出发点在于将其看作提升名誉的跳板，在事前的申请环节表现得格外急切，但是对于申请之后的具体教育教学则有一种消极情绪。乃至有部分高校甚至认为专业学位研究生教育的发展会影响到学校的固有地位，只是以一种传统的方式进行教育教学活动，毫无独创性。教育培养机构对专业学位研究生教育的不正确的解读，使其在具体的操作中难以有所建树，只是一味地对学术学位人才的培养模式进行复制粘贴。

其次，不成熟的制度。不成熟的制度具体表现为高校内部权利的不协调性。主要可以说是行政化色彩浓厚，使专业学位研究生教育的革新难以真正落到实处，基本上处于应付各式各样的行政事务。但是从本质上讲，要想对专业学位研究生教育模式进行质的革新，应该发挥导师的主导力量，积极调动基层培养部门和机构的自主性和创新性。在新的革新中，要尽量去行政化色彩，使教育人员能够真正地把握手中的力量，从而因材施教，物尽其用。

再次，资源的各种局限性。在社会中，各类人才的培养均离不开相关的各类资源。因此，在我国的专业学位研究生教育模式中，未能充分地利用各类资源使人才的培养停滞不前。在我国的部分高校中，因为教育投入资本的限制和自身的各种负债情况，导致其在各项的工作安排中只能优先发展本科教育，有盈余时才可以投入到学术学位研究生的教育中去，这样的举措也限制了专业学位人才的培养和发展。

随着社会经济的发展和专业学位研究生教育发展进入新的时期，在整个体系的发展中质量的优劣成为其中最重要的因素，而人才的输出是质量保证的有机组成体。对于高校自身的教育发展而言，最重要的关注点应在于建立理论和实践相结合的新模式，优化学术研究和生产相结合的新方式，将理论性转化为应用性，这显得尤为重要。

第四节　校企合作培养专业学位研究生的必要性及困境

对于专业学位的发展历程，很多人仍心存疑虑，甚至对其抱有偏见。例如有些人会认为专业学位不如学术学位有含金量，甚至认为被学术性专业院校拒绝的人才会退而求其次地选择专业学位研究生教育。这些偏见的产生有很多的原因，但最重要的一点仍然是人们自身的理解不够。

一、我国专业学位研究生教育的价值取向

专业学位设置政策是在特定的社会背景中具体衍生出来的，是特定社会的价值观和人生观的立体呈现。对于人生价值观的具体分析而言，它可以进一步促使人们完整地理解相关法律体系的出发点和目的点，一方面从自身出发，进行自我的完善，另一方面也可以对政策法规的具体操作过程进行正确的把握，从而查缺补漏，进一步优化等。面对我国专业学位研究生教育发展的现状，进行正确的价值分析则显得必不可少，具体来说，在不同的视角下，会有不同的价值观念。

（一）学术性与职业性的统一

从专业学位研究生教育的属性来看的话，主要是应将学术性与职业性结合起来，实现两者的有机统一。

1. 学术性

现阶段的研究生教育，它有很多明显的特征，例如学术性。在专业学位的研究生教育中，必须始终坚持学术性和知识性的发展道路，假若脱离了这一发展轨道的话，专业学位研究生教育就会失去其本身发展内涵，回归到原始的职业教育。在西方社会中，人们对专业学位中的专业的定位便可以很好地证明这一点，它不仅是一种职业，更多的是一种具有专业性的表现。某一事物的发展阶段可被称为专业时，它便已经代表了这是一个高级的发展阶段，已经从初始值发展为成熟值，蕴含着更多的专业性、学术性、复杂性等。对于专业学位研究而言，它的教育模式没有相适应的专业设置，而不仅仅是培养简单的、反复的单纯人才，因此那些知识性单薄的职业是不可以成为研究生教育层次所接纳的专业的。

对于专业学位硕士研究生而言，它的目的在于培养具有高素质和创造性的操作性专业人才，在这种发展要求之下，是否有一个将学术性与技能性有机统一的知识系统来参与学生的教育教学内容便显得尤为重要。

2. 职业性

相较于研究性的学位研究而言，专业学位更具有职业性和操作性。在西方社会的专业学位中，专业更侧重指专门化的职业。可以说，专业学位硕士研究生教育是一种具备了专门职业性的特点，并在具体的实践中应用性很强的教育。它的具体化主要呈现在以下几个方面：首先在培养目标阶段上要坚持职业化方向，其

次在课程设置阶段上要坚持应用性方向，再次在培养过程阶段中要时刻沿着实践性的方向前行，最后在评价阶段要坚持职业化与学术化有机统一的原则。

综上所述，在研究生的教育体系中，专业学位教育是不可分割的一部分，一方面要遵循高等教育发展的自身规律，另一方面还要遵照社会需求，从而确立出一种学术性和职业性有机结合起来的全新的价值观体系，这一点是非常必要的。

（二）资源配置追求效益最大化

何为资源配置，通俗来讲就是将已知的资源总量通过某种手段，将有限的人力、物力、财力等资源按照一定的比例分配到各行业的各部门，以求效益最大化。对于专业学位设置政策而言，它是一种从属于教育的基本政策，因此在具体的操作过程中应该尽可能地做到物尽其用，促使最小的资源投入也可以获得较好的经济效益。对于我国的教育现状而言，人力资源丰富，受教育基数大，特别是在现阶段颁布相关条例之后，研究生的教育规模又出现了大幅度递增的趋势，但是也随之出现了教育资源越发紧缺的状况。要想使教育资源的效能可以得到最大限度的发挥，则必须实施多样化的针对研究生教育培养模式，从而培养各种规格的学术型、应用型、管理型人才，扩大专业学位的培养规模，实现效益优化。

（三）社会需求多样性

正如事物的发展都会产生一种链接效应，专业学位设置的政策具有多样性和多元化的特点，不仅是其自身特殊性的表现，更是其在社会的大环境中衍生的为满足各方需求的基本表现。

1. 专业学位教育本身具有多样性

现今的人力资源市场普遍存在的问题是专业人才少，而专业人才中的对口人才更少，就像现在的大学生，由于分数线的原因，他们一般为了进入某所学校，而选择该学校的冷门专业，或者说是自己不太喜欢的、不太适合的专业。现在的专业是多样的，同样职位也是多样的。专业学位是与学术型学位不同的一种学位类别，具有特定的内涵和性质。我国专业学位教育始建于 20 世纪末，专业学位教育的设置与发展，使单一的学位制度下培养的人才具有单一性，与社会发展对人才多样性需求冲突。而专业学位教育发展至今也存在一定的问题。比如技术类人才，他们的技术涵盖范围是比较小的，换一种说法，也就是他们的技术能应用于实际生活的范围是很小的。所以技术类人才需要不断提高自己的技能，在学精的同时也要学广。

2.受教育者对教育的需求具有多样性

另外一个影响专业学位教育本身多样性的原因是接受教育者对教育的需求层次是不同的，并不是所有大学生都以谋求职位和生存为主要目的进行学习，部分大学生希望继续进修，进行深造，进一步提高自己的综合实力。迫于压力和各方面的需求，大学生的学习目标与要求越来越多样化，这也就必然要求教育专业的种类和模式呈现多样化，当然它的评价标准也是多样的。这不仅是由于市场对教育专业的需求不同，还由于接受教育者对专业的看法也是不同的。

3.社会对高层次应用型、复合型人才的需求具有多样性

第三个原因是社会对人才的需求具有多样性，也就是市场对人才的需求具有多样性。现在是一个科技社会，科技技术日新月异，只有不断地创新，才能满足社会的需要，跟紧时代的潮流。那就要求培养出更多的专业科技人才。同时现在的职位也在不断地分化，在将来的某一天，可能一切能用劳动力解决的问题都会被机器人所取代，而对于人才的要求会越来越高，现在的本科生就业压力大，其中很重要的原因是由于市场对本科生的需求并不是那么的强烈，而像研究生甚至博士等专业的高级人才，在市场上的需求则是极为强烈的。

二、校企合作培养专业学位研究生的必要性

部分人认为学校的教育是能否培养出专业学位研究生的最重要因素。其实，综合来说学校和企业都该关注专业学位研究生的培养。只有学校和企业双方携手合作，才能培养出优秀的专业学位研究生。用于各行各业对专业研究生的需求和要求标准是不同的，所以企业将会更加熟悉专业研究生的学习方向，这对于专业研究生的培养是十分重要的。同时，校企双方协作的教育模式，也就必然要求打破传统的教育模式，建立一个新的合作化的教育模式。这对于研究专业学位的实践理论和求职问题也是有一定的帮助的。

（一）校企合作教育

什么叫作校企合作教育呢？校企合作，顾名思义，是学校与企业建立的一种合作模式。当前社会竞争激烈，大中专院校等职业教育院校为谋求自身发展，抓好教育质量，采取与企业合作的方式，有针对性地为企业培养人才，注重人才的实用性与实效性。

校企合作是一种注重培养质量，注重在校学习与企业实践，注重学校与企业

资源、信息共享的"双赢"模式。校企合作做到了应社会所需，与市场接轨，与企业合作，实践与理论相结合的全新理念，为教育行业发展带来了一片春天。它的运作机制可以参照图 4-1。

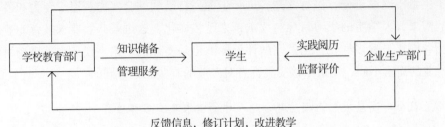

图 4-1　校企合作运行机制

当前，有部分人认为校企合作是有弊端的，甚至认为校企合作的弊是大于利的。我们不得不承认，校企合作并未达到一定的高度，所以在它的实行过程中一定有一些不可避免的错误，但是企业的成长离不开学校的大力支持，企业的壮大亦会反哺学校的发展。校企合作，不仅提高了教育培养人才的力度，也有利于企业的发展壮大，这种"双赢"模式注定在我国发展壮大起来。校企合作教育形式最早产生于 19 世纪末，1897 年是德国"双元制"职业教育形成年，这是中等职业教育领域的校企合作教育。所谓的校企合作的英文简称是 CE，C 代表的是合作 Cooperative，而 E 代表的是教育 Education。这种教育是将课堂上的理论应用于实践，再将现实生活中所遇到的困难问题，重新带回课堂进行讨论研究，这是一个深化学习的过程，在我国是普遍得到专家认可的。

1. 校企合作的内涵

校企合作作为一种高校培养人才的方式，它既受到本国内部的人士关注，同时在国际上的影响力也是非常大的。

"校企合作教育"一词最早出现于 20 世纪初的美国，1906 年美国辛辛提那大学提出第一个合作教育计划，对 27 名技术系学生实施职业教育。美国是一个法制比较健全的国家，美国历史上通过了一系列法律来支持职业教育，支持校企合作。他们认为校企合作有利于帮助学生在脱离课堂后积累社会经验，更能帮助学生明确学习方向和目标，提高技能的专业性。

而世界合作教育协会对校企合作教育的看法就比较广泛，他们认为一切与学校和企业两者发生关系的教育模式都可以被认为是校企合作教育模式。

而日本学家认为，校企合作教育是指学校和企业两个不同范畴之间发生相互的关系，这种关系能激发学习者自身的潜力，提高学者的专业技能的模式。

在我国，学者们对于校企合作的内涵看法是大同小异的，他们普遍认为，校企合作教育是加强院校与企业之间的合作，培养更多的高素质技能型人才，推进校企业双方可持续发展，本着"以服务为宗旨，以就业为导向"的方针，着眼于"精细化培养，高位化就业"的目标，加强优势互补，实现互惠共赢的教育模式。

2. 校企合作的形式

目前，学校开展校企合作工作的主要形式如下。

（1）校企联合办学。建立以社会需求为导向的办学机制，人才培养与地方经济建设的主导产业结合起来。根据企业需求进行联合办学，引导鼓励企业进行投入，通过设置专业，制订教学计划，开设课程，共同培养人才，提高专业与岗位的对接程度，把学校办成行业、企业的人力资源培养基地。

（2）推行"订单培养"。加强与企业的深度合作，积极推行"订单教育"，扩大订单教育的学生比例。通过了解行业、企业的需求，探索人才培养新模式，实现专业培养与岗位需求的无缝对接。

（3）共建校内外实训基地。企业不能一味地提供研究基地，较为合理有效的方法是建立企业和学校间共有的内外实训基地，当然仅靠学校一己之力是无法建成基地的，还需要吸引合适的企业进行投资。

（4）建设校外实习实训基地。建设与在校生数量相匹配的优质、稳定的校外实习实训基地。根据人才培养方案，满足学生校外实习实践的需求，强化学生动手能力的培养。

（5）开展校企师资交流。通过校企交流，共建"双师型"师资队伍。开展以"学校教师到企业顶岗培训，企业工程技术人员到学校任教"的"双向挂职"活动，建设、充实学校高素质"双师型"教师队伍。为合作企业提供相关的理论培训服务，实现教学相长。

（6）产学研结合。与企业联合建立"技术研发中心"，整合校企双方资源，共同研究生产过程中的新技术、新工艺，研发发明专利。通过产学研，建立技术交流平台，提升教师研发能力，提高学校办学水平。

3. 校企合作的模式

国外校企合作模式是多种多样的，我们这里选取两个最具典型性的代表，也就是刚刚我们上文提到的德国的校企合作模式和美国的校企合作模式。

（1）双元制是源于德国的一种职业培训模式，所谓双元，是指职业培训要求参加培训的人员必须经过两个场所的培训，一元是指职业学校，其主要职能是传授与职业有关的专业知识；另一元是企业或公共事业单位等校外实训场所，其主要职能是让学生在企业里接受职业技能方面的专业培训。双元制是一种校企合作共建的办学制度，即由企业和学校共同担负培养人才的任务，按照企业对人才的要求组织教学和岗位培训。这种模式在德国的企业中应用很广，近几年也被我国很多企业借鉴采用。另外它还有以下几个特点：第一个特点是学校和企业两种培训机构，第二个特点是学生具有学生和企业员工两种身份，第三个特点是专业理论教学和技能培训两种内容，第四个特点是理论授课和实训授课两类教师，第五个特点是理论和实训两种教材等。

（2）美国模式。美国的校企合作是一种以学校为主的合作模式。这种模式的主要特征如下：第一，学校发挥主导作用。学校成立专门部门开展校企合作工作，并把需要企业参与的实践课程列入教学计划，学校作为合作教育的主要参与方协调各方面的权利义务关系。第二，校企合作以项目的方式开展。学校校企合作的项目协调人因材施教，根据学生的学习需求，市场对人才的需求和专业的发展方向，设计出相应的合作项目，并寻求相应的企业一起组织实施。第三，一体化的服务。学校和企业对学生提供一体化的服务，在他们加入校企合作之前会对他们进行一定的培训，在学生参与校企合作后，学校会进行跟踪并提供指导，要求学生进行一段时间的实习后完成工作总结；学生返校后，学校会从学业和实践两方面对每一学生做出全面评价。

4. 校企合作的意义

校企合作是现代职业教育发展的必然趋势。加强校企合作，校企双方互相支持、互相渗透、双向介入、优势互补、资源互用、利益共享，共同培养技能人才，对经济社会发展有着十分重要意义。

（1）从学校的角度来看，职业院校通过校企合作这个平台，建立起与企业的密切联系，一是能够更直接地了解企业的需求，及时调整专业设置、课程设置和教学内容，切实提高人才培养的针对性和适用性。二是推行"产学结合""工学结合""定向培养""订单培养"等校企合作方式，可以促进人才培养模式的深入改革。三是通过设立校外实训基地，"把车间建在学校，把课堂设到车间"，不断促进教学模式改革，切实提高人才培养的实效性。四是有利于加强师资队伍建设。一方面，职业院校可以选派教师定期进企业挂职锻炼和参与实践，以实现教师的知识更新和技能提升，不断提高教师的能力水平；另一方面，企业里的技术专家、高技能人才和能工巧匠可以到职业院校兼职，直接参与到教学、教研工作中去，进一步培养和提高学生的实际工作能力。所以深化校企合作，是实现学校应用型人才培养，增强企业核心竞争力的重要举措，也是实现教育与实践相结合的重要举措。

（2）从学生角度而言，校企合作能够培养学生过硬的职业技能。在职业能力由低向高的培养过程中，学校对具有普遍性的专业基础和程序性操作能力进行培养企业对学生更多地通过在具体的岗位上"干中学"进行专业能力的培训提高，在较短时间内通过具体的实践高效率提高学生的方法能力，使学生随着实践积累的过程不断推进，能力水平层次不断提升。同时，校企合作能够培养学生良好的职业意识。学生在生产、服务第一线接受企业管理，在实际生产岗位上接受师傅手把手的教学，和企业员工同劳动、同生活，可以切身体验严格的生产纪律、一丝不苟的技术要求，感受劳动的艰辛、协作的价值和成功的快乐，使毕业与就业接轨。也对培养学生的组织纪律观念、良好的职业道德、认真负责的工作态度，以及艰苦朴素的生活作风、团结协作的团队精神和坚定乐观的生活态度都有极大的帮助。

（3）从企业的角度而言，企业参与校企合作，既能把本企业对技能型人才的需求及时准确地反馈给培养人才的职业院校，又能直接参与到技能型人才培养的整个过程，与职业院校共同制定培养目标、确定课程设置、实训内容和技能评价标准，达到提高技能人才培养质量的目的，满足企业对技能型人才的稳定需求。同时，还能利用职业院校的培训优势，定期对在职职工进行技能提升培训，保证职工的素质和技能水平能够跟得上企业发展和科技进步的脚步，进而不断提升企业的核心竞争力。

（二）专业学位研究生实施校企合作的必要性

当前，普通高校的传统教育模式大多数是重理论而轻实践甚至无实践，培养的人才很难适应当前社会的高速发展。著名教育学家吕型伟曾撰文对我国传统教育进行了回顾与总结：教学内容死板，教学大纲多年不变；单纯的知识教育，旧有经验的复制，忽视实践，没有培养学生动手能力；以考试分数评高低；忽视人文教育，没有进行全面素质教育等。目前，各地涌现的各类大中专院校，特别是民办职业教育院校，通过对我国传统教育的反思，对新教育模式的不断摸索，逐步形成不同于传统教育的教育模式。职业教育采用"技能＋学历"的教育方法，在对学生进行技能培养的同时，也对学生进行素质教育，采用"七分实践，三分理论"的教育模式，以学生为中心，因材施教，在社会上掀起一股教育风潮。校企合作模式，就是职业教育探索出来的一条新道路。

1. 对于专业学位研究生分段式培养的必要性

现在市场对专业学位研究生的培养在实践性和应用性方面要求很高，所以为了满足专业学位研究生在实践性和应用性上的要求，分段式的培养机制是最佳的选择。分段式的学习主要分为两个阶段，第一个阶段称为内阶段，也就是在学校内部对问题进行研究的阶段。第二个阶段称为外阶段，外阶段也就是将在学校里面学到的知识理论应用于实际工作中来，一般这个过程的实施单位是企业。分段式的学习很好地将学校和企业联系在一起，达到了校企合作的目的。当然，国家对校企合作也是十分关注的，采取一系列的措施保障和促进校企合作的实施。并提出了相关的要求：建立校企合作的新机制，特别是在社会主义市场经济环境下，要以校企两方面"双赢"为目标，政府应采取措施，让企业在确立市场需求、人才规格、知识技能结构、课程设置、教学内容和成绩评定等方面发挥相应作用。学校在时刻关注企业需求变化的同时，政府应有相应的指导部门，指导学校进行专业方向调整，确定培养培训规模，开发、设计、实施灵活的培养培训方案，真正把校企合作、培养高素质技能型人才的文章做好。

2. 对于专业学位研究生实践能力培养的必要性

什么是实践能力？简单来说就是在实践中取得的能力。相对于一般的企业培训或者学校培训来说，校企合作模式更能有效地培养对应人才，积累学生经验。一般的企业培训会花费大量的资金和时间，同时参与培训的人员的水平，素质也是参差不齐的。还有部分人认为暑假进工厂打工，或者进行一些短期的社会实践也可以说是进行了企业培训，其实这样的说法是不对的，这些活动都是延续时间较短，且技术要求不高的劳动力工作，从中并不能学到有效的技能，这些工作几乎是人人都可以胜任的。而专业的企业培训，耗费是比较大的。再如学校内部的培训，学校内部的培训是较为理论化的，实践强度不高，满足不了专业学位研究生对实践能力的要求。而校企合作则能较好地把企业和学校联系在一起，达到理论和实践的结合，能更好地培养学生的综合素质。

3. 对于专业学位研究生教育管理制度建设的必要性

现今我国的校企合作模式还存在很多问题，集中表现为首先规模小，其次学校和企业重视不够。这也是由于校企合作模式是一个外来模式，并不属于中国的本体模式，因此发展得并不完善，也不成熟。第二个原因就是学校和企业不愿创新，或者说创新力度不够。笔者认为，学校、企业、国家三者应该对校企合作模式采取积极的应对方法，众人拾柴火焰高，只有全民投入校企合作模式，校企合作模式的未来才是光明的。

三、当前校企合作培养专业学位研究生的困境

当前校企合作培养专业学位研究生到底遇到了什么困难呢？简单来说就是校企合作模式为专业学位研究生带来的专业实践练习质量不达标。我们在上文提到过专业学位的两个特点，第一个特点是职业性，第二个特点是实践性，这两个特点并不是毫无联系的，只有在实践中才能不断地专业化，升级为一种职业性能，在职业化的过程中也必然少不了实践。所以这两个问题也是当下我们亟须解决的问题。

（一）国家层面：导向性不足，保障度不够

从国家层面来看，国家方面主要存在两个问题：第一个问题是它的导向性不足，第二个问题是它的保障力度不够。

导向性不足主要体现在国家对校企合作模式的重视力度不够，它不能给专业研究生提供一个良好的服务。也就是说它的服务是不对口的，效率是得不到保证的。

而保障力度不够主要体现在缺乏法律法规来保证校企合作的实施。这是由于我国的校企合作还不具规模，没有达到一定的程度，甚至可以说大部分的学校采取的、着重的还是传统的教育模式，另外国家对传统的教育模式是有把握的，但是对校企合作这一种新型模式还并未达到完全信任，国家对校企合作的支持主要是表现在一些方针、政策上，并没有提出完整的法律措施和法律规定。这使得校企合作得不到法律的保障，所以从国家层面来说，国家的支持力度是不够的。

所以，国家在支持校企合作模式时，首要的任务是确定好法律法规，以及提供优质的服务。一个良好的，具有法律效益的，能够保障校企合作模式的法律法规必然能为专业研究生的培养提供一个良好的环境。再者，优质的服务也会为专业学位研究生的培养提供更加有力的条件。这样才有利于提高专业学位研究生培养的效率。

（二）企业层面：积极性不足，参与度不够

从企业层面来看，大致可以把企业对校企合作模式的态度分为三个时期。

早些年前的一些企业只关注眼前的短时利益，很少有人关注长远利益。这就

是为什么早些年前，我国的企业一般都是中小型企业，大型企业都是国家控股企业的原因。企业担心耗费资金大，时间长，并且害怕出现意外或者风险，几乎是不采用校企合作的模式的。第二个时期由于我国现在采用的是市场经济，校企合作模式的利益不断彰显，很多企业和学校开始转变传统的教育模式和招聘模式，开始采用校企合作的教育模式。第三个时期是现在比较强的企业知道校企合作的前途是光明的，纷纷采取校企合作的教育模式培养出更多的专业研究生，不但为学校的教育提供了更为创新的发展之路，并且为企业的人才招聘提供了来源，为企业树立了良好的形象。

（三）高校层面：务实性不足，认识度不够

高校层面也存在着不足，集中体现为务实性不足和认识度不够。由于校企合作的外来性，这种模式在中国发展还不具规模，很多高校不认同这种发展模式，即使有部分学校实行校企合作的模式，它们的重视力度也是不够的，尤其是高校在社会实践项目这一栏，社会实践项目是没有落到实处的，这也成为高校培养出来的专业研究生实践能力不强的原因之一。第二个方面就是重视的力度问题，高校对于专业研究生培养的项目的支持力度还不够，在保障方面做得也不足。这也是影响高校专业研究生培养效率不高的原因之一。

所以从高校层面来说，高校应该为专业研究生的培养提供更好的服务，突出专业研究生培养的职业性能和实践性能。同时也应该积极参与到企业合作的项目之中去，提升积极性。

第五章 校企合作模式下全日制专业学位研究生的就业竞争力提升

第一节 校企合作提升全日制专业学位研究生就业竞争力的理论基础

创新是进步的原动力，国家对于创新能力的提高有着一定的要求，在这样的前提下，专业型硕士学位研究生的培养模式势必要跟上社会发展趋势。如今，学校联合企业共同培养专业型研究生的模式已成主流。校企合作培养专业学位研究生对于学校、企业、学生三方都是非常有利的，学校在培养高素质毕业生的道路上更进一步，企业因此能够招聘到优秀的员工，学生可以提高自身的知识水平、科研素养和实践能力。

一、全日制专业学位研究生的概念

全日制专业硕士学位研究生与非全日制专业型硕士学位研究生有区别，但是与全日制学术型硕士学位研究生是同一个维度的概念，不同之处在于培养侧重点。随着国家经济的发展进步，社会对于高素质人才的需求越来越大，特别是实践能力比较强的应用型人才，更是千金难求。因此，2009 年伊始，为了满足经济社会的需要，国家实施了一系列措施，逐步改变高校研究生的培养模式，增加学校招收专业型硕士学位研究生的名额，并且使研究生结构更趋于合理。全日制专业学位研究生的主要生源为应届本科毕业生，培养目标是高素质、强实践能力的应用型毕业生，培养导向为实践操作技术，学习方式为全日制在校学习（即全脱产），专业型硕士学位研究生在毕业后可获得毕业证和学位证两个证书。全日制专业学位研究生与非全日制专业学位研究生、全日制学术学位研究生的区别见表 5-1。

表5-1　全日制专业学位研究生、非全日制专业学位研究生、全日制
学术学位研究生的区别

项目	全日制专业学位研究生	非全日制专业学位研究生	全日制学术学位研究生
招生对象	在职人员和应届本科毕业生	本科毕业工作三年的在职人员	在职人员和应届本科毕业生
培养目标	具有较强解决实际问题的能力、能够承担专业技术或管理工作、具有良好职业素养的高层次应用型专门人才	高层次应用型专门人才	具有创新精神和从事科学研究、教学、管理等工作能力的高层次学术型专门人才
学制及学习年限	全日制脱产学习，2～3年	入校不离岗，不脱产或半脱产学习，2～4年	全日制脱产学习，3年
教学内容要求	厚基础理论、重实际应用、博前沿知识、着重突出专业实践类课程和工程实践类课程	厚基础理论、重实际应用、博前沿知识、着重突出专业实践类课程和工程实践类课程	体现学科特点
对实习实践要求	不少于半年的实践教学（应届本科毕业生实践教学时间原则上不少于1年）	不少于半年的在校学习	无明确规定，但要求逐步增加实习实践要求
论文课题来源	工程实践或具有明确的工程技术背景	工程实践或具有明确的工程技术背景	参照《学位条例》，有理论及实际价值
论文形式	有明确的职业背景和应用价值	多样化，以是否解决实际问题为标准	以毕业论文或设计为主
就业指导与规划	有，校企合作	无	有
导师队伍建设	双导师制　双师型导师队伍	双导师制	校内导师

二、就业竞争力的概念

就业竞争力是指学生在学校学习到的使自己能够满足甚至超过用人单位要求的技能和知识，从而使学生毕业后能够找到符合自己意愿的工作，用人单位因而

招聘到适合相应岗位的人才，简单来说，就业竞争力就是就业的能力。就业竞争力中存在着两方面的内涵，即硬件和软件。硬件包括毕业生的所在学校、专业、学年成绩、实习经历、实践操作能力以及各种登记证书情况等，这些都是一个毕业生在求职的时候所应该具备的"敲门砖"，在用人单位眼中它们的水平就代表着一个应聘者的水平，是衡量应聘者的重要标准，所以也是毕业生就业竞争力的重要组成部分。软件是一个毕业生的综合素质，它不能被量化评价，但却是至关重要的，包括：合作的能力、适应变化的能力、敬业精神、沟通协调的能力、抗压能力等，软件是一个人的软实力，无法通过考试的形式体现，因而更多地在面试中呈现给用人单位。

不同行业中，对毕业生就业能力的要求是不一样的，所以说就业能力带有一定的行业特质。但是其中也有共通的部分，我们以工程师行业为例，可以看出，全日制专业型硕士学位研究生的培养目标侧重于实际操作能力。将就业能力细分，又可以按其所包含能力的不同属性分为三种——基础能力、专业水平、个人性格特质。基础能力包括自主学习的能力、适应变化的能力、与他人沟通交流的能力、不被传统限制懂得创新的能力、时间管理能力等，这些能力不区分专业和行业，是每一个硕士毕业生都应该具有的。专业水平主要包括科学研究的能力、实践操作的能力、对其所学专业的基础知识的掌握程度三方面的内容。同时具备扎实的基础理论知识和优秀的实践操作技能是专业学位研究生有别于学术型硕士研究生的重要一点，是专硕研究生的基本特质，也是专硕研究生在毕业求职时的优势所在。个人性格特质就是存在于每个人身上的个性品质，例如协调合作的能力、敬业精神、承担责任的能力、抗压能力、主动性等，属于精神品质。用人单位在招聘时也会特别注重应聘者的个性品质。

二、相关理论

（一）协同论

协同——字面上的含义就是协调一致、共同完成一项任务或一件事情。协同的概念是 1971 年由德国物理学领域学者赫尔曼·哈肯提出的。他在研究激光理论的过程中发现，一个系统中各个子单元如果协调合作那么结果会是一加一大于二的。随后，哈肯联合另外的学者合作发表了《协同学：一门协作的科学》，将协同这一现象作为一门学科进行研究。协同论（Synergetics）又称协同学或协和学。

学校同企业合作培养专业型硕士学位研究生的项目可以看作是一个协同系统，学校、学生、企业、政府部门可以看作是其子单元。只有四方团结协作、配合默契才能达到培养出优秀专业学位研究生，提高毕业生就业竞争力的目标。在这个协作系统中，高校作为培养的基地，要承担的责任是教育教学。企业为学生供给实践和操作的场所和空间，政府在其中发挥的是引导和支持的作用，学生作为被培养对象在以上三方的共同努力下，将会在具备理论知识的基础上，更富有解决实际问题以及实践操作的能力。因此，能够快速上岗、缩短用人单位培训时间的专业型硕士就具备了较高的就业竞争力。

（二）利益相关者理论

经济学中有这样一个理论——利益相关者代表着一个个体或是群体，这个个体或群体可以影响组织的目的能否实现，这就是著名的利益相关者理论，由美国经济学家理查德·弗里曼在其著作《战略管理：利益相关者管理的分析方法》中被提出。如今，这个理论已经广泛应用于企业实现目标的过程。根据利益相关者理论，我们可以获得这样的信息，利益相关者能够左右一个企业能否实现目标，在企业实现目标后，利益相关者也会受到影响，所以这个作用是相互的。而根本的实现目标就是要使所有的利益相关者都能够得到最大化的利益，如果只是一部分人或群体能够获得利益就不能称目标得到了实现。

提高全日制专业型硕士学位研究生的就业竞争力是整个"组织"的根本目标，其中的利益相关者是高校、学生、企业和政府。主要方式是学校与企业合作以达到提高全日制专业型硕士学位研究生的就业能力的目标。相关利益者是多个群体，每一方都有各自的目标和利益，它们各不相同，所以在实现目标的过程中就要充分考虑各方的权利和利益，如果出现权益分配不均的问题，那各个群体之间就会产生不信任，无法团结协作，最终导致的后果就是目标无法完成，各个相关利益者也得不到应该得到的权益。所以就要深入透彻地分析各相关利益者想要得到的是什么。高校是培养优秀全日制专业型硕士研究生的"主战场"，其在意的是通过校企合作，学生的综合素质和专业实践能力能否上升一个台阶，本校毕业生的质量以及就业率是否有提高，以及本校的教育教学模式改革进展是否顺利。对于学生本人来说，他们在乎的是自己是否能够真正掌握一门技术，在毕业求职的时候可以谋得一份满意的工作，以完成自己的理想，实现自己的人生价值。任何企业在做任何事情的时候，其所关注的都是能否获得经济利益，因为企业是营利性的，不是社会福利组织，所以企业在校企合作的过程中更想要得到优秀的、合适的员工，为公司企业创造经济价值。政府的关注点在于校企合作能否培养出优秀的人才，满足国家各方面发展的需要，为国家的强大创造源源不断的动力。所以国家会出台政策和相关规范来支持和引导校企合作的顺利进行。通过以上的分析，显而易见，尽管各方相关利益者的目标不同，但是实现自身目标的根本途径就是通过校企合作来提高全日制专业型硕士学位研究生的就业能力，做到这点，各方的利益也就得以实现。

第二节　校企合作提升全日制专业学位研究生就业竞争力的作用

为什么我们要促进高校协同企业以提高全日制专业型硕士研究生的就业竞争力？因为学校和企业各自有不同的优势，双方强强联手，是实现提高毕业生就业竞争力的重要方式。学校培养优秀人才的过程中需要资金来建设基础设施和购买设备，同时企业渴求学校培养出的综合能力强的应用型人才，所以说，校企双方都会积极投入，谋求合作。

一、校企合作是提高全日制专业学位研究生培养质量的必然选择

（一）校企合作契合全日制专业学位研究生的专业属性

高等教育是在完成了普通基础教育的前提下，进行的高层次的深入的的专精教育。一般的高等教育分成基础学科教育和技术学科教育。基础学科教育又可以称为科学教育，科学是指将各种知识细化，然后逐渐形成的完整的知识体系。我们这里谈及的科学是狭义的科学，即有关于自然界或是精神思维的完整知识体系，主要目标是发现和探索世间万物的发展演变规律，将这些规律提供给世人，用以改造世界。技术学科教育不同于基础学科教育的是其主要任务在于培养实践操作能力较强的应用型人才。技术学科主要包括工程科学、农业科学、医学等几大类。工程科学教育的课业内容是工程应用技术，该学科的最终培育目的是为了向工程项目输送应用型人才，以完成实际的工程项目。所以，工程科学教育在培养模式上就不同于学术型硕士学位研究生。校企合作中存在高校和企业两方，学校教育能够做到的主要是组织起学生教授科学基础知识，并且为学生提供科研的空间和平台，但欠缺的是将科研成果运用于实际工程，可能会流于理论而理想化。企业的主要优势则在于给已经具备丰厚理论基础知识的学生提供一个实践的机会，一个将理论转化为现实的平台，当然企业的不足之处就是尽管其具备丰富的实践经验，但是存在知识和技能较为零散的劣势，不能给予学生系统的讲授。

（二）校企合作创新全日制专业学位研究生的培养模式

全日制专业型硕士学位研究生的生源主要是应届或是往届本科毕业生，这些学生在本科期间也是实行全日制的学习，在校学习的时间远远大于社会实践的时间，并且在校学习时更成系统，学习效率更高，相应的学习到的知识极少能应用于生产实践中，缺乏解决实际问题、完成实际工程项目的能力。校企合作的专业型硕士学位研究生培养模式将会引导高校教育教学模式产生以下三方面的变化：其一是人才培养模式的变化。传统的由高校单一的培养模式转变为学校理论知识教育同企业实践操作能力教育相结合的培养模式。学生在这个变化中能够将学习到的理论课知识运用于工程实践，反过来在实践中一次次的磨砺更能加强知识在头脑中的记忆，也使得知识不死板更灵活。其二是教学重心的变化。以往我们的教育格外重视理论的学习和考察，仿佛一个人的纸面考试成绩就能代表他的全部，弊端就是难以跟上现实的脚步，教学成果难以用于实践。现在通过校企合作，学校与企业携手联合建立培养基地，给予实践教育以空间和场地，直接对接企业。其三是思维模式的变化。过去我们总是强调教学改革教育改革，但是收效甚微，大体是因为思维意识没有变化，那么行动也是跟不上的。如今我们在整个社会营造出重创新的氛围，并为创新行为提供基础资源，专业型硕士学位研究生在校期间不仅有校内导师在理论知识和科研项目上的把控，还有校外导师的指导，将自己的创新思维和设计真正实现，无论成功与否，都是一个良好的尝试和开端。不仅如此，学生在与企业接触的过程中，接收到了行业最前沿的想法和知识，能够激发学生学习的热情，刺激学生进一步创新。

（三）校企合作满足企业对人才发展的需要

如今社会的发展趋势就是分工日渐精细化，企业是社会中主要的经济主体和人才的主要需求者，对于人才的需要也是更加细化和多元。企业用人更看重的一定是工程实践能力，因此优秀的应用型人才应该是复合型的，不仅具备理论功底，更要拥有实践操作技能。通过高校协同企业对专业型硕士学位研究生进行培养，高校可以根据企业在实际工作中对人才的需求更加有针对性地教授知识，使得专业型硕士研究生的培养更加契合实际、更加优化，并且有效利用社会资源，使学生学习到的理论知识和实践操作能够有机结合，满足企业的需求。同时，在这个合作的过程中，专业型硕士学位研究生接触到了最先进、最前沿的技术和设备，并且利用这些技术、设备将科学研究成果转化成为生产力，为企业创造经济利益。

二、校企合作是增强全日制专业学位研究生职业胜任力的有效平台

（一）共建实践基地提高全日制专业学位研究生的工程实践能力

实践基地是高校与企业合作共建的产物。实践基地可设立在企业一方，企业可以通过实践基地平台，让专业学位研究生直接进入生产一线，使长期接受理论基础知识的学生零距离接触工程实践，在实践操练过程中结合校内导师的指导，实现理论知识学习与实际问题解决的进一步结合，更有效地提高专业学位研究生的工程实践能力。

（二）对接企业文化培养全日制专业学位研究生的职业素质

全日制专业学位研究生的培养要以工程素质和工程能力为主要目标、以职业标准为主要规范，其职业素质的内涵主要包括：必备的职业技能、良好的职业道德素养、专业的职业行为习惯。通过校企合作，可以让专业学位研究生接触企业实际的生产经营和管理模式，真实感受所在企业的文化和职业氛围，在实际工作中提高解决问题的能力。而这些能力是全日制专业学位研究生在单纯的学校氛围中感受不到的，也不是能通过导师的知识传授过程而学到的，只有在实际的企业实践中才能体会，而校企合作满足了专业学位研究生职业素质提高所需的职业环境。

（三）打造真实职场增加全日制专业学位研究生的工作经历

校企双方通过建立实践基地、吸纳专业学位研究生进驻企业实习、企业工程师进入学校课堂讲授和工程实践指导、学校教师进入企业进修等合作教育方式，让专业学位研究生真切感受职场文化，通过在企业"真刀实枪"的训练与实践增强研究生的工程实践能力和解决实际工程问题的能力。同时，通过"真实"的实践培训环境，为专业学位研究生提供参与工程实践的机会，丰富职业实践经历，缩短专业学位研究生走上工作岗位的适应期，使专业学位研究生在毕业后能迅速适应自身工作岗位。

三、校企合作是促进全日制专业学位研究生就业的重要渠道

（一）共搭学生就业平台

企业是毕业生的"出口"，校企合作对就业工作能够产生的最直接的促进作用就是为学生提供更多的就业机会和岗位，在校企合作过程中，企业对培养高校和专业学位研究生有了更深的了解，在适当的条件下能够主动吸纳优秀毕业生入岗，同时，专业学位研究生在实践的过程中对企业和工程行业领域有了更多的了解，对行业需求和工作能力要求有了更大的把握。高校可以通过校企合作整合企业招聘信息和专业学位研究生人力资源，为企业和专业学位研究生搭建双向选择的招聘平台，增强就业的针对性，避免盲目就业，缩短专业学位研究生毕业生的职业适应期。

（二）共施针对性就业指导

校企合作可以在以往就业指导工作的基础上，实行普遍指导与个性化指导相结合的方式做好对专业学位研究生就业方面的工作。一方面，培养高校可以通过校企合作平台进行企业人才需求方面的调研，全面了解目标就业市场的需求状况，依据社会需求确立人才培养目标，分析专业学位研究生现行培养模式与当前工程行业需求是否存在错位，在弥补缺失的过程中加强就业指导的针对性。另一方面，校企导师对自己所带专业学位研究生的专业技能和性格特点最为了解，除了在就业时给予专业学位研究生个性化的就业建议外，还可以利用自身的人脉资源给专业学位研究生提供合适的岗位。

（三）共同开展学生创业教育

创业教育的目的是通过培养学生的创业品质，传授基本的创业技能，能够为学生的未来职业发展提供不同的职业选择。但是创业毕竟是个别现象，在高校营造基本创业氛围的前提下，企业也应该为专业学位研究生提供创业的实践平台。这就需要更有创业发言权的企业提供创业实践机会，让有创业思想、创业能力的专业学位研究生到企业中实习，学习创业实践经验，同时借助企业的资金、技术支持把专业学位研究生的创业思想转变为创业现实。

第三节 校企合作提升全日制专业学位研究生就业竞争力的现状

一、校企合作提高全日制专业学位研究生就业竞争力的实践探索

（一）企业参与人才选拔，侧重工程素质考核

2009 年开始，绝大部分的专业型硕士学位研究生开始实行全日制的培养方式，招生方式与学术型研究生类似，主要采用学校推免和全国统考两种方式。而全国统考分为两个阶段，首先是国家教育部门统一组织出题和考试，然后各培养单位分别组织本单位的复试。近年来，全日制专业型硕士学位研究生的培育培养方式不断改进，选拔方式也在进步和发展。培养单位组织的复试主要考查的是学生将所学知识运用于实践的能力和综合素质，并且各培养单位也越来越重视复试的考核。专业型硕士学位研究生的选拔和培养就是在为社会和企业输送高层次复合型应用人才，其最终目的地就是企业，所以企业对于自己究竟需要怎样的人才具有更加清晰的认识，对于高精尖人才所应具备的能力也更加明确，什么人会对企业的发展前途更有用、更适合，没有什么单位企业本身更清楚的了。正是由于这个原因，使企业积极地参与研究生的选拔具有重要意义，特别是企业在学生的面试过程中更加倾向于选择那些工程能力优秀的，具有更多实习工作经历的考生。

（二）校企共建实践基地，深化实践教学改革

实践教学环节的改革首先表现在实践基地的建设与完善上，当前我国大部分的实践基地分为两种模型：校内实践基地和校企联合实践基地。校内实践基地是在依托学校科研资源的基础上建立的，校企联合实践基地是在企业提供教学资源和教学设备的基础上设立的，主要形式是企业研究生工作站，其目的主要是为专业学位研究生提供一个进行现场教学的平台。其次表现在现场教学课程的总体设计上，即把专业基础课、专业技术类课程和职业素质类课程相结合，增强专业学位研究生的工程基础知识、专业技能和工程职业素质。

（三）实行"双导师制"，加强工程实践指导

不同于学术型硕士学位研究生，专业型硕士学位研究生的一大特点就是双导师制度。在专业型研究生的学习过程中，校内导师承担的责任是制定具体的教学课程框架、指导科研工作的开展和论文的书写。校外导师要承担的责任是指导实践操作技能。二者各司其职，优势互补，共同承担对专业型硕士学位研究生的培养工作，共奏奇效。

（四）建立校企交流平台，保证学生全面发展

校企合作对专业型硕士学位研究生进行培养若想顺利进行、达成最终目标，就必须建立一个能够有效流畅沟通的平台和制度，基于这个制度或平台，高校和企业对于研究生的培养计划如何制订、课程架构如何完善、终期考核如何进行等问题就能够做到及时有效地沟通和讨论，进而增进高校和企业之间的交流，使专业型硕士学位研究生的培养工作进行的流畅。

为了实现培养优秀专业型硕士学位研究生的目标，高校和企业双方都开展了许多工作来建设交流平台，主要包括以下几方面：其一，高校和企业双方在确认和了解了具体的科研项目之后，在固定的时间内就这些科研项目的研究过程中出现的问题和困难进行学术交流和研究讨论，以便及时有效地将科研成果转化为生产力。其二，高校和企业分别利用自己的教学资源和社会资源，进行优势互补，取长补短，增强专业型硕士学位研究生将理论运用于实践的能力，一方面提高学生的综合素养，另一方面为企业供给高素质人才。其三，高校和企业交流沟通平台的建立，不仅有利于校企双方在学生培养过程中及时互通有无、发现问题解决问题，也有利于学生在该平台上获得校内外导师对自己的指导和教学计划，使培养计划更加顺利地进行。

二、校企合作提高全日制专业学位研究生就业竞争力存在的问题

（一）全日制专业学位研究生课程缺乏针对性和职业性

专业型硕士学位研究生实行全日制的教学模式才进行了近 10 年，缺乏培养经验，导致大多数高校在对专业型硕士研究生培养的过程中多采用与学术型硕士研究生相同的培养方式，没能够抓住设立专业型硕士研究生的根本用意。课程架构是保证研究生在校期间学习基础理论知识的基石，因为一切教学活动都是以课程架构为中心的，其中存在以下两个主要问题：

1. 课程体系建设不完善

其一是课程体系缺乏针对性。高校没有在研究讨论之后设置专门针对全日制专业型硕士学位研究生的课程体系，而是套用了学术型硕士研究生的课程体系，因此整个教学活动局限于固定的学科范围之内，然而我们都知道专业型硕士学位研究生的培养目标是成为具备丰富实践操作技能的应用型人才，在校期间就该得到实践技能课程的锻炼，事实上专业型研究生的课程设置整体偏重于基础知识课程，实践课少之又少，不能达到培养应用型毕业生的目的。其二是课程内容的工程应用性与职业性不够。专业型硕士学位研究生之所以在毕业求职时有着巨大的优势，就在于他们身上同时具备较好的实践操作能力和扎实的理论功底，这样的优势来源于在校学习期间的课程安排计划。但是事实上，专业型硕士学位研究生的课程安排并没有体现其专业性与应用性，正如我们在前文中提到的，专业型硕士的课程架构依照学术型硕士研究生的课程来设置，实践课程所占比例小，难以接触最前沿、最实用的技术和设备，那么理论上专业型硕士研究生的优势就不复存在了。

2. 校内教师缺乏工程实践素养

教师是教学的主体，教师的知识储备、知识框架、实践能力贯穿整个教学过程，对教学的效果起到了一定的影响作用。但是，一方面高校中的教师更偏重于学术和科研方面，相对来说缺乏丰富的实践经验，在长期的学习成长和教学过程中形成了自己的知识框架，并且很难跳脱出自己的框架。他们注重理论知识的探索，在指导学生的时候难免会带上自己的思维模式和习惯，忽略了实践教育在教学中的重要作用。另一方面，高校教师的本职工作是教学，自然很少接触实际的工程项目，没有工程项目工作经验的积累，就不能很好地指导学生的实践。

（二）联合实践基地教学缺乏规范，学生工程实践能力有待提升

校企双方合作培养专业型硕士研究生需要一定的场地和设备，于是，联合实践基地应运而生，实践基地的建设和使用为学生们提供了操作和实践的场所。但是现实远没有我们设计和规划的理想，主要存在这么几个问题：首先，促进建设实践基地的主要是高校这方面，高校的设想是一方面为学生的实践课程提供场地和基础设施，另一方面能够优化和改进当前的教学模式，但是企业则认为授课是学校的责任，并且企业没有有成体系的理论知识系统，所以校外导师能够指导学生的部分很少很少。其次，一些建设于校外的实践基地没有规范合理的学生管理

制度。学校认为学生出了学校到基地去实习就应该由企业来负责学生的一切，但是企业认为无论学生身处何地，学籍都属于学校，那么学生的管理问题就应该由学校来负担。于是就出现了真空地带，使实践基地的学生缺乏合理的管理，也很难达到预计的教学效果。

（三）学位论文与实践环节相脱离，科技创新能力有待提高

通常硕士研究生毕业要提交的成果就是学位论文，它是研究生在整个学习的过程中得到知识的最终呈现。但是以学位论文作为最终衡量也存在一定的问题，主要表现在以下几个方面：

1. 学位论文与实践环节联系不紧密

专业型硕士学位研究生在入学以后，通常会跟着自己的导师做科研，继而选择与导师所在科研项目有关的论文题目去研究。在这一点上，专业型硕士研究生就与学术型硕士研究生没有差别了。当真正为了论文而展开调研的时候，为专业型硕士研究生安排的实践课程又多流于形式，没有真正深入实践、深入企业，感受真实工程项目是如何工作的，因此写出的论文也倾向于理论化、学术化，暂且不论能否指导实践，甚至可能会脱离实际。

2. 学位论文的评价体系不完善

首先，在论文评审组的设置上，评阅专家大多数是高校学术型导师，他们更加注重论文的学术逻辑，不能公平公正地检验专业学位研究生论文的应用性及学位论文能否产生潜在效益。其次，在论文评价指标的建立上，目前高校过于重视论文选题的理论意义，忽视论文所体现的技术难度和论文研究成果的经济价值，必然会导致论文创新性和社会经济效益的权重降低。

（四）"双导师制"偏于形式，导师职业指导意识不足

双导师制度可以说也是高等院校的"一厢情愿"，从理论上说，为专业型硕士学位研究生分派两位导师是希望能够使研究生在学习的过程中既能得到理论的指导，又能更多地参与实践。但是企业不是学校，企业的目的是营利，不是如何教课，所以很难给专业型硕士学位研究生提供成体系的指导和教学。从另一个角度来说，要求企业提供人力、物力并承担教学任务，是需要资本的，对企业来说又是一份额外的投入。由此可见，校企双方在对这件事的认识上存在着分歧。

1. 校内导师指导力不足

全日制专业学位研究生的培养目标是要求不同于学术学位研究生的深度理论学习，其高层次复合型人才的培养目标对高校研究生导师的指导能力提出了新的更高要求，但是在实际情况下，大部分校内导师的实践指导能力暂时达不到专业学位研究生的指导要求。首先，学校导师队伍的知识结构以学术型为主，可以有效地指导专业学位研究生的专业理论知识学习，但是由于自身工程实践经验缺乏，对专业学位研究生工程实践能力提升方面的指导力不足。其次，现有的教师评价制度以学术成果为主要评价指标，致使校内导师更多地关注于科研论文成果的展现，在教学过程中也更注重对专业学位研究生理论知识的指导，忽视实践经历的指导。

2. 校外导师指导积极性不高

高校对校外导师的约束存在着制约性，这是因为校外导师多为兼职，大多是从合作的企业中聘请过来的工程专家，所以高校并不能对其人事升迁的关系进行管理，因而存在一定制约性，并且其工资待遇以及职位提升等方面和研究生培养质量的高低是没有多大关系的。正是因为这种不固定的职位以及单一的报酬导致了对其约束力以及吸引力的降低。同时，校外导师并不是只有学校的工作，还有自己的本职工作，在企业中的工作，所以在专业学位研究生培养的全过程中，他们几乎很少能够做到全程参与。更是达不到专业学位研究生的职业性培养需求，对于专业学位研究生的培养质量影响也特别大。还有第二方面，就是校外的导师也是具有优势和劣势的，优势是因为在一线的时间较长所以有非常深厚的实践经验；而劣势就是其操作以实践为主，缺乏一定的理论分析能力，所以在对研究生进行教育的过程中，将理论与知识相结合的难度比较大，尤其是理论知识的缺乏会比较明显。

3. 校内外导师交流不畅

对于广东地区，有学者对其进行了调查，调查结果显示，90%的学校管理人员以及研究生和校内外导师都觉得加强校内外导师的沟通交流是非常有必要的，这主要是因为校内外导师的交流非常少，有将近一成左右的校内外导师是完全没有任何联系的。正是因为缺少这种交流，所以校内外的导师对于学生在对方环节中出现的问题掌握得不够充分，所以遇到的许多问题都不能够得到及时、有效的解决，这就进一步导致了对学生的培养抓不住关键，缺乏针对性。

（五）校企联合实践基地教学管理和考核缺乏有效机制

高校以及企业是隶属于不同管理部门的，而校企联合培养专业学位研究生需要两者通过实践基地等平台来实现人才的培养以及项目的合作。而其中校企合作联合实践基地的考核机制以及管理对专业学位研究生毕业的综合素质的影响是非常大的，但是从当前的状况来看，实践基地的管理以及考核还有许多问题存在：如专业实践过程监管机制比较缺乏、专业实践考核和激励机制缺乏等问题。

（六）专业学位研究生教育与职业资格衔接不够紧密

目前的专业学位研究生教育在与职业资格认证衔接方面还存在以下的问题：

1. 专业学位研究生教育与职业资格认证衔接的管理体系亟待完善

我国的职业资格认证制度是依照原先工人技术等级考核制度演变而来的，由于这种历史遗留问题使得职业资格认证的考试、培训等一直由人力资源和社会保障部、劳动部门、行业协会分管，并与专业学位研究生教育的学历学位体系相分离，两个体系各自有自己的认证标准与人才培养模式，互不干扰。两类管理体系的差异使得专业学位研究生教育与职业资格认证存在着客观障碍。虽然专业学位研究生教育与职业资格认证的培养目标都是为相关领域培养专门型应用人才，但其管理体系的发展状态却是"永远不会相交的两条平行线"，更缺少实现两者接轨的动力因素。

2. 缺乏国际互认的工程师职业资格认证体系

随着经济全球化的发展，教育发展的大趋势是推进教育的国际化。虽然我国已于 2013 年加入《华盛顿协议》，但由于我国在职业认证方面起步晚、起点低，不同地区有自己不同的认证标准，在国内拿到的相关证书并不能得到其他国家的认可。某些领域内与国外合作认证的职业资格证书虽然具有国际通行的特质，但其是否能够得到国内行业、企业的认同仍然值得商榷。

三、校企合作提高全日制专业学位研究生就业竞争力存在问题的原因

（一）实践环节校企双方利益冲突、职责不明

在实践教学环节存在着多方利益相关者，重视人才培养和科研成果的高校与重视提升经济效益的企业在校企合作培养人才这个连接点上获得各自的利益均衡。

通过校企合作，高校满足行业企业和社会的需求，培养出更多优秀的人才；而企业的价值需求是为本企业培养优秀员工并在专业学位研究生毕业时获得优秀员工的优先雇用权。在两者不同价值取向的引导下，高校在人才培养方面过多地注重理论知识教学，重视培养专业学位研究生的科学研究能力；企业则是从自身经济利益出发，认为人才培养应该是高校的责任与义务，并没有把育人工作纳入其职责范围之内。而学校与企业之间只是一种平等合作关系，对企业并没有管理权限，这使企业的育人工作成为一种自觉行为。企业往往把进入实践基地学习的专业学位研究生当作廉价的高级劳动力，对于其能否有效地完成实践教学环节在态度上并不是特别积极。根据对进入中国石油大学（华东）招聘的企业进行问卷调查后得知，企业对于接收专业学位研究生进入企业实习也存在学生管理、沟通机制、工作涉密、食宿办公条件、资金、研究生的安全等顾虑和障碍，校企双方对这些顾虑的解决也存在着职责不太明晰的问题，致使校企合作难以继续深入，其比例情况如图 5-1 所示。

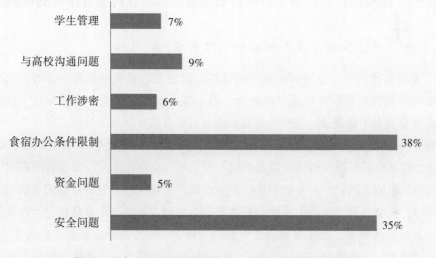

图 5-1　企业对于接收研究生参加实践的顾虑和障碍情况

（二）政府的宏观调控作用未充分发挥

在校企合作的过程中，政府扮演的角色至关重要，它既是外在的监督协调者以及推动者，也是支持者。从目前的现状来看，校企合作模式的产生大多是由企业工程师与校内导师的个人关系造就的。这也就从侧面反映出了政府在这方面的欠缺，没有起到一个支持者的作用。比如说支持成立一定的校企机构来帮助校企双方达成合作，使双方合作能够进行具体实施。除此之外，政府的外在推动者的角色也没有担当好，比如说做好企业和学校之间的良好反馈，没有形成良好的供需条件。从而导致了学术学位研究生与专业学位研究生的趋向相同。在此过程中，政府的费用支出中并没有专门应用于产学研的专项款项，尤其是在两方的利益和费用的划分方面，已经出现了失衡的现象，除此之外，还有许多方面政府都没有纳入监督计划，比如双方权利义务的明晰、合作过程的监督以及怎样使专业学位研究生的权益得到保障等。这样的现状导致的最终结果就是第三方监督方面的缺乏以及执行力度的降低。

第四节 校企合作提升全日制专业学位研究生就业竞争力的策略

一、提高校企合作对全日制专业学位研究生教育重要作用的认识

（一）整合和构建校企双方的利益关系

无论做什么事，包括校企双方的合作，思想上的重视都是第一位的，而校企合作的关键就在于双方利益点的整合。第一步要做的就是使全日制专业学位研究生就业竞争力不断提高，使校企双方都能够对联合培养活动的社会意义产生足够的了解。对合作过程中的问题应该及时了解，针对问题明确校企双方的责任与义务，使双方在了解认识以及解决问题的时候不要只从自身角度出发，要学会站在对方的角度来思考解决问题。对专业学位研究生新模式进行探讨。对利益相关者的关系进行构建，而整合两者利益关系的前提就是双方的利益诉求。企业是校企合作成果的生产者也是消费者，所以在对利益关系的处理上，在专业学位研究生的培养方面，企业应该更加主动去参与其中，在关心自身发展的同时也应该关注学校的发展，主动消化与高校在实践环节出现的问题，总的来说就是需要双方都能把对方的利益诉求当作自身的基础，并最终使双方达到"双赢"的效果。

（二）确立具有职业竞争力的专业学位研究生教育理念

1998 年世界高等教育大会在法国巴黎举行，联合国教科文组织在此次大会上

通过了《21 世纪的高等教育：展望和行动》的宣言，其中就提到了高校在发展过程中应该加强和职业界的合作并且对社会预期需求进行预测和分析，全日制专业学位研究生的本质属性就是职业性，专业学位研究生教育应该重点突出其职业的导向，使之与学术学位研究生教育模式区别出来，使专业学位研究生教育理念不断创新。第一就是在办学理念上应该有所改变，要面向企业、服务企业。这是因为专业学位研究生的最终消费者就是企业，所以应该"对症下药"，在专业学位研究生培育的过程中，企业的要求是非常重要的，这就需要高校在培养过程中，在教学管理的过程中，尽量多地让企业也参与到其中，应尽快改革高校的教学理念，将服务企业作为宗旨，从而改进教学的方式方法，使专业学位研究生教育的理念能够不断地创新。同时"四个共同"的理念也应该坚持贯彻到专业学位研究生培养的过程中去，所谓的"四个共同"分别指的是，共同协商制订培养方案、校企双方共同参与招生、共同管理实践教学、共同指导评价论文等。

二、完善全日制专业学位研究生培养的课程方案

课程是引领以及培养新工业人才的基本载体。只有校企双方合作建立起一个具有职业性、针对性且可以体现专业学位研究生特色的课程体系，才能使全日制专业学位研究生的专业知识能力更具竞争性。

（一）以企业需求为导向，优化专业学位研究生基础课程结构

形成能力的基础就是知识。只有通过系统化的实践，具有竞争性的专业能力才能完成。专业学位研究生的基础知识体系不仅包括专业课也包括理论课，这项任务主要是由校内导师在高校内完成，使专业学位研究生的专业系统基础理论知识得到加强是其目的。只有不断使专业学位研究生的课程体系得到完善，才能使专业学位研究生的就业能力不断提高。一定要将学术学位研究生和专业学位研究生学位标准的构建区分开来。第二，理论知识并不是专业学位研究生课程体系的唯一，除此之外还应该和企业相联系，从企业的需求出发，为企业的生产需求服务，如图 5-2 所示。把前沿课程以及专业技术课程当作载体，将学校以及企业分别作为实施主体和辅助主体，通过多种方式来对专业领域的前沿知识进行传授，比如通过实践基地现场教学、实验室以及企业和课堂案例教学等。

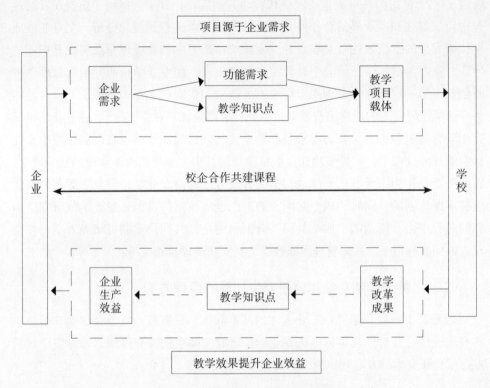

图 5-2　以企业需求为导向，共建课程

（二）校企双方共同构建职业适应性的模块化课程

学校应该将企业的需求作为其导向，这样做可以进一步使专业学位研究生的专业能力变得突出，在制订课程方案的时候应该邀请企业导师一同参与，在课程体系里，同时加入企业知识，构建具有职业适应性的模块化课程体系。

第一步是要打造专业的实践讲堂。要积极大力引进国内外在工程领域的优质课程，使专业学位研究生能够及时地了解到国内外专业知识和专业教育资源。同时可以在专业学位研究生的讲堂上邀请企业以及国外工程领域学者来为研究生进行理论知识讲授，在课堂上引进专业的应用思维以及展开国际视野。第二步，逐步完善企业知识体系的建设。企业知识体系包含多个方面，比如行业规范、相关的知识法律以及专业管理类课程和知识产权等。为了让专业学位研究生能够尽可能快地对行业的职业环境进行适应，在专业学位研究生课程体系中应积极纳入企业知识体系，使研究生对于企业实践的感性认识不断增加，使研究生入职之后的利益能够得到保障，使研究生的工程意识能够得到逐步提高。只有校企双方做到精诚合作，企业知识体系的构建才能完成，当然这部分工作主要是在老师的指导下，由现场教学完成的。

三、构建注重专业创新实践能力培养的实践教学方案

（一）加强校内外实践基地建设，提升创新实践能力

全日制专业学位研究生就业竞争力包括专业实践能力，并且属于其中非常重要的一部分，要使创新实践教学环节得到保证，培养基地的建设是重中之重。从中国石油大学（华东）硕士研究生的调查中我们可以看出，现场实践教学环节的培养作用，大部分的专业学位研究生都是认可的，如图5-3所示，因此应该加强"双基地"建设，使实践基地充分发挥作用。

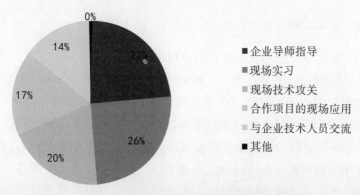

图5-3 对自身培养作用较大的实践环节

1. 依托学校工程研究中心建立校内实践基地

通过研发工程技术，实现研究技术的成果转化，从而培养高质量的工程技术人才是学校工程科研中心实验室的重要目标。要使学校具备的条件，比如实验室、工程研究中心等得到合理运用，使专业学位研究生能够接触到最新的技术，参与到项目的研发中，从而使其科研创新能力以及工程实践能力得到提高，从而进一步使其就业竞争力得到提高。

2. 与企业建立战略联盟推进校企联合实践基地建设

校企合作的重要表现形式就是校企共建培养基地。而校企实践基地的共建重要的在于其"纽带"作用，也就是企业和学校之间沟通的纽带作用，除此之外还

要积极地组织学生到企业进行进一步的学习。通过利用自身所具有的资源使学生能够处于一个真实的专业实践环境中。一方面可以和更多更优秀的企业建立校企联盟，另一方面还可以探索建立一些其他的培养机制，比如"现场教学模式""案例模拟模式"以及"基地研发模式"。

联合基地使专业学位研究生接触并处理企业的实际问题，令专业学位研究生在这一过程中提高自身处理问题的能力和执行力，同时丰富自己的专业知识，提高专业技能，在工作中找准自己的定位，确定自己的职业目标，为以后的就业打下坚实的基础。企业可以在联合基地了解研究生的工作能力和执行力，发现适合企业招聘条件的人才，为企业引进人才。

（二）论文选题紧密结合工程实践，提高科研创新能力

1. 面向工程实践进行论文选题

学术型研究生在进行论文选题时侧重理论研究，而专业学位研究生与其不同，在进行论文选题时既要注重对理论基础的理解，也要遵循专业实际或者专业技术背景，论文要借助技术要求体现作者利用科学理论和方法指导与解决专业技术，提高自己的技术水平，使论文的先进性和实用性突出。论文选题也要从企业的实际出发，作者通过分析和解决企业实际问题，提高自己的执行力和科技创新能力，使论文的应用价值得到体现。同时，专业学位研究生在完成论文的过程中也要具备从事科研工作的基本素质。此外，专业学位研究生进行论文选题时要注重职业性和学术性的统一，即将就业实际考虑在内，在论文中体现自己的职业目标和就业方向，为以后的就业打下基础。

2. 学位论文评价体系的完善

论文的选题工作完成得好坏能够判断全日制专业学位研究生论文质量的高低，也关系着专业学位研究生创新能力的大小。此外，一个完善的论文评价评估体系也具有重要作用。针对专业学位研究生建立一个专门的论文评价体系，对研究生完成论文的过程进行把关，具体为：对论文的选题背景和实用价值进行重点考察，使专业学位研究生的论文注重理论和实践的结合，强调论文的实用性。使论文的研究成果与社会实际相契合，能够带来一定的经济价值和社会价值。将创造性和实用性作为论文的研究目标，通过利用新理论和新技术解决实际问题。在对专业学位研究生论文的评审过程中，邀请专业的技术人员和企业导师参与进来，共同评判论文的价值，使论文的质量和实用性达到专业要求。

（三）融企业文化于实践教学，培养职业道德素养

企业文化传递的价值观念、企业精神和管理理念得到员工普遍认可，能够使员工具有归属感，提高员工在企业各项生产实践当中的积极性。企业参与到学校的教育活动中，不仅仅指企业为学校提供教学设备和教学环境等物质层面的东西，还应将企业的工业文化素养、企业管理理念、管理制度等精神文化层面的各种内容与学校对接。企业与学校共同开展的教学活动向专业学位研究生指出企业的价值观念和思想文化等，并指出参与工程行业应具备的职业道德素养，既为专业学位研究生传授了工程专业技能，也使其具备相应的行业素养和就业素质，为未来就业提供基础保障。

（四）引入社会培训与资格认证体系，提高职业能力

职业资格认证体系是研究生就业过程中的一项重要体系，劳动者拥有的职业资格证书是其能够从事该种工作的凭证，也是用人单位招聘人才参考的重要条件之一。专业学位研究生的教育属于职业教育，与职业资格认证有相似之处，职业资格认证要求从业者必须具备与本行业相关的基本理论知识和工作能力，而专业学位研究生在学习和工作中也必须具备较强的专业素质和职业技能。资格认证和专业学位研究生教育的共通点使二者的衔接更加自然，使专业学位研究生的专业素质更高。

1.加强专业学位研究生教育与职业资格认证的衔接

首先，加快专业学位研究生的教育活动和教育体系与职业资格证书考试科目的互认步伐。在我国，大部分在职专业学位研究生的教育知识体系和职业资格认证完成了衔接，在职专业学位研究生就读的高校达到行业企业的准入门槛后，会获得有关行业的资格认证，研究生毕业时就能获得有关行业的资格证书，而全日制专业学位研究生主要是刚结束本科学习的应届生，工作经历几乎为零，因此，要实现专业学位研究生教育知识体系与资格认证体系的衔接，关键是要协调课程的设置和豁免一些考试科目。培养单位在课程设置和教育教学活动中可以向学生传授与职业资格认证考试科目有关的内容，在实践教学过程中要求学生的实践能力符合资格认证考试的标准。培养单位向专业学位研究生传授与资格考试一样的内容，可以与认证机构进行协商，使成绩能够互认。培养单位也可以根据职业资格认证的科目与内容对课程内容和教学内容进行规划，使专业学位研究生接受的知识与资格认证的内容相契合。

其次，对职业资格认证体系进行完善。我国的职业鉴定和国外的体系有很大的差异性，国内的证书起点比国外低，仅对劳动力技能水平进行鉴定。职业的类型随着经济的发展也逐渐细化，社会和企业越来越需要专门人才。因此，分析工程行业对各层次劳动力的具体需求，对各类职业进行合理的细化，针对专科、本科和研究生三个不同层次进行工程教育活动，针对不同的岗位建立职业资格认证体系，从而建立一套标准的职业资格认证体系。这个体系促使专业学位研究生学习专业理论知识，提高专业技能和职业技能，根据社会和企业对多层次人才的需求获得相应的资格证书。

2. 完善专业学位研究生教育与职业资格认证管理体系的制度衔接

长期以来，人力资源部门和劳动部门共同管理职业资格认证体系，这就使得资格认证管理体系和专业学位研究生教育体系所属的体系不同，由于二者缺少协调部门导致两个体系相背离。因此，政府管理部门、行业协会和高效之间要相互协调，促进专业学位研究生教育知识体系和职业资格认证体系的衔接。《劳动法》中规定了认证基础和认证机构是政府行为的一部分，因此，政府在职业认证中要发挥自身的宏观引导作用，政府的人事部门要承担领导作用，带领行业主管部门和行业协会制定职业认证的相关标准，包括制定认证体系的知识体系、岗位认证的具体条件和标准、认证能力标准和审核机构的标准等。行业协会在职业认证的过程中的主要工作就是沟通政府主管部门和培养单位以完成任务，例如与政府管理部门共同合作对专业学位研究生和职业资格的衔接进行监管，对企业的人才培养要求和能力标准进行收集，与高校共同制订专业学位研究生的教育方案。培养高校为专业学位研究生传授知识、培训技能，并使其提高职业素养，使专业学位研究生能够符合职业资格认证的标准。但是高校在职业资格认证体系中却没有居于主体地位，在专业学位研究生教育体系和职业资格认证体系的衔接的过程中，高校应该积极培养专业学位研究生，使其具备应有的职业素质和技能要求，能够为以后的就业做好准备。

3. 融入国际认证，推进职业认证国际化

我国职业认证在国内不断发展，但是职业认证含金量仍然不高，为了提高含金量，实现我国职业教育的发展，必须要提高职业认证的国际化水平。我国与国外在某些领域的专业学位研究生的教育和认证达成了合作关系，资格证书在国内外具有相同的价值，但是并没有与国内相关证书互认。因此，要推进职业认证的国际化，我国的认证协会应该对我国的认证标准与《华盛顿协议》中提到的毕业生职业素质和能力等方面的内容进行对比，找出不同之处，并根据《华盛顿协议》对职业能力的要求，对专业学位研究生的培养方案进行反向设计，并加大财政投入，扩大师资队伍建设，通过实践操作、定期考核等方式，激发专业学位研究生的学习热情，提高学习效果，使研究生的职业能力得到国际认可。

四、创新服务全日制专业学位研究生培养的管理保障体系

（一）企业参与招生环节，加强工程素质考核

招生内容要体现出培养对象应该具备的特征，并制定培养的目标和方向。应届本科毕业生是全日制专业学位研究生的招生对象，且目标是将其培养成应用能力高、管理能力强的高层次人才。而选拔全日制专业学位研究生采取的方式是"两段式"，即国家统一组织初试和高校各自组织复试相结合。在初试阶段与学术学位研究生一样，一起参加每年年初的"全国硕士研究生统一入学考试"，主要对学生的基本理论知识、基本能力等进行考察；高校组织复试主要是对学生的综合素质、理论运用能力、实践能力、创新能力等进行考察。全日制专业学位研究生教育设立的目的是为企业提供高层次、高技术人才，因此，企业应该参与到培养高校招生计划和招生方案的制订工作当中，帮助高校完成招生工作。高校组织复试时邀请企业专家参与到面试团队当中，使专家在高校的专业学位研究生招生中发挥作用，从而选拔出符合企业要求的人才。

（二）健全"双导师"制，提高教师职业指导能力

1.建立严格的双导师选聘制度

一个高质量的导师有助于提高专业学位研究生在就业市场上的竞争力。为了实现专业学位研究生就业，学校选聘导师的标准应该有所改变，即降低对教师学术成果和科研成果的要求，重视教师的从业经验和职业资质。建立双导师制度的一个重点就是选聘具有扎实理论基础和丰富实践经验的企业导师，选聘教师的方式多种多样，例如高校面向社会招聘、校内导师推荐和校企联合基地推荐等，导师一经高校聘用须和高校签订工作协议，履行协议中指出的教师职责，保证向研究生传授有用的知识和经验。

2.建立有效的双导师管理和考核机制

由于高校内教师的工程实践经验较为缺乏，因此，要通过组织学校教师队伍

进企业实习的方式建设一批专业型的师资队伍，改变以往通过招聘企业的实践型导师为专业学位研究生提供优秀师资队伍的方式，转为鼓励学术型导师进入企业进行学习或兼职，将专业理论知识应用到企业工作中，提高自身的实践经验。针对高校招聘的企业导师建立一套评价机制，使机制适用于企业导师的测评，改变企业导师终身制的现状；解聘不符合学校要求的企业导师，而优秀的企业导师则能够享受到与高校学术型导师同等权利，参与到培养专业学位研究生的教学活动中来，明确企业导师在教学活动中的职责。

3. 完善双导师之间的沟通交流机制

保证"双导师"制度发挥最大作用的重点是推进校企双方导师交流与合作的步伐。首先，高校和企业签订培养专业学位研究生的协议，明确各自的职责，有针对性地指导研究生。例如，在迎接新一批专业学位研究生时，向导师发放一本对导师的各种工作进行规定的《导师手册》，导师依据《手册》的规则与研究生进行交流并记录心得，制定对研究生的教育教学内容与培养制度，培养单位监督导师的执行情况，并对导师的工作进行不定期的检查。其次，鼓励双方导师定期交流学习，高校召开交流大会邀请企业导师参与专业学位研究生培养工作，双方交流培养研究生的方法，并提出自己的意见和建议。此外，高校组织学校导师到企业参观考察，并参与到企业的工作中，增加实践经验。除了高校组织的交流外，双方导师可以私下联系，企业导师邀请高校导师共同合作工作项目，共同交流教学的方式方法，对专业学位研究生的学习、生活和就业进行指导，校内导师可以邀请企业导师进课堂向研究生作实践报告，为研究生讲述职业现状和职业要求，双方导师的互动使专业学位研究生的培养更加具有专业性，提高研究生在就业市场上的竞争力。

4. 实施校友导师制

目前学校的导师制度存在学术型导师指导单一，企业导师管理难度大等难题，针对这些问题高校提出实施校友导师制度，即邀请已毕业的优秀校友担任导师，研究生和校友导师之间的选择是双向的，导师的指导形式也是"多对多"的，每个专业学位研究生与多个优秀校友之间可以进行互动。校友导师在生活、学习、工作等方面为专业学位研究生提供指导和帮助，并在教育过程中为专业学位研究生提供自己的社会关系网，使研究生积累自己的职业关系网，为未来的职业发展打下基础。校友导师与专业学位研究生之间的学习经历和专业选择具有相似之处，能够从校友导师身上获得学习和就业经验，也会将校友导师的职业发展情况作为自己未来选择职业的指导经验。

（三）成立企业人才定制班，实行订单式培养

"订单式"培养模式是面向企业"定制培养"人才的一种模式，它按照生产和学习结合的方式，由高校和企业共同合作完成人才的"定制"，为专业市场和区域经济发展提供专门性的人才。由于当前高等教育、经济环境和学生自身具有的一些问题，导致专业学位研究生就业难题加大，企业也难以招聘到符合要求的高素质毕业生，"人才定制"模式的实施能够解决企业和研究生之间的"结构性矛盾"。"订单式"培养模式的一个重要创新就是校企合作共同开设"专业学位研究生高级人才定制班"，并实现共同管理。在校企合作共同进行"人才定制"的过程中，学校、企业和学生三方签订协议，明确各自的职责和享有的利益，保证学校和企业能够合作对学生进行共同培养、共同管理，学生也能够在完成学业获得学位证书之后得到就业机会。校企双方按照企业的发展方向以及对人才的要求共同制订教学计划、专业学习和实践、就业安排等，让企业在培养专业学位研究生的过程中能够充分参与进来，保证培养的研究生符合企业的需求。同时在培养过程中，企业可以为部分优秀的学生提供奖学金，鼓励学生积极投入学习中；也可以安排学生提前进入企业学习和感受企业文化、企业运作、行业工作等，为研究生以后的就业打下基础。

（四）完善专业学位研究生的企业实践管理考核制度

专业学位研究生从学校进入企业开始实习，学校和企业就需要考虑以下问题：如何对研究生进行管理和考核，如何保证专业学位研究生未来的就业能力。

首先，在企业建立工作站这一管理机构以便于对专业学位研究生进行管理。校企双方成立管理委员会以及党建委员会，对企业内的研究生工作站实行共同管理模式，并选派具有丰富经验的教师担任管理导师，对研究生在企业实习的一切事务进行管理；同时发挥党建委员会的作用，在工作站开展思想教育工作，帮助专业学位研究生提高政治素质和职业素养。除了建立工作站以外，学校还可以通过建立学科群并设立管理制度的方式，实现学院间的沟通与交流，合理运转管理机制，确保基地的育人作用有效发挥。

其次，通过网络技术全程监督对专业学位研究生的培养。校企合作培养研究生的过程中，学校导师对专业学位研究生的实践报告进行定期检查，企业导师定期对研究生的科研项目进行考核，专业学位研究生每半年向导师提交一份实践报告，并接受导师的审核与评价。在专业学位研究生的实践过程中，高校、企业和

校企管理部门可以通过网络平台对整个过程进行监控和管理，从而可以保证研究生的实践质量，提高其在就业市场上的竞争力。高校导师通过网络平台了解研究生的表现和实践的能力并指出其中的不足，给出自己的意见和建议，校企管理部门对导师指出的问题和提出的意见进行总结，并展示给研究生，使其可以了解到导师对自己的评价及指导从而作出改进。

最后，建立和完善专业学位研究生考核与评价机制。通过对现有评价方式进行改革，修订专业实践的考核方法，对专业学位研究生的考核体系进行完善。考核专业学位研究生的人员既包括校内导师，也包括校企合作管理机构的人员，校内导师不再是研究生成绩的决定者，研究生的最终成绩是通过校企合作对研究生的实践成绩按照周考审核、月考审核和季度考核的比重进行评判。成绩评定的过程中，不能仅仅对研究生的实践能力进行考核，实践完成情况、工程技术掌握情况、理论应用情况、遵守纪律情况等综合素质也应该在考核范围之内。综合考虑各方面的表现对研究生提出中肯的评价，真实反映研究生的实际表现，既指出其优秀的方面，也提出其欠缺的地方，通过"以评促教"的方式提高专业学位研究生在就业市场上的竞争力。

第六章 校企合作模式下专业学位研究生培养的协同发展机制

第一节 校企合作培养专业学位研究生协同发展的理论基础

一、协同学的概念及内容

"协同学"一词来源于古希腊，本意就是协同作用，德国斯图加特大学教授哈肯将"协同学"作为一门课程进行了概述。

（一）协同学概述

协同学研究的主要是开放系统的内部协同作用，系统摆脱平衡状态与外部物质发生交换之后，自己内部的各个子系统通过协同作用在时间、空间和功能上出现了有序结构。协同学构建的基础是现代科学的最新成果，包括信息论、控制论、系统论和突变论等，并总结了结构散理论的经验和方法，运用统计学和动力学相结合的方式对不同领域进行了分析，提出多维相空间理论的概念和内容，并提出了一系列的处理方案，实现了整体系统向宏观行为的过渡，对各个系统的结构进行了规律的总结，指出了其中的共同规律，即从无序转变为有序。因此，哈肯详细地阐述了"协同"的概念，即区别于微观个体层次，系统内部的各个子系统相互协作产生作用从而使整个系统形成一个有序结构。

协同学是一门新的横断学科，主要研究完全不同的学科所共同具有的本质特征，这就使得协同学在物理、数学、化学、医学、经济、工程等众多学科中得到了广泛应用。近年来，许多管理学领域的学者开始重视协同学的应用，现代企业管理也越来越重视协同的作用。生产力的发展和科技的进步使现代企业的管理系统越来越复杂，系统的多种特征也越来越明显，其特征包括规模大、层次多、分工细、目标多、关系广等，这也为单位、部门以及其他参与方提出了要求，使其通过密切合作进行企业的管理工作。所以，现代企业管理系统的复杂化、自动化以及追求高效化要求各部门必须协同工作。协同是企业自组织的手段，也有助于企业系统进行自我完善和自我发展。与前面提及的领域相比，教育领域对协同学的应用相对较少，大多数情况下，教育研究的重点为学习方法、教师教学方法和教学模式等，很少将协同学运用到校企合作培养人才的工作中。

（二）协同学的主要内容

协同学的主要内容是其概念和原理，主要包括以下方面。

1. 序参量

在协同学中，序参量是最重要的概念，也是系统在整体演化过程中的指导方式和机制。在系统的演化过程中，如果一个参量从无到有，且是新结构形成的指导参量，这种参量就是序参量。序参量与整个系统中占主要位置的子系统不是同一概念，序参量是子系统相互作用产生的某种结构的宏观行为的参量。序参量在子系统的竞争和合作中产生，又对子系统的控制和支配起到重要作用，是系统演化的重要引导参量。总而言之，序参量和子系统的关系是相辅相成的。

序参量具有几个基本特征，第一，各个子系统通过集体运动的方式产生了序参量作为合作效应的度量和表征；第二，序参量在各个系统的相互协作中产生，是一种宏观参量，用以表示宏观整体的行为；第三，序参量一经形成，就具有控制作用，对各个子系统的行为和特征进行控制和支配，使系统内部形成有序结构，决定系统功能，对系统的整体演化过程进行控制和指导。

2. 协同效应

"协同"也被称为协同作用，由协同作用产生的结果即为协同效应，具体指的是各个子系统在一个开放的系统中相互作用、相互协作而产生的集体效应。协同作用存在于差别非常大的自然系统和社会系统中。系统中的有序结构为协同作用的形成提供了内在驱动力。受到外部能量的作用或物质积聚到某种状态时，复杂系统内部的子系统之间会相互作用，从而产生协同作用，并通过质变产生协同效应，使无序的系统转变为有序的系统，内部结构也逐渐趋于稳定状态。协同效应的产生表明系统具有自组织现象。

3. 自组织原理

自组织与他组织具有相对关系。他组织指的是系统外部发布组织指令，体现外部组织能力，而自组织指的是外部指令没有对系统发挥作用的前提下，内部子系统会在某种规则的指导下构建一定的结构，发挥某些功能，自组织的特点是内在性和自主性。自组织原理指的是随着外部的能量流、信息流和物质流输入系统，各个子系统充分发挥协同作用，形成一个新的有序结构对时间、空间和功能进行合理安排。慢变量使得系统的运作方式从稳定态过渡到非稳定态，而快变量则在系统处在不稳定状态时，帮助系统达到一个新的稳定状态。如果原来的状态是稳定但无序的，那么新的稳定状态会产生和形成一个新的有序的状态；如果原来的状态是稳定且有序的，那么新的稳定状态会促使系统进化，形成一个更加有序的状态。两类变量随着有序结构的产生和发展而展现出了协同运动，即相互联系并相互制约。在宏观程度上来看，协同运动表现出了自组织现象。

二、系统理论

"系统"一词是从古希腊语中发展而来的，美籍奥地利人、理论生物学家L.V.贝塔朗菲最早将系统论创建为一门学科。系统论对系统一词进行了概述，即各个要素通过一定结构形式整合而成的一个整体，且具有一定的功能。系统论在进行定义时连接了系统、要素、结构和功能四个方面的内容，阐述了要素之间、要素和系统之间以及系统与环境之间的关系。

系统论是一门新兴学科，具有逻辑和数学性质，对系统的模式、结构和规律和各种系统的共同特征进行了研究，并运用数学方法对系统的功能进行了定量描述，为系统的运行提供适用的原理、原则和模型。系统论具有基本的思想和方法，即把研究和处理的对象视为一个整体系统，并就系统的结构和功能进行分析，指出系统、要素和环境之间的联系和变动规律，使系统观点实现最优。

系统论中指出了所有系统的共同基本特征，即整体性、时序行、失联性、动态平衡性、等级结构性等，这些特性也是系统论的基本思想观点。系统论也提出了一些系统方法的原则，这些原则包括整体性原则、目的性原则、最优化原则和结构功能原则，其中整体性是核心。贝塔朗菲认为整体性是任一系统的基本原则，也是子系统在各自孤立的状态下所不具备的，一个系统不仅仅是由各个子系统简单的结合，而是复合而成的。他还指出每个系统中的子系统不是孤立的，而是相互关联、相互作用的，各个要素在自己的位置上发挥各自的作用，从而共同构成了一个整体。

认识系统的特点，遵循系统的规律是系统论的基本任务，同时，根据特点和规律对系统进行管理、控制和创造，使系统的发展能够满足人类的需求。对系统的各种研究为协调系统结构，整合各要素之间的关系提供了理论和实践基础，从而优化了系统。

复合系统不是由各个子系统叠加形成的，而是由在一定形式下存在的具有独立特性的子系统复合形成的。复合系统内部的子系统之间既是协同发展关系又存在竞争。这两种不同的关系成为复合系统发展的前提条件，也为复合系统的整体性提供了基础。子系统之间的协同作用的大小会对复合系统的整体性的强弱产生影响，如果子系统之间的协同作用较弱，复合系统的整体性功能也较低，整个系统的发展就会不协调；如果子系统之间的协同作用较强，复合系统则会发挥较强的整体性功能，这说明了复合系统协调发展的规律。

三、协同机制理论

（一）系统机制的含义

"机制"一词是从机械工程学中衍生出来的，"机"指机械、机器，"制"指制约、约束，机制的本意指的是机器的自我控制和运转。随着系统科学的不断发展，机制的概念和应用也不断变化，现在各种学科中通过应用机制对系统的构造、功能和关系等进行类比。系统机制为系统的正常运行提供了动因和控制方式，它维持了系统的潜在功能，对系统内部的各子系统进行了规范，使内部子系统之间相互联系，相互制约。

（二）系统机制的特点

学术界对系统机制进行了研究，并对此进行了总结和概述，从学术界的结论我们可以推断系统机制的特点。

1. 相互依存性

相互依存性即机制和系统是相互依存的，机制在系统这一在以上运行，任一系统都具有特定的机制。

2. 自动调节性

机制发挥中介作用，能够将期望转化为行动，将原因转化为结果。机制的自动调节性体现在系统要素的运动方面，能够通过这一特性使系统各要素的行为方式按照机制的规范运行。

3. 内部性

内部性指的是机制在系统内部对事物的功能进行制约和决定，机制是系统的内在驱动力，能够促进系统的顺畅运行。

4. 外部影响性

系统的机制受环境影响而发挥不同作用，外部条件和时空条件不同，对相同机制的影响和作用也会出现差异。

5. 客观性

机制客观存在于一定的系统中，是反映各个子系统之间相互作用的动态关系，也是事物内在作用和本质规律的反映。

6. 规律性

规律性主要指机制能够自动调节，在某种内在规律的指导下发挥自己的作用，并为系统要素的运行提供规范，机制依据调节原理运行，其规律性也是调节原理的一种外在表现。

7. 多重性

这一特点主要体现在以下两个方面：一是在一个系统由多种机制构成，不同的系统可以同时使用同一个机制；二是多种机制之间具有的某种紧密关系使其成为一种机制的组成部分。

第二节　校企合作培养专业学位研究生的影响因素分析

一、校企合作相关研究假设的提出

协同学与系统理论中将高校和企业合作运行的专业学位研究生培养列为一个协同的系统，参与的各个高校和企业是协同系统中的子系统。在系统运行中找到序参量这一决定性因素，并研究控制参量对系统宏观状态的作用，通过这些方法促进众多高校和企业子系统的合作，使专业学位研究生培养协同系统充分地发挥自组织作用。各个高校和企业作为子系统，其在培养专业学位研究生的过程中的各种行为会影响协同系统的运行，不同企业的行业规模和企业效益等不同，不同高校的教育资源、教学环境和教学学科等也存在差异性，这就意味着子系统对复合系统的影响也是不同的。因此，高校和企业合作的目标应该具有一致性，即通过专业学位研究生的培养过程，为企业培养一批复合型的具有创造力的技术人才和管理人才。为了实现这一目标，各高校和企业的合作方向应该具有一致性，且调控和实施行为的方向也要具有一致性。

在各个子系统中，不同角色的人共同参与合作，因此，这里将高校和企业中参与培养专业学位研究生的人员作为研究对象，包括专业学位研究生导师、任课老师、企业兼职导师和双方相关部门的领导人员等，这些人员在合作中扮演的角色不同，实施的行为也具有各自的特色，通过研究这些特色行为，使其发挥影响提高合作的协同效果。由于高校和企业参与专业学位研究生培养人员的出发点和追求的利益不用，在培养专业学位研究生的合作中提出的看法和观点也不同，因此，双方应该制定共同的目标和利益，找到合作中的平衡点，并基于企业的需求和关注，从而促进校企合作的顺利进行，通过制定有效的协同发展机制实现双方协同发展，并使双方追求的利益实现最大化。校企合作培养专业学位研究生既要注重协同发展，也要重视发挥政府与环境的作用。在培养专业学位研究生的过程中，政府虽然不直接参与，但是对系统运行产生了外部影响性，推动、协调、监督着系统的运行，为高校和企业合作提供了制度保障，促进合作的顺利进行。

通过以上的分析可以总结出：高校和企业之间是互动合作的，在特定条件的支持下，会达到最优化的互动合作状态，在此基础上产生的协同作用帮助高校和企业形成自组织，因此，各因素之间想要协同性达到较高程度，就要高校和企业合作步伐，促进双方培养专业学位研究生协同发展。根据上述结论可以提出假设：一是高校和企业是在一个开放的系统中培养专业学位研究生，且各个参量在系统中是相互独立的并承担了决定系统协同运动的作用；二是在培养专业学位研究生的过程中，高校和企业共同促进参与者行为的作用，从而提高校企合作的协同水平；三是校企合作培养专业学位研究生要以政府为主导，共同发力形成协同发展的长效机制机制，实现互利共赢。

二、校企合作培养专业学位研究生影响因素的调查

上文对协同发展提出了众多假设，为了验证序参量对校企培养专业学位研究

生的影响，采用问卷调查的方式与因子分析法，并运用 SPSS 软件对数据进行统计和分析，验证假设的可行性。

（一）问卷的设计及数据收集

在设计问卷的过程中，对国内外专业学位研究生的教育发展现状进行了分析，并走访和调查了国内的部分培养专业学位研究生的高校和企业，总结了 28 个对校企合作培养专业学位研究生产生影响的变量，涵盖和校企合作的各个方面和环节。调查的对象也涉及了 5 个单位的统计变量，如参与培养专业学位研究生工作的高校导师和企业人员以及已获得学位的专业学位研究生等，保证调查结果偏差较小。表 6-1 为主要影响因素。将李克特式量表（Likert-type scale）中的五点量表法作为因素调查的主要方法，对问题的满意度分为五类且分别代表不同的分值，分别为非常满意（5 分）、满意（4 分）、无所谓（3 分）、不满意（2 分）、非常不满意（1 分）。

表6-1　主要影响因素

项目	变量序号	变量
单位统计变量	1	身份类别
	2	单位类别
	3	高校性质
	4	企业规模
	5	行业类别
校企合作培养专业学位研究生影响因素变量	X1	您对校企双方交流沟通平台是否满意
	X2	您对校企双方的合作方式是否满意
	X3	您对校企双方领导的重视程度是否满意
	X4	您对高校的办学声誉是否满意
	X5	您对校企合作培养目标一致性是否满意
	X6	您对校企利益分配的公平性是否满意
	X7	您对高校服务于社会的主动性是否满意
	X8	您对企业参与专业学位研究生培养的积极性是否满意
	X9	您对校企合作管理条件是否满意

项目	变量序号	变量
校企合作培养专业学位研究生影响因素变量	X10	您对校企合作管理成效是否满意
	X11	您对专业学位研究生课程设置体系是否满意
	X12	您对专业学位研究生质量控制体系是否满意
	X13	您对专业学位研究生论文的研究条件是否满意
	X14	您对专业学位研究生导师指导作用的发挥是否满意
	X15	您对校企专业学位研究生管理人员的素质和能力是否满意
	X16	您对专业课教师的工程实践能力是否满意
	X17	您对专业学位研究生的教学组织合理性是否满意
	X18	您对企业创新人才培养的长远规划是否满意
	X19	您对校企长期广泛的合作关系是否满意
	X20	您对企业持续的人才培养投入是否满意
	X21	您对校企资源的共享与整合是否满意
	X22	您对企业学习型组织的建立是否满意
	X23	您对企业新技术的研发与投入是否满意
	X24	您对专业学位研究生研究成果转化与应用情况是否满意
	X25	您对专业学位研究生培养过程监控是否满意
	X26	您对专业学位研究生教育的规范性是否满意
	X27	您对专业学位研究生教育公平性是否满意
	X28	您对专业学位研究生教育与职业资格认证结合情况是否满意

本次调查共发放问卷 300 份，回收问卷 158，其中有效问卷 131 份。

（二）问卷的统计与数据处理

1. 被调查者身份及所在单位数据统计

本次调查问卷涉及 21 家企业，15 所高校。目前，我国 90% 以上的专业学位研究生来国有大中型企业，80% 以上的专业学位研究生的培养高校设有研究生学院，因此，被调查的 21 家企业均为国有大中型企业，被调查的 15 所高校中，13 所高校具有研究生学院，我国培养专业学位研究生的企业和高校的实际情况基本符合样本各变量的比例。表 6-2 统计了被调查者的身份、所在单位和个人情况等。

表6-2 被调查者个人属性统计变量表

个人属性（代码）	变量（编号）	数量	占总量百分比%
身份（A1）	管理人员（1）	42	31.7
	导师（2）	40	30.7
	专业学位研究生（3）	49	37.6
单位类别（A2）	高校（1）	56	42.6
	企业（2）	75	57.4
高校的类别（A3）	有研究生院高校（1）	49	88.4
	无研究生院高校（2）	7	11.6
企业规模（A4）	大型（1）	61	81.0
	中型（2）	14	19.0
	小型（3）	0	0
行业类别（A5）	教育（1）	56	42.6
	冶金能源（2）	14	10.9
	建筑建材（3）	12	8.9
	电力（4）	17	12.9
	机械机电（5）	15	11.8
	交通运输（6）	10	7.9
	石油化工（7）	7	5.0

2. 因子分析适应性检验

由李克特量表中的五点量表法，将被调查者满意度结果赋值后可得到原始的数据矩阵。在李克特量表中一般采用 KMO 测度和巴特利特球形检验（KMO and Bartlett's Test）来进行因子分析适应性检验。KMO 测度（Kaiser – Meyer –

Olkin measure of sampling adequacy）是 SPSS 提供判断原始变量是否适合作因子分析的统计检验方法之一，它比较了观测到的原始变量间的相关系数和偏相关系数的大小。KMO 测度结果是用于比较观测相关系数值与偏相关系数值的一个指标，其值越接近 1，表明对这些变量进行因子分析的效果越好。这里研究中所得 KMO=0.837（见表 6-3），说明因子分析可以考虑。巴特利特球形检验从检验整个相关矩阵出发，其零假设为相关矩阵是单位阵，即各观测变量之间是不相关的，这时，认为不适合做因子分析，研究中的巴特利特球形检验结果（见表 6-3）显示，近似卡方值 1891.265，自由度为 378，检验的显著性概率为 0.000（该值小于 0.05 时，即认为适合做因子分析）。因此，因子分析在这里是适用的，说明可将众多影响校企业合作培养专业学位研究生的因素综合为少数几个因子，反映原有变量的大部分信息，替代原有变量进行数据建模与分析。

表6-3　KMO测度和巴特利特球形检验

Kaiser–Meyer–Olkin Measure of Sampling Adequacy.		.837
Bartlett's Test of Sphericity	Approx. Chi–Square	1891.265
	df	378
	Sig.	.000

3. 因子的抽取

在研究时运用主成分法进行因子的提取。因子的形成依靠各个变量的现形结合，一个主成分代表一个因子。运用 SPSS 软件进行统计分析的过程中，提取主成分因子的判断标准包括矩阵特征值和总方差的累积贡献率，同时也将实际的研究情况考虑在内。在默认值的前提之下，题型提取的因子的特征值均大于 1。表 6-4 解释了影响校企合作培养专业学位研究生的总方差，因子标号在第一列，三列为一组，每组中的数据具有各自的含义，分别为特征根值、方差贡献率和累积方差贡献率。从表中的各个数据可以分析出，主成分 1 的特征值达到了 10.068，是第一主成分因子；主成分 2 的特征值为 3.068，与第一成分不相关，是第二主成分因子；其他主成分因子以此类推。从表中可以看出有 5 个主成分的特征值大于 1，且这 5 个主成分的总方差的累计贡献率达到了 67.213%，将实际研究情况考虑在内，这 5 个主成分能够在一定程度上代表总体信息，因此，需要将这 5 个因子提取出来。

表6-4　影响因素的总方差解释表

Component	Initial Eigenvalues			Extraction Sums of Squared Loadings			Rotation Sums of Squared Loadings		
	Total	% of Variance	Cumulative %	Total	% of Variance	Cumulative %	Total	% of Variance	Cumulative %
1	10.068	35.956	35.956	10.068	35.956	35.956	5.009	17.890	17.890
2	3.068	10.956	46.912	3.068	10.956	46.912	4.350	15.536	33.427
3	2.394	8.552	55.463	2.394	8.552	55.463	4.013	14.332	47.759
4	1.949	6.962	62.425	1.949	6.962	62.425	3.018	10.779	58.538
5	1.340	4.787	67.213	1.340	4.787	67.213	2.429	8.675	67.213
6	0.910	3.250	70.463						
7	0.835	2.983	73.446						
8	0.768	2.742	76.187						
9	0.719	2.568	78.755						
10	0.661	2.360	81.116						
11	0.615	2.198	83.313						
12	0.528	1.885	85.199						
13	0.472	1.686	86.885						
14	0.459	1.638	88.523						
15	0.438	1.565	90.088						
16	0.371	1.324	91.412						
17	0.350	1.251	92.663						
18	0.309	1.102	93.765						
19	0.276	0.985	94.750						
20	0.242	0.864	95.614						
21	0.231	0.825	96.438						
22	0.222	0.793	97.231						

（续 表）

Com-ponent	Initial Eigenvalues			Extraction Sums of Squared Loadings			Rotation Sums of Squared Loadings		
	Total	% of Variance	Cumulative %	Total	% of Variance	Cumulative %	Total	% of Variance	Cumulative %
23	0.205	0.731	97.962						
24	0.155	0.554	98.516						
25	0.139	0.496	99.013						
26	0.111	0.397	99.409						
27	0.102	0.363	99.772						
28	0.064	0.228	100.000						

　　根据以上结果，对校企合作培养专业学位研究生影响因素主成分特征值进行统计，统计的碎石图如图6-1所示。从图中可以看出，前5个主成分的折线斜率较大，第1个因子具有最大特征值，其对原有变量的解释所作出的贡献也是最大的；第6个以后的因子特征值较小，斜率也较小，其对原有变量的解释所作贡献也较小，因此，研究中可以忽略掉第6个以后的因子，提取5个因子是合适的。

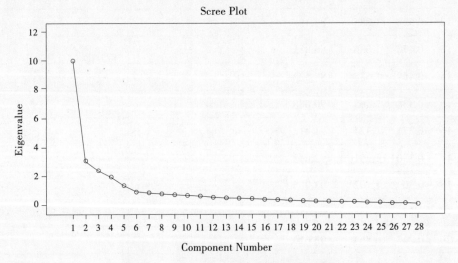

图6-1　影响因素主成分特征值的碎石图

4. 因子旋转

提取公共因子后的初始载荷矩阵如表6-5所示，公共因子与各个变量的相关程度由因子矩阵的系数表示，从表中可以看出，每个因子与各变量的相关系数相差较小，因此难以从表中看出各因子代表的直观含义。

表6-5　校企合作培养专业学位研究生影响因素初始因子载荷矩阵

变量	Component				
	1	2	3	4	5
X19 长期合作	.747	−.001	.026	−.411	−.129
X6 利益分配	.739	−.433	−.063	.193	.023
X18 长远规划	.727	.022	−.020	−.414	−.193
X1 交流平台	.710	−.314	−.028	.291	.182
X3 领导重视	.684	−.388	−.054	.202	.300
X2 合作方式	.681	−.326	−.122	.297	.184
X21 资源共享	.669	−.017	−.007	−.405	−.006
X20 培养投入	.664	−.083	−.015	−.513	−.156
X7 高校服务	.646	−.385	.136	.034	−.160
X4 办学声誉	.641	−.431	.077	.263	.131
X9 管理条件	.636	−.026	−.117	.230	−.507
X16 教师能力	.626	.385	−.263	.070	−.166
X10 管理成效	.625	.012	−.166	.161	−.460
X24 成果转化	.615	−.148	.070	−.282	.097
X11 课程设置	.601	.440	−.103	.032	.339
X8 企业参与	.600	−.142	.148	.235	−.242
X22 学习型组织	.589	−.168	−.085	−.440	.170
X5 培养目标	.589	−.465	−.001	.176	.172
X12 质量控制	.586	.584	−.248	.079	.247

变量	Component				
	1	2	3	4	5
X17 教学组织	.532	.277	−.364	.134	−.167
X23 研发投入	.522	−.046	.084	−.493	.105
X13 研究条件	.485	.553	−.291	−.009	.353
X14 导师作用	.468	.508	−.218	.064	.027
X15 管理人员素质	.441	.447	−.304	.307	−.184
X26 教育规范	.263	.356	.782	.068	−.054
X25 培养监控	.355	.307	.726	.088	−.120
X27 教育公平	.519	.284	.573	.157	.016
X28 职业资格认证	.539	.262	.546	.119	.216

Extraction Method：Principal Component Analysis.a.5 component sextracted.

为此，运用 SPSS 软件通过正交旋转法旋转因子，得到校企合作培养专业学位研究生影响因素旋转后的因子载荷如表 6-6 所示，从得到的新表中可以看出，通过正交旋转方法得到的载荷系数两极分化较大，变量与因子之间的关系也相当明显，将每个变量较高的载荷值进行统计，得到表 6-6 中阴影部分的相关因子归类，这表明每个变量对应一个因子，每个因子只与少数变量有关系。

表6-6　影响因素旋转后的因子载荷矩阵

变量	Component				
	1	2	3	4	5
X3 领导重视	.818	.232	.169	.031	.013
X1 交流平台	.789	.170	.197	.101	.148
X4 办学声誉	.789	.172	.018	.133	.139
X2 合作方式	.783	.149	.218	.007	.153
X6 利益分配	.782	.286	.073	.024	.275
X5 培养目标	.755	.217	.005	.024	.075

变量	Component				
	1	2	3	4	5
X7 高校服务	.567	.373	−.102	.171	.332
X8 企业参与	.456	.158	.051	.284	.448
X20 培养投入	.157	.802	.099	.061	.234
X19 长期合作	.209	.753	.200	.162	.260
X18 长远规划	.162	.743	.206	.124	.319
X21 资源共享	.217	.702	.210	.106	.131
X23 研发投入	.145	.695	.110	.123	−.057
X22 学习型组织	.305	.695	.153	−.043	−.053
X24 成果转化	.351	.582	.114	.133	.034
X12 质量控制	.106	.173	.864	.146	.066
X13 研究条件	.062	.190	.837	.055	−.078
X11 课程设置	.209	.236	.729	.221	−.053
X14 导师作用	.005	.139	.673	.116	.209
X15 管理人员素质	.066	−.064	.625	.051	.463
X16 教师能力	.111	.240	.611	.079	.439
X17 教学组织	.151	.145	.546	−.062	.438
X26 教育规范	−.062	.065	.026	.897	.032
X25 培养监控	.009	.106	.036	.860	.134
X27 教育公平	.195	.131	.210	.769	.113
X28 职业资格认证	.268	.167	.273	.734	−.063
X9 管理条件	.322	.174	.175	.100	.744
X10 管理成效	.278	.218	.222	.056	.691

Extraction Method: Principal Component Analysis.

Rotation Method: Varimax with Kaiser Normalization.

a. Rotation converged in 6 iterations.

5. 因子命名

借助这种方法我们可以得出 5 个因子——对应的 5 个影响变量，我们需要对因子重命名，也就是解释和归纳它的内在意义。按照旋转后的因子载荷矩阵中影响因素的多少作为命名的依据，还要充分考虑和因子系数关系密切的变量，然后从这些变量中总结一个主要的含义来给命名因子。影响校企合作，训练专业学位研究生的主要因子叫作合作意愿，它的影响率达到总量的 35.956%；第二主要因子叫作合作规划，占比达 10.956%；第三综合因子是训练条件，所占比重为 8.552%；第四综合因子主要是政府的主导作用，大约占到 6.962%；第五综合因子也叫过程管理，占比为 4.787%。因子命名和解释，见表 6-7。

表6-7　因子解释列表

变量编号	变量内容	因子名称
X1	校企双方交流沟通平台	1. 合作意愿
X2	校企双方的合作方式	
X3	校企双方领导的重视程度	
X4	高校的办学声誉	
X5	校企合作培养目标一致性	
X6	校企利益分配的公平性	
X7	高校服务于社会的主动性	
X8	企业参与专业学位研究生培养的积极性	
X18	企业创新人才培养的长远规划	2. 合作规划
X19	校企长期广泛持续的合作关系	
X20	企业的人才培养投入	
X21	校企资源的共享与整合	
X22	企业新技术的研发与投入	
X23	企业学习型组织的建立	
X24	专业学位研究生研究成果转化与应用情况	

变量编号	变量内容	因子名称
X11	专业学位研究生课程设置体系	3. 培养条件
X12	专业学位研究生质量控制措施	
X13	专业学位研究生研究条件	
X14	校企导师指导作用的发挥	
X15	校企专业学位研究生管理人员的素质和能力	
X16	专业课教师的工程实践能力	
X17	专业学位研究生的教学组织	
X25	专业学位研究生培养过程监控	4. 政府主导
X26 X27	专业学位研究生教育的规范性专业学位研究生教育公平性	
X28	专业学位研究生教育与职业资格认证结合情况	
X9	专业学位研究生管理条件	5. 过程管理
X10	专业学位研究生管理成效	

（三）问卷的信度检验

如何检测一个综合评价体系的稳定性和可靠性，就需要用到信度分析，这是一种非常有效的分析方法。首先要完成因素分析，之后进行信度检验，是为了证实问卷的可靠性和有效性。信度主要分为内在信度（internal reliability）和外在信度（external reliability）。内在信度代表每一个量表是否测量单一概念，体现了组成量表题项的内在一致性程度，内在信度在多选项量表（multipleitemscales）中，显得十分重要。外在信度代表了不同时间测量时，量表一致性的程度，外在信度经常用到的检验法就是再测信度。

SPSS 的信度分析针对的是量表内在信度。它首先对所有的评估项目进行基本的描述统计、简单计算每个项目的相关系数，初步分析内在信度。紧接着就会借助各种分析系数对内在信度进行深入的研究。李克特量表说明，通常的检验方法包括克朗巴哈（Cronbach）α 系数和折半（Split-half）信度系数等。

我们借助克朗巴哈 α 系数来检验这个量表的信度，假设克朗巴哈 α 系数超过 0.9，那就代表量表的内在信度很高；如果克朗巴哈 α 系数在 0.8 以上没有达到 0.9，那说明量表的信度还是比较高的；如果克朗巴哈 α 系数在 0.70 与 0.80 之间，只能说明量表有一定参考价值。信度检验除了需要对总量表进行检验，还得检验每个因素的分量表，完成因素分析工作后，每个因素层面的内在信度 α 系数一般会比总量表的系数要低一些。表 6-8 为总量表的信度检验，表 6-9、表 6-10、表 6-11、表 6-12、表 6-13 为 5 个因子分量表的信度检验。

表6-8　总量表信度检验

	Scale Mean if Item Deleted	Scale Variance if Item Deleted	Corrected Item–Total Correlation	Cronbach's Alpha if Item Deleted
X1 交流平台	90.9604	113.178	.658	.927
X2 合作方式	90.9307	114.025	.624	.928
X3 领导重视	90.6634	112.586	.622	.928
X4 办学声誉	90.3861	114.359	.582	.928
X5 培养目标	90.5347	114.311	.521	.929
X6 利益分配	90.9802	113.080	.680	.927
X7 高校服务	90.9703	114.809	.592	.928
X8 企业参与	90.4950	114.852	.561	.928
X9 管理条件	90.4554	113.650	.594	.928
X10 管理成效	90.7822	113.472	.579	.928
X11 课程设置	90.3465	114.229	.572	.928
X12 质量控制	90.4950	115.192	.566	.928
X13 研究条件	90.6832	116.919	.461	.930
X14 导师作用	90.8218	116.908	.449	.930
X15 管理人员素质	90.6139	116.219	.417	.930
X16 教师实践能力	90.5248	113.672	.602	.928
X17 教学组织	91.2871	113.967	.493	.930
X18 长远规划	90.6139	111.779	.682	.927
X19 长期合作	90.7723	110.438	.699	.926

	Scale Mean if Item Deleted	Scale Variance if Item Deleted	Corrected Item–Total Correlation	Cronbach's Alpha if Item Deleted
X20 培养投入	90.7327	114.598	.614	.928
X21 资源共享	90.4455	114.550	.623	.928
X22 研发投入	90.9307	115.145	.525	.929
X23 学习型组织	91.2178	116.512	.475	.930
X24 成果转化	90.3960	115.182	.564	.928
X25 培养监控	90.5743	117.327	.357	.931
X26 教育规范	90.5248	118.712	.267	.932
X27 教育公平	90.2871	115.147	.510	.929
X28 职业资格认证	90.3762	114.957	.527	.929
Cronbach's Alpha=.931	No f Items : 28			

Cronbach's Alpha=.931　　　　　　No f Items:28

表6-9　合作意愿因子的分量表信度检验

	Scale Mean if Item Deleted	Scale Variance if Item Deleted	Corrected Item–Total Correlation	Cronbach's Alpha if Item Deleted
X1 交流平台	23.2475	13.688	.767	.899
X2 合作方式	23.2178	13.972	.739	.901
X3 领导重视	22.9505	13.168	.777	.898
X4 办学声誉	22.6733	13.802	.755	.900
X5 培养目标	22.8218	13.608	.702	.905
X6 利益分配	23.2673	13.538	.822	.894
X7 高校服务	23.2574	14.473	.657	.908
X8 企业参与	22.7822	14.852	.537	.917

Cronbach's Alpha=.914N of Items: 8

表6-10 合作规划因子的分量表信度检验

	Scale Mean if Item Deleted	Scale Variance if Item Deleted	Corrected Item–Total Correlation	Cronbach's Alpha if Item Deleted
X18 长远规划	19.6832	9.139	.772	.865
X19 长期合作	19.8416	8.715	.789	.864
X20 培养投入	19.8020	9.820	.770	.867
X21 资源共享	19.5149	10.112	.690	.876
X22 学习型组织	20.0000	10.060	.635	.882
X23 研发投入	20.2871	10.467	.600	.886
X24 成果转化	19.4653	10.431	.588	.887

Cronbach's Alpha：.892   N of Items：7

表6-11 培养条件因子的分量表信度检验

	Scale Mean if Item Deleted	Scale Variance if Item Deleted	Corrected Item–Total Correlation	Cronbach's Alpha if Item Deleted
X11 课程设置	19.7525	9.288	.630	.859
X12 质量控制	19.9010	9.090	.786	.840
X13 研究条件	20.0891	9.522	.706	.851
X14 导师作用	20.2277	9.718	.623	.860
X15 管理人员素质	20.0198	9.320	.598	.864
X16 教师能力	19.9307	8.965	.707	.849
X17 教学组织	20.6931	8.935	.585	.869

Cronbach's Alpha=.874   N of Items：7

表6-12　政府主导因子的分量表信度检验

	Scale Mean if Item Deleted	Scale Variance if Item Deleted	Corrected Item-Total Correlation	Cronbach's Alpha if Item Deleted
X25 培养监控	10.9010	2.990	.729	.831
X26 教育规范	10.8515	2.988	.753	.821
X27 教育公平	10.6139	3.019	.709	.838
X28 职业资格认证	10.7030	3.051	.697	.843

Cronbach's Alpha=.870　　　　N of Items: 4

表6-13　过程管理因子分量表信度检验

	Scale Mean if Item Deleted	Scale Variance if Item Deleted	Corrected Item-Total Correlation	Cronbach's Alpha if Item Deleted
X9 管理条件	3.2475	.528	.723	.（a）
X10 管理成效	3.5743	.487	.723	.（a）

Cronbach's Alpha=.839　　　　N of Items：2

我们从这些信度检验报表中能够得出一些结论，5个分量表的 α 系数依次为 0.914、0.892、0.874、0.870、0.839，所有分量表的信度系数都超过了 0.8，最主要的是总量表的 α 系数是 0.931，所以说这个量表的内在信度还是挺高的。

（四）提取因子与个人属性的相关性分析

想要深入研究参与者的个人属性对校企合作训练专业学位研究生能否产生显著的区别，就得分析一下主成分因子和被调查者的个人属性之间的关系，借助 SPSS 软件进行统计研究的结果如表 6-14，我们可以看出除显著性水平 α 外，剩下的都是加权平均值。

表6-14 主成分因子与个人属性的相关性分析

个人属性	分析内容	合作意愿	合作规划	培养条件	政府主导	过程管理
A1 身份	管理人员	3.227	2.770	2.899	3.615	4.231
	导师	2.903	2.894	3.001	3.257	3.101
	专业学位研究生	4.014	2.387	2.781	3.010	3.998
	显著性水平（α）	.030（*）	.182	.477	.079	.078
A2 单位类别	高校	4.662	4.276	3.285	4.247	4.182
	企业	3.537	4.551	3.335	3.013	4.011
	显著性水平（α）	.014（*）	.893	.228	.012（*）	.24
A3 高校类别	有研究生院高校	3.791	4.217	4.011	3.561	4.351
	无研究生院高校	3.014	2.334	2.596	3.225	3.698
	显著性水平（α）	.036（*）	.004（**）	.005（**）	.347	.014（*）
A4 企业规模	大型	3.564	4.003	3.011	2.919	4.114
	中型	3.712	3.981	2.993	2.244	3.439
	显著性水平（α）	.079	.228	.347	.014	.052
A5 行业类别	教育	4.147	4.251	3.451	4.012	4.327
	冶金能源	3.177	3.243	3.003	3.745	3.173
	建筑建材	3.240	3.556	3.553	3.489	3.233
	电力	4.012	3.847	3.964	3.447	3.578
	机械机电	3.961	4.010	3.014	3.853	3.347
	交通运输	2.990	2.748	2.147	3.221	2.341
	石油化工	3.149	2.934	2.322	3.587	2.536
	显著性水平（α）	.009（**）	.032（*）	.043（*）	.052	.039（*）

**Correlation is significant at the 0.01 level（2-tailed）.

*Correlation is significant at the 0.05 level（2-tailed）.

由表6-14可以看出，协同管理因素的影响受到被调查者身份、大学类别、所在单位类别和行业类别的影响较大，进而产生很大的差异；合作意愿受到被调查者所在不同行业类别的影响，表现出了很大的差异，由于所在单位类别、大学类别和被调查者身份的不同产生了较为明显的差异；合作规划和训练条件也由于被调查者大学类别的不同而产生了极大的区别，因行业类别不同而具有显著性差异；政府主导因素由于被调查者单位类别的差异变得明显不同；过程管理因素受到被调查者所在大学类别、行业类别的影响较大。

三、校企合作培养专业学位研究生影响因素的确定

根据上述实证研究体系，对校企合作训练专业学位研究生成果产生影响的主要是政府主导作用、校企之间具体合作规划、二者之间的合作意愿、训练环境及过程具体管理等因素之间的综合效应。总体上来说，影响校企合作事业发展的主要原因在于二者之间的具体合作与运行模式，属于二者之间的内部矛盾问题。因此，在发展校企合作训练专业学位研究生方面，产生较大影响的因素就是过程管理、合作意愿、训练条件、合作规划等在不同运动阶段的序参量，它们决定和支配着校企合作训练专业学位研究生协同发展系统。不过政府主导的因素和合作系统本身无关，它主要是借助外在的因素来对事物的内部矛盾进行协调，从而对其发展起到外部引导作用，所以说政府主导只是可以影响事物发展的一个外在因素而已，并无决定性作用。要进一步促进校企合作训练专业学位研究生体系的发展，就必须对其内部组成的各个要素进行分析和了解，并从内部对其各个因素之间的关系进行协调、合作规划，最终达到各内部因素均协调发展，最大限度地推动校企合作培养专业学位研究生事业的发展，也就是说只要对事物的内部因素进行合理的规划，其达到的整体效果会远远大于单个部分效果的简单相加。图6-2为校企合作各阶段系统内部影响因素的作用示意图。

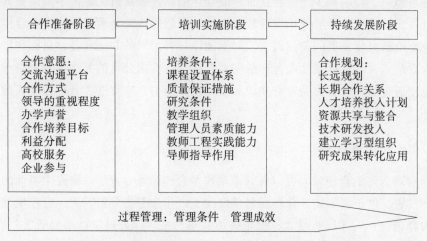

图6-2　校企合作培养专业学位研究生影响因素作用示意图

（一）合作意愿

怎样在学校和公司之间构建良好的合作意愿，决定了校企合作能否顺利开展。据有关调查结果显示，校企之间的合作形式、交流平台、大学的办学声誉、校企利益分配的公平性、校企领导的重视程度、校企合作的发展目标、大学服务的主动性以及公司参与的积极性等都是影响二者合作意愿的相关条件。这些条件都对校企专业学位研究生联合训练的合作意愿造成了一定的影响，而且需要注意的是校企双方领导对这件事的重视程度影响最大（见表6-6）。事实上，在校企双方开展专业学位研究生联合训练合作交流的前期，双方领导的参与性和重视度还都挺高的，这一阶段最容易达成合作。而且，进行有效的沟通方式，努力打造校企合作交流的平台，可以增进双方合作过程中的信任感，减轻工作压力。大学办学声誉提高，加上明确的专业学位研究生训练目标、公平的利益分配体系以及双方都支持的人才训练经费投入均可以有效增加双方之间的合作意愿，并为其之后健康全面发展做了强有力的奠基。

以调查结果的满意度为依据，我们可以得出以下结论：就主成分与个人属性的具体关系的解析来看，个人之间的身份差异、行业类别的不同及单位性质的差别等都是影响合作意愿的主成分因子。大学合作意愿的满意度要比公司好一些，尤其是领导的重视程度和对专业学位研究生训练目标及交流平台的满意程度上相对于公司来说好一些。在现实社会中，公司具体行业之间的类别差异，是影响校企合作意愿及其满意程度的主要因素，比如，电力及机械机电行业就比较能接受校企之间的合作形式，而石油化工公司则相反；一所大学如果有研究生院，那么它对校企合作意愿的满意度就会高一些。一个明显的现象就是在大学与公司建立合作意愿时，普遍缺少"互利互惠"的合作前提，通常情况是大学要追着公司寻求合作，公司主动参与的积极性较差，这一问题的解决与否是影响校企合作培养专业学位研究生发展的关键因素。如果能以二者之间的共同利益、目标和发展前景为立足点，深度挖掘二者合作的利益合作点，突出公司的关注点和兴奋点，大学也要通过其积极努力的专业知识和实际操作能力，来促进二者合作模式的良性循环。

（二）合作规划

合理有序的合作规划可以有效推动校企合作训练专业学位研究生事业的健康全面发展，也正因如此，合作规划是仅次于合作意愿的重要因素。合作规划因素的内容包括：人才训练投入、校企资源共享与整合、公司新技术的研发与投入、公司创新人才训练的长期计划、公司学习型组织的建立、校企长期广泛的合作关系、专业学位研究生研究成果转化与应用等。合作规划让校企合作从一种短期的人才训练的合作事宜发展为一个校企合作的平台进而使得大学与公司进行更加广泛、深入、持续的合作。事实证明，对可持续发展影响程度最大的三个因素是：①校企之间长期稳定的合作关系；②企业对于人才培养的资金投入；③企业在培养创新型人才方面的具体规划。如今已经步入知识经济时代，而人才是知识的载体，只有注重对高素质、创新型人才的培养，才能从根本上提高企业的核心竞争力。如今大学训练的专业学位研究生弥补了公司缺乏高层次技术及管理人才的漏洞。放眼未来，校企合作训练专业学员的最终目的一方面是为企业供给高等学历的创新性专业技术人员，另一方面则是促进大学教学体制的完善。但就当前发展现状来看，还没有构建适合创新型人才训练的有效与合理的体系，这一问题有待我们深入研究和探讨。

研究结果表明，不同的大学类别、行业类别对合作规划因素的影响也是不尽相同。有些研究生院的办学教育成果好，可以为校企合作提供高质量的人才和优秀的教育资源，而有的研究生院则是以其稳定性和良好的合作能力备受企业青睐。就当前行业发展来看，大学的可持续发展成果最为显著，而电力、建筑材料、冶金能源及机械机电等领域的可持续发展还有待进一步完善。

（三）训练条件

调查问卷里面和训练条件有关的因素包括：专业学位研究生论文研究条件、校企管理人员的专业素养和能力，校企领导人员领导作用的发挥、专业学位研究生课程设置体系、专业学位研究生训练质量控制措施、专业学位研究生的教学组织和专业课老师的工程实践能力等。制订专业学位研究生训练方案以及设置相关课程必须考虑到不同公司和不同考生的实际情况，要在兼顾专业知识及综合领域的基础上对学生展开针对性教育，而教育的原则主要是依据学生的具体情况及企业的具体需要来决定。必须要与企业的需求密切相关，与企业亲密合作，在适应学生具体专业学位的同时，也要将企业的特色及发展需求与其进行融合。而专业性研究生在进行毕业论文的选题工作时，学校要与企业组建专门的课题指导专家小组，立足于企业具体发展现状，将企业亟待解决的问题或者是亟待攻克的技术难题作为其选题的对象，让大学的资源与公司的研发项目密切配合，把大学的课堂理论教学与企业的具体社会实践活动相结合，各取所长，以促进二者的共同进步。

据相关调查结果显示，基于大学具体专业的差异，不同的院校对于同一种训练条件会有不同的评价，站在研究生院校的角度来讲，他们容易在课程安排、论文的研究环境、教授的指导作用及论文的指控等方面有较高的评价，而公司选择合作伙伴的时候更倾向于具有优势教育资源的院校，而对于训练条件的满意程度也具有很大的行业类别差异，其中电力行业的好评度最高，其次是建筑建材行业，而交通运输行业的好评度则最低；总的来说，大学调查者满意度比公司调查者的情况要好一些。

（四）政府主导

调查问卷中和政府主导有关的因素包括：专业学位研究生教育的规范性与公平性、专业学位研究生训练过程的监控、专业学位研究生教育与其任职资格认证的统一。政府主导因素是一个可以对内部系统进行协调和监控的独立系统，是控制校企合作训练专业学位研究生系统的参量。专业学位研究生教育一开始是计划模式，当前已经在政府的支持下发展成了市场运行模式。专业学位研究生教育想要在市场环境中获得发展空间就必须坚持教育的公平性、公益性和平等性原则。并且政府主导是改善当前专业学位研究生教育发展弊端必不可少的因素，它不仅能为其发展指明方向和目标，也能在社会领域改善其社会评价及具体导向，当前这一切的实现也离不开国家宏观调控手段的支持。学校与企业在进行专业学位研究生训练时，经常会因为双方利益与训练目标之间的差异而引起分歧，这时政府便会出演调整的角色。而且专业学位研究生的具体培养标准和培养目标的实现情况都是在政府的监测下运行的。当前政府主导的首要任务便是对专业学位研究生的训练进行深刻的了解，并对其存在的弊端进行改革，要力求促进校企合作的专业化，并制定具体的法律、法规对其进行保护。

我们在进行调研时发现，政府的主导作用在学校较为明显，对于企业来说则较差，因此在一定程度上加强政府对企业的主导作用，很有必要。

（五）过程管理

校企合作训练专业学位研究生、只有具备完善的管理条件，管理手段才能实现校企合作的协调发展，促进专业学位研究生训练的圆满完成。如今信息技术快速发展，网络化的信息管理方式极大地提高了信息交流的速度和管理效率。大学与公司的行业性质存在差异，从而在对企业的管理和目标定位等方面也存在很大的差异，在这种情况下，互联网交流信息化平台，在协调二者之间分歧，促进有效沟通等方面提供了便利，同时也有利于国家相关管理部门对专业学位研究生教育情况的实时掌控，促进政府监控职能的实现。但就当前发展现状而言，信息化技术的普及率并不高，各大学和公司处在各自为政的境地，协调合理的管理模式的形成还需要一定的时间。

调查问卷的证据显示，企业对于过程管理因素的评价与其企业类别密切相关，其中大学对于过程管理的满意度高；而且相对于普通大学而言研究生院校的好评度最高，其获得的管理环境的具体条件及受到的成效也就相对要好一些。

第三节　校企合作培养专业学位研究生的协同发展机制

对校企合作训练专业学位研究生成果产生影响的主要是政府主导作用、校企之间具体合作规划、二者之间的合作意愿、训练环境及具体管理等因素之间的综合效应。以协同学观念中的序参量的概念和相关特点为依据，整个系统中的序参量就表现为我们前面所讲的参量，其运动变化的动力是其各运动组成部分的总和，它对整个系统的推进和演化起到监控作用。因此，我们可以说，对校企合作训练专业学位研究生产生较大影响的因素就是过程管理、合作意愿、训练条件、合作规划等在不同运动阶段的序参量，它们决定和支配着校企合作训练专业学位研究生协同发展系统。要对校企合作训练专业学位研究生的协同发展机制进行分析，必须首先立足于建立和谐协同发展的校企合作训练专业学位研究生的培养模式，然后通过对其序参量的部分进行总和的分析和协调，以期建立可以适应各个发展阶段的协同发展机制。

一、构建校企合作训练专业学位研究生协同作用模型

校企合作过程中产生的有关合作目标、合作方式、办学理念、合作意义等很多层面上的差异，多数是源于具体行业的文化传统与体制之间的不同。

首先分析直接利益驱动源。高等学校一般都希望通过专业学位研究生训练来进一步推动研究生教育体制改革的步伐，并在一定程度上提高学校的办学水平、办学效益及其综合实力，并且在学校综合实力提升的同时进一步提高教师工作人员的社会实践能力，促进他们在知识的指导下积极投身生产实践活动的探索，为校企之间的深度合作奠定基础；同时要积极探索学习与生产实践相结合的新型教育模式，在为企业生产发展和技术创新做出贡献的同时，也达到为学校名誉进行良性宣传的目的。那么公司就期望凭借专业学位研究生训练招揽能力强的工程技术及管理人才，并通过在学校传播先进科学技术成果，为企业的技术革新和创新做出贡献，积极缩短科技成果转换周期，促进企业生产效益的逐步增长，最终使

企业在市场竞争中享有更强的竞争实力。当前，身处知识经济时代的企业，已经认识到人才是企业竞争力的关键，予以人才培养及培训事业以极大的关注和帮助。当然，也存在一些校企合作单位并没有把科技研发、人才训练、关键技术改造以及新产品研制等作为统筹规划进行协调发展，为什么呢？还是因为公司管理较为分散，决策层不够重视。

第二是解析间接效益推动力，校企协作实质增加了研究生教学的通道，并提供了条件为教学，且改变了以前古板的教学方式，实施了效益补充为教学参加科技转变工作，即是间接效益推动。一方面有了协作，公司就能够获取最先转让成果的权利从大学，随后供应更多的机遇凭借大学增强科技和管理员工的继续教育。校企不一样的办学理念和协作目的，径直改变了全部体系的实施，因此，创建校企协作培训专业学位研究生共同成长的模式，是搜索顺应体系共同成长的有效体系的基础，它可以辅佐我们解析校企协作共同运用发扬的组成体系和理念各序变量与元素之间的利益联系在专业学位研究生培训经历不一样阶段。

校企协作培训专业学位研究生的经历大概能够分成 3 部分：协作准备经历、培训实行经历和协作不断成长经历，而协作意向就是协作准备经历的核心元素，培训实行经历的中心理念是培训设施，协作不断成长经历的核心元素则是协作谋划。专业学位研究生培训经历不可或缺的方式和前提是经过管理，它发扬着至关重要的功效在全部过程，且可以提升体系的共同速率与联合水准。政府引导功效首要是发扬调节、监察的功效，表现在知道政策、调节效益、评估品质、监察协作这几个层面，是在校企协作培训专业学位研究生体系外独立出来的，发扬着完备与改进的功效在校企协作体系中。图 6-3 校企合作训练专业学位研究生协同作用模型

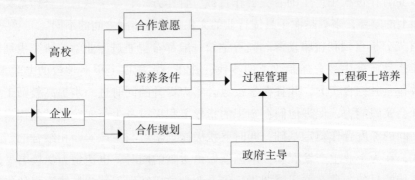

图 6-3　校企合作培养专业学位研究生协同作用模型

专业学位研究生的合作训练比较复杂，必须双方通力合作才能完成，仅靠一

方是无法完成的。在各影响因素互相作用的时候，合作规划、合作意愿、训练条件与过程管理是属于内部因素，这是学校与企业二者发生作用的产物，而构建则是促进其协调发展的根本原因。至于政府主导就只是对其发展起到外部影响作用的因素而已，而其作用的发挥也需要通过借助内部因素的力量，对参与到校企合作的人员的行为进行协调与控制，势必构建一个与内部因素协调发展的外在运行机制。

二、校企合作培养专业学位研究生协同发展的内在机制

一个老练的、合理的系统（机制），它内部的各个因素要达到分工合理，既可以互相推动，又能够互相制衡，在体系操控下的每个行为个体整齐划一，创建一个寻求成绩、寻求连续进展的体系制度。在校企协作培训专业学位研究生的不同活动经历，各元素发扬的功效和影响也存在差异。

（一）合作准备阶段

研究表明，协作意向在校企协作的准备时期影响最大，能否顺利地建立校企合作意愿，是校企双方合作训练专业学位研究生的重要一步，也是研发体系共同进展内部体系尤为重要。其限制元素由以下几方面组成。

1. 选择合适的合作伙伴

校企协作训练专业学位研究生比较复杂，这里面可不是只有一个大学和一个公司，海量的大学和公司都会参与进来，互相协作的同时又保存着斗争。一个公司也可以筛选与许多不一样的大学协作，一个大学能够和许多公司协作，因此这项科研并不是一对一的个体科研，它更如同是很多子体系之间相互影响的整体特点。从大学方面来看，选择公司作为合作对象不仅要充分思考能否实施长久的研究协作、关联，尤其要考虑公司所处的地理方位，还要兼顾企业的大小和利益。那么从公司层面来说，公司的决断政策受到大学的办学名声的直接影响，办学名声好的学校，公司会首先思考能否协作。并且公司会观察大学的学科特点与专科方向，随后筛选与本身高新科技进展相符合的协作伙伴，通过高水准人才培训和科技成就转变来增加公司中心斗争力。总而言之，正确的协作伙伴要求双方共同考量然后进行选择。

2. 保证信息沟通渠道畅通

校企双方了解并合作的基础就是保障信息沟通与交流，这样便于双方清晰地

认识到对方的合作意图和目的，能够促进协作的顺畅实施。信息交流的方式是多途径与全方面的，既不能忽视其外在的信息交流，也要增强校企协作体系内在的信息交流；无论这个信息沟通是否具有具体的组织形式我们都得一视同仁。举例来讲，增强校企协作双方高层领导的交流，在交流中领导会愈发重视校企协作；组织展开校企研发、学术等沟通行动，管理公司与大学的专家互相访问和实施学术沟通、举行报告会等；科学运用大学与公司产学研组织机构的管理深化互相知晓；借助网络开设相关论坛加强研讨和交流；开展内外部的学术研讨并号召大学与公司积极参与，对合作中遇到的技术瓶颈问题进行提取与整合；建立网络信息数字库，提升信息传播的速率和信息搜寻的范畴。

3. 确定协调一致的训练目标

确保培训目的的整齐划一，是校企合作训练专业学位研究生协同发展的主要步骤，也是首先处理的难题在公司和大学协作经历中，并发挥着决断和指引功效对双方的协作活动。当作硕士学位获取者，专业学位研究生与学术学位研究生的基本训练目标是一样的，不过从另一层面来讲，专业学位研究生与学术学位研究生也不完全一样。专业学位研究生对应的是与专业领域任职资格有关的专业学位，重点是专业应用，特德接收对象是国有大中型企业，为他们培训整体性、实用性高水准工程组织精英和科技人员，他们一定要对特定范围的广阔的专科知识或基础的理论所熟悉，尤其是迅速处理现实问题的现代化的技术方式和前沿的科技办法，能够自主完成技术或管理工作，能够对现有的生产科技实施改善，拥有研发新科技、创新产品、新产品的创造才能。此类论文的课题来源一定是具备鲜明使用含义与生产环境和生产实践。对于不一样范围的专科学位硕士研究生，要拟定不同的培训目的，以顺应各职业对专业学位研究生的各类要求。大学与公司要把此当成培训目的，在配置专业学位研究生的课程、论文题目以及监测品质等方面着重处理，建立的合作训练体系必须具有可行性与较强的可操控性。

4. 建立公平的利益补偿机制

校企协作培训专业学位研究生归属在政府引导影响下的市场化活动，校企双方对协作成果形成的利益和价值预料也许决定双方的协作意向。在共同协作的时期，双发都希望通过协商使得利益最大化，随之而来的也许是效益分派上表现差异并产生打击冲突。因此为了防止矛盾，在总效益中，必须赔偿贡献较多的一方。创建公正的效益赔偿体统，才可以保障共同协作体系的可连续进展，保障校企双方协作的成功率。校企协作培训专业学位研究生的效益赔偿准则应表现在双方签署的协作培训合同中，双方应具体说明彼此应具备的权、责、利在协作中，并严厉遵循合同需要实行，为保障协作的公正性，全部实行经过都要受到法律的监察和保护。

（二）训练实施阶段

培训实行步骤是校企协作培训的详细实行经过，是协作意向转变为协作活动的产物。双方在此经过环绕相同的培训目的，制定相关政策，在校企合作进行专业学位研究生训练的各步骤安置确实实施的培训举措。

1. 校企共同选拔合格生源

学术学位研究生的招生录取工作通常遵循国家教育机构的筛选准则，大学是具体工作执行方。而专业学位研究生有特殊的训练对象和训练模式，导致它的选拔机制与学术学位有所不同。现行的专业学位研究生入学选拔采取两段制考试方式，第一阶段为全国硕士研究生统一入学考试，重点考查考生综合素质和能力。第二步骤是专业整体考试，首要观察考生的专科知识和任职工程科技或处理工作的潜藏素养、业绩才能、岗位经过，在考生实现国家录取线的前提下实施筛选。专业学位研究生教学是培训高水准的组织及工程科技精英为公司，公司了解什么样的精英是自己所需要的。因此，在筛选经历中，公司需要加入进来，特别是第二步骤的考查，整体考查专家组中不能没有公司派来的专家代表，而且企业的面试成绩要当作专业学位研究生入学的主要标志之一。

2. 根据公司需要设置专业学位研究生课程体系

大学在拟订专业学位研究生科目教育方案时除了学校固有的教育特色外，必须要考虑合作公司对专业学位研究生训练的要求。在校企合作训练专业学位研究生的实践中，公司要求大学应该有针对性地训练实践性的高水准科技精英，供应科技支撑对公司的生产实践凭借这一协作舞台，并且实施革新与创造。因此，大学在明确科目配置谋划时，要遵守"因材施教"的准则和"菜单式"选课，一定要思考公司实质状况和学校的教育资料。保障课程教育内容的广阔性、整体性、使用性、先进性，把当前科学科技和工程科技的先进和基本知识充分联合。然后充分运用大学与公司的人才能源，聘请双方专家展开学术演讲，促进交流，给专业学位研究生讲授新的知识，保证他们能够随意明白范畴的先进动态，拓展眼界和思想，提升创造才能。

3.选择合适的教学组织方式

校企合作训练的专业学位研究生，坚持"进校不离岗"在职攻读的方式进行学习的公司培训员工，这些学生大部分是公司的管理人才和科技骨干，具有严竣的工学冲突，筛选准确专业学位研究生的教学组织方式迫在眉睫，大学有必要按照公司的各种办学条件和要求拟订多元化的教育计划。通常利用周末时间或运用集中到校面授的办法针对于一些专业学位研究生，其公司与学校距离较近，课程管理和要求与学术学位匹配；针对距离校区过远的公司，可以适当地送教上门，公司有关机构和学校互相配合，安置专人帮助老师完成平常组织工作。近期内，国内大学在异地创办专业学位研究生班的情况越来越普遍，社会也越来越注重异地班的管理及教学组织形式。大学结合异地开班公司的特点与要求组织教学，针对网络条件较好的公司一般采用网络视频和面授教育相联合的方式，学生能够下载大学老师传输到网上的创作课件学习；相对某些受网络条件约束的研究生，上课前老师要求把电子课件分给学生，或者预约参考书及教材，从而帮助他们做好预习准备在开课前，保障课目学习的成效。

4.结合公司实际进行论文选题

校企合作训练的专业学位研究生目的就是给公司训练高水准整体性的工程科技和管理人员，论文科研应具备鲜明的使用价值和专科环境，能够确切处理公司特定的科技难题，和公司生产实际相符合。专业学位研究生论文选题一般分为三种：①公司在与大学签订专业学位研究生联合训练协议时基本确定课题项目和研究方向，然后选拔专业与课题项目研究相关的教授开展指导。而且公司最需要的就是通过这种方式训练的专业学位研究生，它能够切实解决公司面临的技术难题，提高专业学位研究生借助现代科学技术与管理知识处理实际问题的水平，但是这一方式实施的基础是公司与大学在合作之前就存在深入的科研联系，彼此了解，公司的经济实力较强，正在高速发展。②结束了专业学位研究生课程学习之后，把大学的专家教授和公司相关部门领导组织到一起共同协商敲定论文选题，选题的内容除了涵盖校企联合攻关项目，也包括一些技术攻关、技术改造、技术推广与应用的实战项目。发展成熟的公司一般都会采取这种方式，凭借大学的教育与科技资源优势持续创新，还能够提高专业学位研究生的自主研发水平。③依靠大学先进的研究成果和技术手段，企业结合自己经济实力和战略目标为送培的专业学位研究生制作选题，这样的选题都和新产品、新设备、新工艺、新材料、新技术等的研制和开发密切相关，在校企合作的过程中参考生产与研发方向对专业学位研究生的训练进行正确的定位。一般这样的形式适合那些处于创业阶段的新兴公司。

5.建立专业学位研究生训练自律的质量监督机构

尽管专业学位研究生的每个训练环节都在可控的范围内，校企双方都制定了相关的规定和措施以保证质量，但是也无法保证整个训练过程都是严格规范的，学生的自律意识还必须依靠特定的组织机构进行把关，建立完善的质量监督管理体系才能保证专业学位研究生训练正常进行并完成。首先，成立课程教学督导组，一旦有了那些学院自己组织的教学经验丰富、作风严谨的教授级专家每天进行教学检查，那么这个效果就能够得到保障。因为专家组不光要检查研究生的上课情况，还要监督任课老师的教学完成质量，每次检查都会有记录，责任到人。其次，组织高校学位委员会，负责审核并授予全校所有专业学位研究生学位的工作，同时负责制定和修改专业学位研究生训练和学位授予的一些规定、办法。然后，成立学院学位委员会，主要负责制订专业学位研究生训练方案，选拔学院教授与公司兼职教授，以及对专业学位研究生学位授予审核和做出一些重要的决定等。最后，公司也要成立对研究生的质量进行审核的考核小组，负责指导本公司在读专业学位硕士研究生各训练阶段的学习问题，配合学校实时调整训练的计划和进度，同时聘请公司兼职教授，协调论文课题研究的工作。通过以如果有了上述质量监督机构密切配合，严格把关，发现问题随时解决，那么专业学位研究生训练质量就有了保证。

（三）持续发展阶段

纵观整个校企合作的发展历程，公司面临的技术难题或攻关项目不是写出几篇专业学位研究生论文能够解决的，这是一个长期合作的过程，需要大学与公司走可持续发展的合作道路，坚持不懈地研究终将获得彼此满意的成效。所以，坚持可持续发展是校企合作的平台和桥梁纽带，达到产学研合作一体化的更广泛和深入的交流与碰撞，那不是一次表面的、偶然的短期合作能够说明问题。持续发展阶段的主要内容包括三点：①创新专业学位研究生训练管理模式。②加大对人才训练的资金投入。③学校和公司同时做好长期合作和资源共享的准备。

1.校企共建专业学位研究生培训基地

建立合作训练长效机制的一项重要的举措就是学校和企业一起建设专业学位研究生训练基地，采用双教授制。训练基地不单单是公司与学校沟通的桥梁，除了和学校一起共同组织和安排教学及论文选题，它更是专业学位研究生的研究基地，为教学实施、工程实践与论文研究提供支持。无论是调查还是实践都表明，校企共建专业学位研究生训练基地的话，那么无论是学校还是企业在教育科研、成果转化、管理和资金筹措等方面的优势都可以最大化地发挥出来，能够提高自主创新的科研水平，加速自主知识产权和产品的成果转化。依靠基地建设能够深入增强校企合作，首先吸引大学的人才资源到基地进行项目合作，研发新技术、产品，弥补公司人才不足的尴尬困境；其次，这个基地对大学科研来说就是一个直接面向生产、面向市场进行研究开发场所，联合训练高层次的工程技术和管理人才，能够促进学校和公司的突破性发展。

2. 依托学校工程研究中心，促进专业学位研究生研究成果转化

大学工程研究中心顾名思义就是进行工程性技术研发的机构，让学校的一些重大科技成果能够快速实现转化与应用，它也是国家重点研究开发的一种实验基地；政府为促进科技成果的转化，发展工程科学技术才建立了这一基础性的工程。一般工程研究基地都依托那些有雄厚科研和技术实力的大学或者是一些强势的公司，在业务上比较独立的工程化研究实体。工程研究中心的首要职责就是训练高水平的工程技术与管理人才，保证研究成果能够顺利实现转化，这个目标也符合校企合作训练专业学位研究生的初衷。把专业学位研究生训练与工程中心的研究项目融为一体，让专业学位研究生有机会参与国家重点支持的科研项目，在很大的程度上解决了公司创新的难题，而且可以使专业学位研究生在参与科研项目研究中不断增强自身的科研素质，为学校与公司的科学和技术协同发展贡献自己的力量。

3. 引入市场化的专业学位研究生训练机制

教育理论家约克·柯尔曼认为的高等教育市场化有三大特点：首先是大学自治，政府给予大学充分的自治权利，使大学结合自身的特点和优势迅速对市场给出的信号做出反应。其次是扭转政府单一的资助形式，不能只依靠政府的资金救助，要联合社会各界的力量共同承担高等教育教学费用；最后一点是高等教育市场化实际上指的是"准市场"。专业学位研究生教育正好符合这三个特点。专业学位研究生教育学习市场化的办学机制，符合国家经济建设、社会进步、科技发展的需求，大力推进教育机制的创新与实践的同时积极推进教育训练由封闭式向开放式转变，教育管理由政府计划管控转变为大学自主办学。在市场化管理的新形势下，借用市场运作手段，合理分配学校与公司的资源提高利用效率，构建市

场调节和计划调节有机结合的体系，采用"大学独立办学、公司积极参与、政府宏观调控"的方式，为专业学位研究生教育的可持续发展构建良好的基础。

（四）信息化的协同管理手段

校企合作训练专业学位研究生的管理手段，取决于专业学位研究生训练的特殊性。采取信息化的网络技术，建设大学、公司共同管理的立体式网络平台，清除大学与公司之间的隔阂，管理效率得到了保证，达到校企合作协同化管理的目标。如图6-4所示，在大学的研究生信息管理系统（简称MIS）中开设专业学位研究生管理板块，凭借对大学与公司中不同用户功能的分配与权限设置传递信息和专业学位研究生的管理过程。专业学位研究生信息管理系统能够保证校企各部门、各级管理者及老师的多级查询和管理，真正实现了管理与服务的结合，有利于及时了解专业学位研究生的训练效果，它提供的全面、及时的信息服务对学校及公司的管理决策影响较大，它的主要作用还是对专业学位研究生训练质量进行有效的监督和保障。

MIS校级管理平台、学院专业学位研究生管理人员平台、公司专业学位研究生管理人员平台、任课老师、学校教授、学位研究生、公司教授。

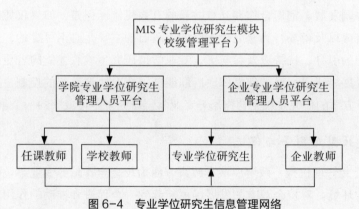

图6-4 专业学位研究生信息管理网络

图6-4信息管理网络中各用户的功能和权限由研究生院（部）的MIS系统管理员进行分配和设置，具体如下。

校级管理平台：管理人员的构成基本为学校研究生院招生、学位办公室的工作人员，主要工作就是维护训练方案、录入招生信息、审核答辩资格、检查教学计划、管理学籍变动和公共课程等。

学院级管理平台：操作者为院系研究生工作办公室专业学位研究生管理人员，主要工作是制订教学计划、负责专业学位研究生报到注册、考核学生期中成绩、课程管理、任课老师管理、学籍管理、教授资源管理、管理论文答辩等。

公司管理平台：由公司人力资源部门或主管培训的工作人员负责，主要工作是管理公司教授的信息、定期更新专业学位研究生单位信息、查询训练进度、定期和院（系）管理人员信息进行沟通与交流等。

学校教授用户：教学计划、开题报告及实践环节的审核，论文中期的检查、选拔答辩委员会成员、审核预答辩、审核答辩材料等。

学校授课老师用户：制作和维护网络课件、录入课程成绩等。

公司教授用户：协助学校教授在系统制订教学计划、开题报告，审核答辩材料，指导研究生论文写作。

专业学位研究生用户：遵循学校训练管理规定及信息管理系统的要求进行操作，他们的权限包括制订教学计划、网上报到注册、更新个人信息、申请学籍变动、提交开题报告、申请预答辩和下载答辩材料等。

三、校企合作培养专业学位研究生协同发展的外在机制

目前，校企合作培养专业学位研究生已经逐步走入市场化，相较于以前的研究生教育自上而下的政府管理体制已经发生了很大的变化，已经形成了高校与社会、企业协调发展、密切合作和互惠共赢的有效机制。但是，如果仅凭企业和高校的内部自律以及市场行为是完全不够的，政府的主导是必不可少的，只有在政府宏观调控的引导、扶持以及参与下，专业学位研究生教育才能向着更好、更健康的方向发展。所以，对如何发挥政府职能部门在对协调系统的控制、监督以及协调和支持方面的研究是校企合作培养专业学位研究生不可或缺的一个重要过程。

（一）政策的引导与促进

作为公共管理机构，政府应该在政策方面为校企合作培养专业学位研究生创造一个好的环境。对校企双方的发展尽可能起到一个促进和推动的作用，尤其在政策上，应该给予一定的帮助和支持，比如在税收方面对企业进行调整，在人才培养以及教育等方面多引导企业的加入。同时对于科技研要多在税收方面对企业进行引导。再有，要对校企合作培养专业学位研究生的相关制度进行不断的完善和健全，制定一些基础性的文件，如《校企合作培养协议》《校企共建专业学位研究生基地计划》《企业兼职导师遴选及考核办法》《校企合作培养专业学位研究生基本要求》《校企合作培养专业学位研究生论文要求》等。除此之外，政府还要对专业学位研究生的学位标准进行建立，要求不仅要符合企业也要符合学校以及行业的要求，在两方面对校企双方的办学行为进行引导，分别是制度和政策。

（二）协调校企双方的合作利益

在校企合作培养专业学位研究生的过程中，个人、国家以及企业和高校之间一定会出现一些效益方面的矛盾问题，对公平以及效益的过分追求对校企双方的合作来说是非常不利的。所以，这时候就需要政府出手，以宏观调控和行政手段对两者之间的公平与效益关系进行处理，不仅要将教育的公平性进行体现也要保证校企双方合作利益的最大化，不仅仅可以将其冲突和矛盾进行解决，也可以使校企在合作培养专业学位研究生方面的积极性得到极大的提高，从而最终使统一与平衡得以实现。

（三）发挥监督与评估作用

从目前来看，专业学位研究生教育办学的市场化以及自主权的下方都在不断地推进，一些矛盾不断地变得突出，比如质量与规模的矛盾，自律与自主的矛盾等等。为了使专业学位研究生教育的声誉得到维护，对"质量是高等教育的生命线"的原则进行坚持，就必须通过利用政府的行政权，将其评估与监督的作用进行发挥。对专业学位研究生的学位标准进行统一的制定，建立一定的机制，比如社会评价以及专家咨询等等。使各个专业学位类别的专业学位教育委员会的作用得到真正的发挥，运用一些有效的手段比如培养质量评估制度、运用质量分析、资质评估以及跟踪调研等，确保培养出符合企业以及社会需要的专业学位研究教育，使社会公正的原则以及大众和国家的利益得以体现。

第四节　校企合作培养专业学位研究生协同发展的案例分析

重庆大学最主要的联合培养实践基地就是重庆长安汽车股份有限公司，是第一批"全国示范性工程专业学位研究生联合培养基地"。本节就以这个公司作为例子，对该校校企联合实践基地的建设中一些改革的效果与举措进行了介绍，比如产学研合作机制、人才培养模式以及基地管理制度等。

一、依托校企协同创新，构建校企联合培养长效稳定机制

重庆长安汽车公司除作为实践基地外，还有另外一个身份就是重庆市唯一的一个国家级"2011 协同创新中心"——重庆自主品牌汽车协同创新中心的核心协同单位。公司和学校在人才培养方面的共同奋斗目标就是打造汽车领域人才培养

基地以及使中国汽车自主品牌得到振兴。根据这一共同的目标，校企双方将人才联合培养作为纽带，开展资源共享、科研协作以及人才交流，使互利共赢、校企合作的机制不断深化，构建联合培养、协同创新的长效稳定机制。

人才交流方面，学校以及公司的将近100名汽车核心科研人员被协同中心聘任为中心科研人员，并且在校企双方合作科研项目需要的前提下，按照"开放、协同、动态、竞争"原则组建联合科研团队，实行"成果共享、业绩互认"。同时在协同中心，校企双方实施了人才引进的新机制，包括了成本分摊以及核心科研人员的共引共用等等。这样做可以使双方在人才引进资金的使用效率以及重庆对境内外汽车行业顶尖技术人才的吸引力得到大幅的提升，

科研协作的方面，校企双方联合设立了"一对一"应用研发基金和"重庆汽车共性技术"创新基金，组织双方人员协同攻关、联合申报。通过两个基金的组织实施，形成了"市场驱动、依托行业、协同攻关"的科研组织模式，既对企业作为研发投入、行业创新决策以及科研成果和组织的应用主体进行了保障，对企业创新的体制机制障碍以及制约进行破解，通过"任务牵引"的科研团队组建思路，促使高校有组织、有针对性开展科研活动，在相对集中的研究领域提升学校研究实力，彰显办学特色，促使校企产学研合作进入良性循环。

在自愿共享方面，应坚定实施"统筹规划、整合提升、时域集中、共享开放"的管理模式，本着"开放、共享、共建、共赢"的宗旨以及按照"谁投入谁拥有，谁主导谁维护"的归属原则，使重庆大学和长安公司不仅在单个实验仪器，也在国家重点实验室，包括了许多的硬件设施，比如办公场所以及仪器设备等，以及软件资源的共享，比如数据资源和工具软件等。到目前为止，已经有效共享教育部和国家重点实验室3个，图书达到30万册，以及100多套的重大设备和34个科研数据库，除此之外，只是企业内部的研究数据库也有将近20个。

二、规范基地管理模式与制度，保障专业实践与联合培养过程

人才培养的质量以及联合培养效果是由联合培养实践基地的日常运行管理直接决定的。为了使小企双方的协同培养机制得到落实，使实践基地的运行得到有效保障，除此之外，长安公司在与重庆大学的合作当中，创造性地实施了"三级两地"的管理模式，并且从双方的管理职责出发，对相应的管理制度建设相继展开。

（一）构建"三级两地"基地管理模式

所谓的"三级"指的是长安公司和重庆大学的学校到院系之间在管理合作体

系上建立了三个层次。从上到下，第一个是在校级层面，校董会是实施资源共享、人才培养以及科研协作全方位合作的重要保障。学校早在 2009 年就和公司在人才培养校企合作框架协议方面签订了协议，并且对合作的项目和方向也进行了明确。并且双方一致同意，定期地举办高层的互访交流活动以及建立定期沟通机制，从双方的特点以及优势出发，深化双方合作。第二，在人才联合培养执行以及决策层面，要建立日常性的决策机制，以委员会形式为主，比如行业专家委员会、校企合作委员会等，同时也包括一些具体的联合培养组织实体，比如、长安汽车大学与重庆大学国家级工程实践中心和重庆自主品牌汽车协同中心等等。不论是培养与建设方案的制订还是校企联合人才培养规划的落实都需要校企双方来一同负责，参与到培养过程评估管理等工作中去。第三，在管理方面，要积极促进企业的生产车间部门和学校行政的管理部门对接，使联合培养实践过程得到规范，使培养的质量得到保障。

"两地"就是企业和学校，要共同地参与到联合培养实践基地的建设管理中来。双方分工合作，长安公司负责自身培养阶段的培养方案的制订，在岗位和项目方面提供实践，并且对实践进行考核和指导并指导和提供论文的选题。而重庆大学则对校企联合培养方案进行制订和组织，一方面要建设联合培养管理的平台，而另一方面要评价联合培养的实践效果，对学位授予的工作要积极地完成。实践岗位以及科研课题是长安公司根据汽车的设计生产以及研发的要求来发布的，对实践培养方案以及学员选拔进行实施和制定，从学生的实践需要以及企业的人才需要出发来对企业的各项资源进行协调，对实践培养体系进行搭建，为实践培养过程的进行提供保障，并且需要承担起学员在企业培养期间的效果评估和学习管理工作。同样的，校企联合科研任务应该由学校组织科教团队进行，将科研项目联合作为依托，在导师团队建设方面和企业导师共同合作，一起将人才联合培养的任务承担起来。同时，学校还应该实行一定的措施来为学生未来进入企业做准备，比如在培养计划的制订上、学校对于校企人才联合培养的宣传等。

（二）建设基地管理制度，规范联合培养实践过程

为了使三级两地的联合管理建设模式迅速得到落实，要将校企双方的责任与权力以制度的形式来明确，以此来使人才联合培养的成效以及联合培养实践基地建设得到保障，以各司其职为标准，校企双方积极进行制度建设。

在制度文件制定方面，长安公司应该以校企联合人才培养流程为标准，以达到流程和制度的对应。第一，《人才培养执行方案》应当由校企双方共同制定，对于联合培养以及专业实践中遇到的问题，比如在此过程中明确规定企业实践导师

以及学生之间和学校管理部门、企业生产部门等责权利关系，对培养的过程进行严格的规范。第二，制定完善《人才培养管理标准》和《人才培养管理程序》，明确规定并执行人才培养的内容、目标和程序以及实施的方式等，严格避免专业实践走过场和走形式的情况发生。为了使学生能够更加快速地适应企业实践的过程，《培养作业指导书》的制定显得尤其重要，指导书可以使学生在作业的要求、内容以及方法等方面做到迅速掌握。同时，在每个培养环节的结尾，公司都应该根据《培养评估手册》来对学生培养结果进行考核以及评估，只有结果合格了才有资格进入下一个环节。

在制度方面，重庆大学在专业实践和联合培养的政策保障以及过程管理等方面展开了系列建设。校企联合不可或缺的就是实践型师资队伍，为了使这支师资队伍得到发展，重庆大学专门设定了外聘教师的专项经费并且制定了一系列制度，比如《重庆大学外聘教师管理办法》，把企业导师一并归入了学校师资队伍整体建设体系内，在师资力量上支撑校企联合培养。除此之外，学校还制定了《全日制专业学位硕士研究生毕业实践专项经费管理及使用办法》，在经费上提供支持，每人不少于 1000 元。并且学校还制定了《全日制硕士专业学位实践实施办法》，使实践过程管理不断加强，该办法还要求学生制订实践计划，撰写实践日志，提交实践考核报告，只有考核合格了才能进入学位论文的答辩流程。同时，建立重庆大学专业学位研究生实践信息管理系统，实时监控学生实践状态，保障实践过程质量。

三、创新人才联合培养模式，服务企业人才需求

高层次的应用型人才不仅可以满足企业的需求，也是校企共同建设联合培养实践基地的主要纽带。而要使校企联合培养质量得到保障，使校企联合培养机制的构建稳定长效，就一定要使校企人才联合培养的模式不断创新，达到校企双方人才培养的相适应。重庆大学与长安公司的合作就是以此为出发点，兼具了重庆大学对于研究生的教育特色以及长安公司的实际人才需求，实施了导师团队指导和"3+1+2"本硕贯通培养模式。

（一）"3+1+2"本硕贯通培养模式

从现实状况来看，重庆大学全日制专业学位研究生的生源大约 3 成以上都是推免生。而推免生都有一个特点，就是在大四的时候学习任务会变得很少，而在校企联合培养的过程里，突破口往往就在大四学年，重庆大学和长安公司为推免生构建了一种特殊的培养模式，即"3+1+2"本硕贯通式培养。"3"指的是本科专

业的 3 年专业知识和基础理论的通识教育，这一部分的任务是为了夯实理论的基础；而"1"指的是 1 年的校企联合实践培养，也就是指的大四学年；而"2"则指的是在研究生阶段开展的深入实践和研究，指的是特定的领域。

"3+1+2"培养模式使本硕贯通向上学习成为现实，这样不仅避免了重复学习也缩短了其学习的时间和周期，使人才培养的连续性得到了保障。同时这种模式，对学生发现——研究——解决问题的实践能力是一种非常好的培养，这可以使其理论到实际应用的升华得以实现。

（二）导师团队培养模式

众所周知，汽车产业拥有自身的特点，比如设计的学科多、产业链很长等，正是因为这种特点，所以对于人才的需求也不同，需要复合型人才培养。在培养的过程中，应该组织长安公司的专家以及校内导师一起建立跨专业学位类别（工程领域），校外跨行业以及校内跨学科和跨企业、行业的导师团队对学生近些年给培养。导师团队对人数也有一定的要求，不少于 3 人，而且要有不同的专业背景才行。因为只有这样做，才能满足汽车行业多学科交融的要求，最少要有 1 名企业导师，团队的负责人对人才发展的方向起主导作用，而企业导师要在生产管理、产品研发以及工程实践等方面对学生进行指导，同时也应该积极地加入到学生培养方案的制订过程中。

学校拨下的研究生培养经费由导师团队统一管理，除此之外还要承担团队内的学生在学校中的全部管理责任以及教育任务。在合理的责任分工和组织架构的基础上，导师团队应充分整合校内外的教育资源，比如企业生产技术以及科研和教学等，使学生的培养更加综合与全面。同时这样的制度下，利、权以及责的中心都进行了下移，可以大力激发导师群体在管理培养方面的积极性，使校企的合作更加深入，同时更加有利于人才的培养。

四、依托联合培养实践基地，丰富校内师资队伍实践经验

全日制专业学位研究生培养有一个非常显著的特点，那就是非常注重实践能力的培养，这也是开展实践基地建设以及加强校企联合的最主要的目的。可是，实践能力具有十分丰富的内涵，不仅包含有企业实践，还包括实验课程等一系列的校内实践活动，所以相应地，正是因为要求高了，所以对校内师资队伍的要求也相应地提高了。高校的人事制度很长时间以来都是以科研以及学术作为其导向的，几乎大部分的教师都是从校门到校门，所以在行业实践经验方面可以说是非常缺乏。所以，要做的是不仅仅引进校外实践的专家，也同时应通过一系列方式

来使教师的实践经验得到丰富。在开展联合培养基地建设的时候，长安公司以及重庆大学同时实施"走出去"的战略，对校内教师积极转型的想法予以鼓励，转型的方式有很多，比如科研合作、企业兼职等，这不仅可以增加其实践指导与教学能力，同时也可以增加其实践经验。

在与长安公司进行合作的过程中，其核心的内容之一就是人才的互引与互聘。从 20 世纪 90 年代一直到现在，在长安公司的管理以及技术岗位，已经有数十名重庆大学的管理人员或者是教师以兼职的形式参与其中，这为学校教师到公司进行实践学习开辟了新的渠道。重庆大学从 2012 年开始制订并实施了"青年教师工程素养培训计划"，这一计划要求，所有的新入校的教师首先要到企业中进行为期 1 年的工程素养的培训，即便是在职的青年教师也要分批在 3 ~ 5 年的时间里进行培训。而为了使教师没有任何的顾虑，他们在职期间不仅可以享受学校的待遇同时也可以享受企业的待遇，而且年终考核的方式也很简单，只是对其在企业的工作任务进行考核，这使教师参与培训的积极性得到了极大的提高。到目前为止，已经有大约 10 位的青年教师在长安公司完成了带薪工程素养的培训，这不仅有效地提升了教师行业的实践经验，同时也对深化校企人才联合培养机制起到了显著的推动作用。

五、基地建设与联合培养成效

从 2011 年到现在，在长安公司进行企业实践以及联合培养的重庆全日制专业学位研究生已经超过了 40 名，并且其中超过一半的人都留在了长安公司，他们在长安公司取得自主品牌汽车销量全国第一的成绩中起着不可替代的作用。并且，因为公司提前介入、校企协同培养，所以和一般招聘上来的员工相比较，这些入职的学生，对长安公司的认同度更高，并且离职率也非常低。和一般的员工相比，其绩效考核的优秀比例要高出 10 个百分点。与此同时，联合培养不仅可以减少人才培养的成本，也使企业人才培养的周期缩短了。从成本上来看，联合培养后的学生平均培训成本只是普通员工的 1/3。正是因为联合培养基地建设取得了非常丰硕的成果，所以该基地在 2014 年的 9 月份，被评选为首批 28 家"全国示范性工程专业学位研究生联合培养基地"其中的一个。

第七章 校企合作模式下专业学位研究生培养的案例分析

第一节 校企合作在工科类专业学位研究生培养中的现状

近些年来，国内的许多高校在对工科类专业学位研究生进行培养教育时已经开启了校企联合的模式，并且从实践的结果来看，效果也非常不错。不仅使企业和高校之间的技术合作逐步加深，而且也使高校师资力量的匮乏现状得到了有效的缓解，并且使工科类专业学位研究生的科研实践的能力得到了稳步提升。但是这样的模式也有其缺点，比如说联合培养质量的评价体系以及校外导师的聘请规范性等等。

一、校企合作培养工科类专业学位研究生的影响因素

企业、学生以及高校是专业学位研究生教育的主体。在入学初期，专业学位的研究生要在技能的提升以及理论知识的学习方面多学习。以学习品牌为依托进行个人市场竞争力的提升，可以在理论方面打下良好的基础。在课题研究方面，相关的企业应该和学校联系在一起，为学生提供实践的机会，解决企业的专业难题。学生在企业可以利用所学的知识来进行实践，从而为自己未来的工作积累经验。从专业学位研究生教育主体的视角出发，在以下几个方面会对其产生影响：

（一）学生类型的多样性

在专业学位研究生入学的初期，许多因素都会直接或者间接影响研究生课程基础知识学习的接受能力，比如毕业的院校、所学的专业以及工作的经历和入学的成绩等。而专业学位研究生学习过程中的侧重点，则决定了学生的就业价值取

向，正是在这种因素的影响下导致了研究生在工程技术和工程管理的掌握与应用程度方面变得参差不齐。

（二）高等学校的差异性

从中国产业相关组织的调查报告的数据中我们可以看出，在中国工业及产业发展中，对于工程人才的需求量是越来越大的，平均每年都要比前一年增加两成。而虽然需求量非常大，但是从供给方面来看，高等院校在工程型技术人才的培养方面还远远不够。为了解决这一问题，近些年来，各大高校都在扩大招生并且加大了培养的力度。但是从结果来看，因为受到各种因素的影响，专业学位研究生的培养能力有很大的差距，比如在办学特色、学校的知名度以及办学条件等方面的限制等。影响着企业与高校合作的意愿，往往企业更倾向于选择知名度高、行业特色显著的高校进行合作。此外，高校所在的地区不一样也对毕业生研究生的技能以及规模需求产生一定的影响。

（三）企业外部环境及内部需求的复杂化

企业的需求会随着企业的不断发展而不断变大。而且在对人才的需求方面也开始变得不一样，不仅仅要求其具有一定的专业技能，还要其具有一定的实践能力。比如对于软件专业学位研究生来说，企业对合格毕业的要求已经达到了三项水平，综合了系统分析设计师、综合高级程序员以及项目管理人。而在近些年，随着经济的不断发展，我国不仅开始号召扶持自主创新产业，并且颁布的政策也比较利于行业以及企业的发展，促使企业对职业素养高的高层次应用型人才的需求量越来越大。

（四）三个主体间的相互影响

企业以及高校和学生之间，三者的关系是共同作用，相互影响的。具体关系如图 7-1 所示。从中我们可以看到，三者的外部和内部环境共同影响形成了一种动态的交互作用。

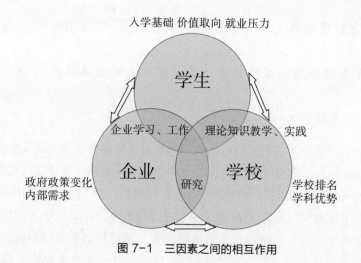

入学基础 价值取向 就业压力

学生

企业学习、工作　理论知识教学、实践

政府政策变化　　企业　　学校　　学校排名
内部需求　　　　　研究　　　　　学科优势

图 7-1　三因素之间的相互作用

1. 动态演变

随着外部环境以及时间的不断变化以及环境的不断开放，各个因素也在变化着。在企业的壮大过程中许多因素都不可避免，比如地域环境的变化、企业的变化等。为此，高校在对学生进行教育的过程中，要时刻调整教学培养体系，以确保其能够适应社会经济的发展需要。通过专业学位研究生教育的培养，学生们的竞争价值以及在工程领域方面所具有的知识量也在不断提升。

2. 交互影响

从图 7-1 中我们可以了解到，高校、企业以及学生之间是相互影响着的。这种影响是自主的、是自发的。企业的发展壮大一定程度上受到专业学位研究生的管理、科研水平影响。企业的发展方向多受到高校研究课题的影响，而反过来高校对于实际应用的需要也可以在企业中得以实现。并且在此基础上可以产生新的研究课题，对两者之间的纽带联系进行研究；不论对学生还是对企业的发展，高校在培养教学体系方面的完善都非常有意义。

三者之间形成了一种默契的平衡关系。这种关系直接对高校在学员培养方面的调整有着直接的影响，非常有利于三者达到各自的动态平衡，从而形成良好的循环。

二、校企联合培养工科类专业学位研究生的现状分析

（一）校企联合培养工科类专业学位研究生的主要模式

1. 校企"双导师"制

高校的校企"双导师"制的目的是为了达到对工科类专业学位研究生的培养，而从企业中聘请具有一定实践经验的高级专业性科研人员担任导师进行教育。"双师型"导师的构建就是由校外导师和校内导师构成的，因为两者之间的互补性，所以可以使学生能够同时在理论和实践两方面得到学习，在学校学习理论的同时也可以到企业参加一些实践活动比如科研活动等，来对其培养过程中的实践环节进行丰富。江苏省委教育委员会于 2011 年 8 月最先召开了高校领导干部学习大会，对实行双导师的重要性进行了明确，会议提出了江苏省未来研究生培养的目标，即要以产学研为基础进行培养。从中我们可以看出，"双导师"制已经发生了改变，不仅仅是在高校进行联合推广，而是已经上升到了政府的政策层面。企业导师的参与可以弥补许多缺陷，比如对于当前研究生扩招所导致的师资力量不足的问题，是一个很好的缓解方式，除此之外，还可以为在培养人才的同时，为企业储备人才，使学校的就业效率得到一定的提高。同时也可以调动学生的学习积极性。

2. 校企项目合作形式

现在，校企合作的形式主要有两种，第一是从具体的科研项目入手，高校与企业进行技术合作，从而以此为基础对研究生展开培养，使得研究生可以整个参与到研究过程中来，通过不断的实践，来使自己的创新水平以及科研能力得到稳步提升。第二种就是企业联合学校对于国家的科研任务一同承担，研究生在对课题方向的选择上可以根据自己的爱好和兴趣以及研究的方向来决定，在项目的每个阶段都可以参与其中，使企业以及高校的科研资源能够使学生共享，从而使校企联合培养的任务能够良好地完成。该模式的特点非常地明显，对于研究生培养方案的制订，高校可以根据拟定的培养目标来进行构建，然后在此基础上再利用企业的技术以及设备方面的优势，使学生的动手操作能力得到锻炼和提高，从而使其竞争力得以较大幅度的提高。

3. 校企共建联合培养基地

校企共建联合培养基地指的是，企业联合高校，整合所有的人力、物力以及资金来创办工程技术研究中心以及联合实验基地，并以此为基础进行校企联合申请的课题研究以及科技的研发以及成果转化等。企业可以基于这种联合，选派一些员工，具有一定科研能力以及工程经验的员工到高校进一步学习，由学校进行管理以及培养，等毕业之后再返回原单位。同样地，学校一样可以选择一定的研究生到企业中去学习，并完成一定的课题，从中可以体验到学校体验不到的工作氛围，同时也可以促进技术与人才之间的交流。

（二）校企联合培养工科类专业学位研究生存在的问题

1. 企业导师的选聘缺乏合理制度

根据专业学位研究生的培养目标以及方向，可以为其聘请相应的企业导师，担负着培养专业学位研究生的重大职责，是提高研究生科研质量水平的有力保障，对于校企联合培养过程起着关键性的作用。但是有一些学校聘请导师却不是因为其具有一定的专业技能或者职称，而仅仅是因为其职位高或者名气大，这对于专业学位研究生科研水平的提升以及其自身的发展是并不适合的。除此之外，还有一些其他的原因，比如许多企业中的员工，虽然非常优秀，但是会因为其他的一些原因而拒绝担任学校的导师，比如精力有限、工作忙或者是因为收入等问题，而且企业在这方面也缺少激励措施以及考核的标准。所以从结果来看，所聘任的导师的水平也是参差不齐，而对于这些问题，还是需要相应的考核办法以及制度来进行完善。

2. 校企联合培养管理责任划分不清晰

理论上来说，企业以及高校在校企联合培养研究生的过程中，应为相应的学生承担责任。但是从实际情况来看，却有着很大的不同，在管理职责上，学校和企业有着职责不清晰的问题存在。在高校的眼中，进入企业学习之后，企业就应该接管对研究生的教育，因为到了企业之后，学校在监管上就会显得有些力不从心。而从企业的管理上来说，研究生并不是企业的正式员工，而只是在企业里完成自己的科研课题，所以将企业的管理模式强行应用在学生身上就会显得不太合适，而如果用学校的规章制度来要求其在企业中的工作就更不要说了。而且，企业的核心是为了追求经济利益，所以并不会投入大量的物力以及人力来培养研究生。

3. 校企联合培养缺乏有效的质量评估制度

从现实状况来说，目前我国工科类专业学位研究生在学校的学习还是以理论为主，在实践方面涉及的课程以及课外指导都很少，这非常不利于科研的进行和推进。而且，在对校企联合培养的研究生进行考评的时候，学校导师评分意见所占的比重要比企业导师占的比重要大得多，所以并不能看出校企联合培养的本质含义来。而从另一方面来看，企业和学校的价值目标有着根本的不同，在对待研究生在企业实践环节中取得的重大科技成果持不同的观点，学校通常会以企业的质量考核结果为准，或者在企业的质量考核的基础上形成自己的评估，降低考核分数，这些问题都会或多或少地影响着研究生参与校外科研实践的积极性。

三、校企联合培养工科类专业学位研究生的意义

（一）有利于实现资源共享，优势互补

校企联合可以有效地解决企业以及学校的师资力量缺乏的问题。企业可以聘任高级教师来对自己的产品以及技术方面的研发，而学校同样可以聘请企业的技术人员来担任校外的导师，来对学生进行实践教育。而对于研究生来说，因为有了校企合作的平台，所以他们可以利用企业的平台，来进行实验以及课题的研究，而同样的，企业同样可以利用学校的一些仪器以及资源来为自己的产品搞开发，尤其在理论方面，可以使其技术升级。这样看的话，校企合作可以很好地解决双方的问题，以及满足双方的需要。使各自面对的问题可以更加容易地解决掉。而研究生在企业中的锻炼可以使其研发能力以及实践能力得到很大的提升，对于高校的学科发展以及建设也可以起到很好的促进作用。

（二）有利于工科类专业学位研究生综合能力的提升

校企联合并非是指的单纯的理论教育，还包括了丰富的实践教育，这就需要企业中具有高水平的一些技术人员参与其中，对于研究生来说，可以将日常学习到的理论知识结合企业中的具体实践来解决问题，不仅可以使其知识面得到一定的拓展，也可以学习到许多的新的知识，尤其是在动手能力的方面。在学校学到的知识有时候并不是最新的，可能会和时代有些许脱节，而到了企业中之后，就会接收到社会的第一需要，从而可以迅速地掌握行业的最新动态，能够学到最新的技术和方法，从而将自己的理论知识与实践相结合，并且可以使理论尽快地向生产力进行转换。所以综上所述，校企联合的培养模式对于综合能力比较强的人

才是非常有利的。

（三）有利于促进工科类专业学位研究生教育的发展和完善

近些年，随着许多高校的不断扩编，研究生的招生规模不断地扩大，所以在很长的一段时间里，我国研究生教育的重点和发展的方向将会放在推进专业学位研究生教育上。就业也从最开始的科研以及教学岗位向实际操作的工作部门进行转变，尤其是在新的社会环境下各行各业也在不断地调整自身的岗位需求。可是从现实角度来说，我国的研究生教育主要的培养方向还是以理论基础为主，所以在对工科硕士研究的培养目标上应该有所调整。校企联合对于研究生的培养是一种实践的拓展，这对高校教学体系的完善是非常有利的。不仅可以促进实践教学的科技创新，也对实践教学科技创新的促进，以及对于研究生的自我完善和发展起着非常重要的作用。

教育部为了促进我国研究生教育的发展，在 2009 年开始改革我国的全日制硕士专业学位研究生教育，教育部表示硕士研究生教育的培养方向，应该由培养学术型人才向应用型人才进行转换，以实现研究生教育在结构、质量以及规模和效益等方面保持可持续发展。但是因为我国的硕士研究生教育早已形成了比较规范化的科学研究人才培养的机制和过程。但是对于管理硕士专业学位研究生的过程中，其培养其实是刚刚开始，因为要同时兼顾工科院校的工程研发以及技术人才培养的优势，又要和工程实践以及企业的需求结合，所以作为热点问题，近些年一直备受重视，但是要完成的难度也是可想而知的。

第二节　基于校企合作的工科类专业学位研究生培养：以车辆工程为例

专业学位与学术学位之间的根本区别就在于企业实践，同时企业实践也是硕士专业学位研究生培养的重中之重。企业实践可以对专业学位研究生的实践与技术能力进行检验。除此之外，要想对培养研究生的创新意识与实践能力进行保障，实践基地的建设以及校企联合的模式是非常有必要的。比如江苏 T 校在培养专业学位研究生与北汽新能源汽车有限公司和江苏明都汽车集团有限公司、"千人计划"常州新能源汽车研究院等企业以及相关的科研院所合作成立了高端的研究生实践能力的平台。

一、联合制订研究生培养计划

培养计划不是随便制定的，而是学校经过调研之后根据市场的需求来对学生的实践规划进行制定，而专业学位研究生因为要校企联合培养，所以他们的培养计划要校企联合来制订，制订的计划要同时包括两个方面：一方面是学生的理论知识的掌握；另一方面就是根据企业的需求来制定，比如企业的经济特点以及企业所需的技术等。比如在 T 校的专业学位研究生车辆工程的培养计划里，理论课程比如非学位课程以及学位课程并没有减少，而是在此基础上，增加了一些课程，增加了校企合作的 4 门功课，同时还增加了一些其他的一些相关体验，比如（8周）、技能培训（5周）、综合训练（3周）。而对于企业实践，学生要下放企业一年的时间，完全按照员工考核的标准，加上企业以及学校老师的指导来完成企业的相关工作，毕业设计论文也要与此相关，一定要和企业技术支持、岗位性质能够联系一起。

二、主动设立多元化企业实践基地

专业学位研究生培养计划中企业实践是重中之重，因为只有到了企业进行真实的体验，进行实践，才能对企业中的质量控制、技术以及管理等各方面有所了解，才可以对其中的价值进行学习，T 校的原则是资源共享互利共赢，与江苏明都汽车集团有限公司、北汽新能源汽车有限公司、"千人计划"常州新能源汽车研究院等企业及科研院所合作建立汽车检测与故障诊断工程中心、新能源汽车研究院，为学生实践能力的提升搭建高端平台。同时 T 校汽车工程学院与数十家汽车零部件生产企业共同组建了汽车零部件产业联盟，并在汽车零部件科学研究、产品研发、成果转化和产业化等开展合作。机械工程学科借联盟合作，与江苏今创集团有限责任公司建立研究生创新培养基地，在全日制专业学位研究生的联合培养方面开展合作。校企合作打造高端实验实训平台。依托现有的各类专业实验教学平台和学科平台，利用本专业在区域行业的影响力，打造具有行业先进水平的校内实践教学基地，如图 7-2 所示。

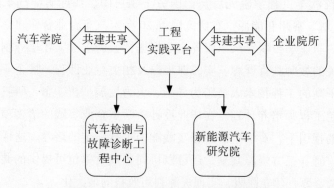

图 7-2　江苏 T 校多元化企业实践基地

三、制定"三位一体"协同培养机制

"三位一体"从字面意思就可以知道，它其实包含了三个方面，分别是基础知识、校内实践以及企业实践，如图 7-3 所示。基础知识对知识的价值性以及实用性进行了突出表达，并且基础知识同时强调创新知识以及技术知识；企业实践指的是在人才培养方面、实践课程的安排以及导师的选派都要加强它们之间的联系，同时要积极发展校企合作模式。校内实训的作用就是企业实践和理论学习之间的纽带，是一个很好的过渡，将两者联系在一起。要对实训平台加强建设，要注重提升基础技术能力。

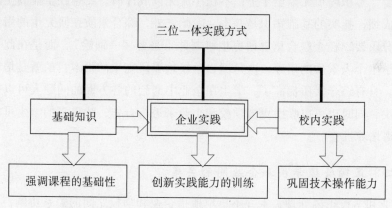

图 7-3　江苏 T 校研究生三位一体的企业实践培养模式

江苏 T 校汽车工程学院先后与德国劳士领集团、江苏明都汽车集团有限公司、"千人计划"常州新能源汽车研究院等 20 余家汽车企业合作建立了稳定的专业实践基地，职业学校联合汽车服务企业根据社会需求对人才培养制定标准，并开发运行相关的教师教育课程、实践课程以及相关专业课程。将企业中实践能力强、理论水平高的工程技术人员聘为导师，大力发展"校、企、研三导师制"模式，开启卓越工程师培养计划。在毕业设计、学生企业实践的诸多项目中，可以在企业导师的指引下，对学生的工程实践能力进行一定的培养。这样做不仅可以使"校、企、研"三方资源共享，还可以协同各成员单位可提供的共享资源、互补资源、有偿资源，建立联盟，实现资源利用效益的最大化。

第三节　基于校企合作的工科类专业学位研究生培养策略

一、校企联合培养工科类专业学位研究生时应注意的几个问题

（一）应加强研究生基础知识的教育及综合素质的培养

基础知识的学习是非常重要的，研究生不能只关注自己的实践机会以及科研能力而将基础知识抛弃掉。在未来的实践工作中，在校期间学习的基础专业知识非常重要，不积跬步无以至千里，不积小流无以成江海，要想在企业的实践过程中取得成绩，扎实的基础知识是基本。除此之外，综合素质在研究生的培养过程中也十分重要，校企联合培养研究生机制并不是要"一锅烩"，而是在此平台上加强对学生个人素质的培养，这是因为学校培养研究生的根本目的就是培养其综合素质。只有综合素质提高了，学生在企业中遇到的各方面的问题大可以得到良好的解决，同时也可以吸引更多学校和企业来进行合作，让更多的学生可以走进企业获得培养机会。

（二）正确处理学校和企业间的关系

企业和学校正确处理关系并不单单地指企业和学校之间的关系协调，还有学生对于两者之间关系的处理。这是因为通过校企合作的方式，学生从校园走进企业，使得其同时具有了两种身份，一个是企业的员工，另一个就是学生，所以在日常的实践过程中，要同时完成学校和企业交付的任务，并对相关的协议内容进行遵守，在提高自己的同时也为企业创造价值。

（三）学校应考虑学生的长远发展，为其提供最佳的实践建议

在学生的学习过程中，学校应该承担责任，从学生的个人情况出发，帮助学生选择适合自己的学习过程。比如在实践环节中以及课程学习的计划方面等，因为无论是学生的实践单位还是其专业的方向，都和未来的工作有着密不可分的关系，所以，学校应该根据学生的各方面情况，比如专业方向、就业意向、家庭情况等为其选择或推荐合适的实践场所。

二、校企共建工科类专业学位研究生联合培养基地的对策与建议

（一）完善法律法规以及政府政策

1.建立健全相关法律法规

校企合作模式的坚强后盾就是健全的法律法规，只有有了法律法规的支持，校企合作才能有法可依，相关的进程才会加快，对于学生、企业以及学校来说才算是好事。但是从现实的状况来说，《专业学位设置审批暂行办法》是我国目前仅有的在专业学位方面的法律法规。而其中关于校企合作的规定更是少之又少，在专业学位发展方面，相关的法律法规的欠缺是比较严重的，所以，对于专业学位相关法律法规的建立健全显得刻不容缓。

2.发挥政府政策引导作用

在政策方面，政府应该发挥导向作用，在多方面引导校企双方的合作，比如说在信贷、税收以及财政等多方面，要以一定的经济措施来促进校企合作培养研究生的发展。例如教育部于 2010 年 12 月 18 日发布的《江苏省高校人才培养体制改革试点实施方案》中提到："在南京航空航天大学、南京工业大学、南京师范大学、徐州师范大学开展应用型研究生培养改革试点，在南京大学、南京医科大学、扬州大学开展第一批复合型研究生培养改革试点，为保障试点的顺利实施，江苏省制定了两项配套政策：①建立省教育体制改革领导小组，出台《江苏高等教育综合改革试验区建设方案》，建立高等教育综合改革试点专项经费；②鼓励各试点单位在学位授权单位与学位授权点审核、招生、培养、课程设置、考核评价、学位授予等方面积极探索，予以政策支持。"

（二）加强制度建设，确保校企联合培养研究生工作持续健康发展

从目前的现实状况来看，现在的多数校企联合培养基地的建设，其实靠的多是个人的人脉关系，要么是企业的人脉，要么是学校的人脉，只是一方在主动，基于这种现实，不稳定性就会增加。所以，企业和高校应该根据实际情况制定相关政策发布相关的文件，来对联合培养基地的制度、管理模式以及研究生在联合培养过程中的保险、实习工资以及学习等方面提供帮助。同时，校企双方应该鼓励自己的研究生导师以及企业的导师到对方的场所进行锻炼、研修，同时提供政策方面的支持。第三方面就是这种校企之间导师的交流应该与其职称评聘以及年度考核挂钩，使其在研究生联合培养工作中的积极性得以提高。

（三）规范"校内外双导师制"，充分发挥双导师在研究生联合培养工作中责任人的作用

和传统的研究生培养不同，研究生联合培养的特征就在于"校内外双导师制"，有了这种制度后，如何发挥这种制度的优势就显得非常重要。首先，对于校内外导师的遴选、激励以及聘任等考核机制的制定要结合实际情况来进行。其次，要对研究生培养过程中校内外导师的义务以及权力进行界定，使研究生培养过程中校外导师在对于研究生加强工程实践和学位论文方面的作用。最后，要在制度方面，使校内外导师能够定期地会晤和交流，这样做在他们达成合作的同时也可以使他们在工作方面的热情得到激发，最终达到"1+1>2"的效果，使校企双方能够达到互惠互利、协同发展。同时要制定公平合理的管理制度，对培养期间所达成的科研成果的归属权进行明确，以确保双方的积极性以及双方的利益。

（四）深化校企合作，切实提高校企合作的主动性和积极性

对工科高校来说，第一，要使特色优势的专业以及学科得以继续加强建设，使之可以在相关领域产生一定的影响力，使学校的整体形象得以提升，从而可以进一步吸引更多的企业到学校调研，从而加强校企合作的动力；第二，在工程实践能力方面要不断提升研究生导师的工程实践能力，在选择到企业进行学习的教师方面，应该选择综合素质高以及动手能力强的教师，使校企双方都能够建立良好的交流机制。

对企业而言，要转变传统观念，要学会借用学校的各类资源来解决自己遇到的技术难题，这样做不仅可以使企业的核心竞争力得以提高，同时也为国家提供了塑造素质人才的平台，与此同时也可以使企业的知名度得到提高，有利于企业

价值的实现。

（五）健全和完善联合培养研究生的监督、考核及评价体系，保证校企联合培养研究生的质量

其一，根据联合培养计划，研究生要进行课题研究与工程实践的任务，每隔一段时间就要将自己的阶段总结以及学习情况和工作情况报告给老师，并且同时接受校外导师的监督；其二，实践结束之后，学校应当将学生的总结报告进行提交，并组织研究生答辩，同时将校企双方的实践考核结果进行公布，并对考试结果相对应的学生进行处理，考核材料并入研究生档案；其三，在研究生论文的开题、中期以及答辩的过程中，校外导师应当积极地参与其中，其指导作用方面应给予加强。并由企业技术人员鉴定和评价研究生学位论文的工程实践意义，针对联合培养的研究生设计科学、合理的学位论文评价体系。

除此之外，专业学位研究生的培养应该改变以往的理论教学为主，而是应该从实际情况出发，对研究生的课程教学大纲以及培养方向进行不断的完善。建立一套完整的综合教学评价制度，要企业与高校一同参与其中，并且必须由政府来主导。通过建立这种综合教学评价制度，可以使研究生的综合素养和水平迅速提高，同时也可以在企业增设各种奖学金，激励研究生的实践创新，确保研究生的多方面健康发展，从而使传统的理论教学模式得到逐步完善。

三、工科类专业学位研究生校企合作培养模式的改进路径

在专业学位研究生人力资本的提高方面，建立专业学位研究生培养体系，完善校企合作平台式非常有必要的。其中包含了诸多的改进途径，比如：政府要加强对校企合作研究生培养的战略管理、高校要重点实施研究生培养机制改革、导师需要进一步优化和培养、建立校企双方的管理机制等。

总体上来看，专业学位研究生是一种新型的研究生培养模式，其目标是：培养高级应用型的人才。专业学位研究生培养的实践证明，校企合作培养研究生模式，是能够培养研究生的技术、管理、创新的应用能力。当然，专业学位研究生的校企合作培养仍然存在很多困难，仍然有许多问题需要解决，比如如何在培养计划中处理好理论与实践的关系和比例，如何处理好理论知识宽泛与专业深度的问题，如何对专业学位研究生的研发实践进行评价，如何找到好的合作企业建立合作培养基地或研究生工作站等。

第八章　校企合作模式下专业学位研究生培养的对策建议

第一节　校企合作培养专业学位研究生的运行机制

近些年来，从校企合作培养专业学位研究生的各种运行机制的研究中可以发现，各机制在校企合作过程中都是相互影响的，并且会有一定的自身针对性。

企业与高校的合作模式众多，但是每一种的运行机制都很相似，不论是企业还是高校都是为了能够更好地达到发展的既定目标，所以两者之间的资源可以互相利用，通过一系列事物为纽带，比如利益、人才以及技术等，最终使学生、学校以及企业之间能够得到三赢，在校企合作过程中的运行机制包括：政府引导的动力机制、合作伙伴的选择机制、信任机制、投入供给机制、激励约束机制及利益分配机制等方面，同时校企合作的顺利进行保障体系是不可或缺的。其运行过程中各个机制之间的内在联系和相互作用的整体功能如图8-1所示。

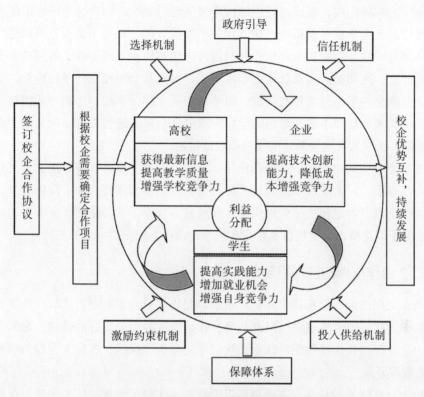

图 8-1　校企合作培养专业学位研究生的运行机制

　　但是从目前的现状来看，在我国能够做到运行机制健全的还不多，许多的校企合作的基础都是来源于双方的信誉，从校企合作的方式来看，这是最初的一种形式，这种形式既有缺点也有优点，优点是非常灵活而且简单，而不方便的地方在于其具有一定的约束性和不确定性，现在的校企合作更注重形式，而对实践的过程以及规律性研究方面还很是缺乏，除此之外，两者在动力方面都很缺乏，所以，在校企合作机制方面必须要有一定的创新。

一、政府主导的动力机制

　　校企合作培养专业学位研究生，在很大程度上都会受到一定的限制，比如企业以及学校的社会地位以及其各自的发展目标等。很大一部分企业都对校企合作对自身带来的利益视而不见，觉得只是单纯的付出，比如在物力、财力以及人力方面，而并不会带来什么回报，但是这样的想法是大错特错的，这导致两者的合作只是流于形式，根本没有实际产生效用。所以针对这一问题，政府在其中应该起到一定的积极作用，应该对相应的法律法规进行健全，同时给予一定的优惠策略，在资金上为学校提供帮助，建立相关的实验设施，而对于企业，可以适当地减免一部分税收，鼓励校企合作的顺利进行，同时使双方都能够了解到校企合作带来的好处，比如澳大利亚就做得非常不错，每年都会向相应的学校拨款，助其发展，当然也并不是针对所有学校，而是对于其中部分学校，比如一些能够适应社会经济发展的且成本低质量高的学校，政府就会向其进行拨款，正是因为有了这种机制，所以教育的资源才能得到高效地运用。

在校企合作的过程中，政府的作用非常大，起着一定的保障作用，尤其是在法律法规方面，对企业以及高效的合法权益的维护非常重要，除了保障之外，还应该对校企双方制定相应的促进机制，鼓励双方合作，尤其是在资金方面，政府应该拨款予以支持，为学校以及企业在技术转市场方面提供一定的支持。

二、合作伙伴的选择机制

校企之间之所以会形成合作的决策，都是出于自身的利益，所以，选择什么样的合作伙伴显得至关重要，只有好的合作伙伴才会带来更好的效益，那怎么选择出一个良好的合作伙伴呢？就需要我们做出分析和探讨，为校企合作的顺利进行创造良好开端。

校企合作伙伴的选择，需要遵循以下原则。①信任原则。技术和知识在校企合作过程中很难契约化，所以如果双方想要向深处合作，非契约化的信任是非常重要的。②兼容原则，因为校企双方的性质不一样，所以如果双方要想取得长足的发展，就需要彼此更具兼容性，比如在合作的目标以及双方的文化等方面，兼容的第一个就是目标的兼容，双方的合作过程中，必然会产生一定的摩擦和矛盾，所以两者的兼容显得至关重要。③互补原则。校企双方的相互选择是基于双方的实力以及知识的互补。根据各自的目标，双方都应该选择合适的合作伙伴。如果校企双方并不具有互补的优势，那么他们的合作最终的结果终将是失败的。④平等原则。在合作的过程中，校企双方并没有谁大谁小、谁主谁副的问题，应该在一个公平、合理，平等的基础上进行合作，只有这样，双方的合作才能长久进行下去，使双方的优势能够发挥出来。⑤共赢原则。共赢共利是校企合作的目标，这份公平既体现在平等地获取资源上，也体现在双方的成果以及收益的平均分配上。⑥灵活原则。校企双方都应该在自己的战略目标的基础上来进行合作，对于不同的问题要采取不同的措施和方式来进行合作和抉择。

三、校企合作的信任机制

（一）合作中信任机制的来源及驱动因素

对建立信任的驱动和来源因素的了解是研究双方信任建立的机制和条件，在明确了信任的决定因素和来源以后，才可能长期维持校企双方的信任关系。

1. 校企合作中信任的来源

建立校企合作信任机制的一个重要基础就是合作中的信任来源问题，通过对相关文献的调查分析与研究，我们得出了校企合作信任来源的几个方面：

（1）校企双方的合作史。校企双方在以往的合作实践中，通过良好的互动和沟通会逐渐建立起信任关系，这种关系会对双方未来的再次合作奠定良好的基础。校企双方通过以往的合作史带来的预期信任通常表现在两个方面：一是对本体的信任，鉴于之前的合作经验，认为自身完全有能力去完成预期的工作，建立起对自身的信任；二是对客体的信任，鉴于双方的合作史，认为对方有意愿并且有能力完成协议或工作，从而对对方产生信任。

（2）推荐作用。即可以通过第三方的推荐，使原本没有直接关系的双方建立起信任的关系。第三方必须是与无直接关系的双方都有着高度的信任关系。这种建立信任关系的方式，我们称之为"间接信任"。在此种关系中，推荐的第三方与合作双方的信任关系越牢固，合作的双方建立起的信任关系就会越牢固。

（3）合同或契约。合同或契约信任是双方以合同或契约的形式而建立的信任关系，这种信任关系受国家法律保护。这种信任关系具有契约性和强制性的特点。合同或契约越趋于完备和明晰，信任关系就越趋于理性化，双方合作的风险也就越小。这种信任的强制性，主要依据法律的保护和监督，如果违反合同或契约的约定，就会受到法律的制裁，因此具有强制性。

（4）道德约束。道德约束是指合作中的一方若在当前的合作中采取投机行为，将会使其社会形象和声誉受到严重影响，给今后的合作造成隐性损失。即使在当前合作中违背道德的一方获得的背德利益大于履行合同的利益，但从长远的发展来看，背德的一方受到的负面影响是持久的，形象和声誉属于无形资产，一旦破坏就难再建立。因此，为了自身社会形象和地位，合作方都会选择履行其义务，从而建立起的信任关系。

2. 校企合作中信任的影响因素

Leidner 和 Javenppa 等人，从信任随着时间变化的角度出发，对影响信任建立和维持的各种行为进行了区分，这些因素主要包括：主动性行为、任务目标的清晰性、任务或程序定向、积极的语调、角色分配、轮换领导、时间管理、反馈性质、频繁的或是高强度的互动等。此外，有人还提出能够促进信任加深的因素还包括：频繁的沟通、任务清晰界定、信息预先分类等。通过调查和参阅文献，将校企合作中信任的影响因素分为两个大的方面，见表8-1。

表8-1　校企合作中信任的影响因素

校企合作的个体	校企合作组织
个人能力	合作历史
角色分配	相互的依赖性
个人目标	合作愿景
个人魅力	合作组织的声誉
社会形象	承诺
沟通	信息共享
信任倾向	组织特征的差异
	利益分配
	组织能力

（二）校企合作中信任机制的建立

校企合作中信任机制的建立包括：信任产生机制、信任运行机制和信任保障机制三个部分。

1. 信任产生机制

由于社会交换的延时性，历史行为会对现在和将来的行为产生不同程度的影响。因此，双方的合作史及合作各方的社会形象和声誉都是信任的产生机制，影响着合作各方的预期及行为选择，即决策。校企合作的共同愿景和双方在文化价值取向等方面的认同，对校企合作中的信任产生机制有着积极的作用。在校企合作中，高校对企业的理念或企业文化认同度越高，企业对高校科研或人才培养的支持度就越大，双方在合作之初也就更加容易建立起信任关系。此外，在合作之初，双方的承诺或担保对建立信任关系也有着积极的影响。

2. 信任运行机制

在校企合作中，合作个体自身的特征影响着信任关系的维持和强化。为了实现合作目标，双方在合作中出现分歧时，都应采取必要的沟通，以免因误解影响今后的合作，使双方的信任度不断提高。可以说，整个校企合作的过程是双方进行动态博弈的一个过程，在这个过程中，人的因素是不可忽视的。不论是什么样的合作，归根到底还是人与人之间的合作。因此，校企合作双方的个体特征会对整个合作过程造成影响。

除此之外，合作双方信息的共享程度、相互依赖程度以及组织领导能力，对信任运行机制也有着重要的影响。信息的共享程度越高、相互依赖性越强、组织领导能力越强，合作双方彼此之间的信任程度也就越高。

3. 信任保障机制

从心理学的角度来说，信任指的就是人和人之间的一种情感关系。但是只是自觉的维持两者之间的信任关系是不足够的，只有相应的法律法规才能够对其形成约束。合作之初，校企之间会签订一些协议性的承诺，比如契约或者合同，这些都是会受到法律保护的。是两者合作信任机制的基本的保障。而在两者合作的过程中有一种因素是最主要的那就是机会主义。所以，在背德成本方面应该加倍提高，使违约的一方，产生机会主义的一方能够得到足够产生威慑的惩罚，只有这样才能保证合作的顺利进行。除此之外，使双方的利益关联性得到加强也可以使双方之间的信任得到加强。

对信任机制起保障作用的还有利益的分配问题。不论是企业还是高校，对于利益的追求都是其基本方向，所以只有在利益分配的方面能够做到公平合理才能使双方承诺的信守，才能使彼此之间的信任得到增强，建立校企合作的信任机制模型如图8-2。

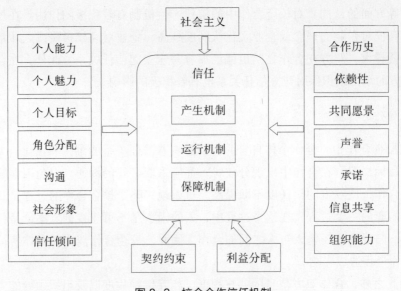

图 8-2　校企合作信任机制

四、校企合作的投入供给机制

在校企合作培养专业学位研究生中，涉及两方面的投入：一方面是资金；另一方面是人力资源。两方面对于校企合作的成果以及质量都十分重要，对于校企之间长期的合作来说是其运行的基础。

（一）人力资源的投入

在校企合作培养专业学位研究生方面，在人员的投入上主要包括了三个方面，第一是高层次人员的投入，包括了校内外导师的配备，比如研究生实践环节的安排、培养计划的制订以及科研计划的完成和制定培养的目标等方面，主要由两部分人员构成：一个是企业的高层；另一个就是高校的导师。第二个就是中层人员的配置，主要负责的是校企双方合作之后的一些基本的事物。最后就是基层的人员，他们负责的主要是一些具体的工作，比如培养基地的一些工作，人员很多，包括了企业各部门的办事人员以及技术人员和行政相关人员等。而这三个层次之间的人员应该做到相互配合以及合作，只有做到这样，校企对于专业学位研究生的培养才能做得更好！

（二）资金的投入

在校企合作培养专业学位研究生过程中，资金来源有政府、高校、企业和金融机构几方面。但是从目前的情况来看企业以及高校是校企培养专业学位研究生的主要资金来源方式。在校企合作的过程中，其实许多部分都需要大笔的资金，比如培养基地的建设、课题的研究和一些设备、实验室的购买和建设等。虽然在研究环节这些课题并不会直接产生经济效益，但是这些研究成果出来之后对于相关产业的经济以及技术发展会有很大的帮助。所以，资金在投入的时候，符合资金投放的规律是前提。除了符合规律之外也要对相关的课题以及项目进行筛选和评估，对于预期成果要邀请相关专家对其进行认定，尤其是在经济性、可行性和先进性方面，确定其合理性，从而提高投资的成功率。

（三）校企合作的供给

政府通过采购让高校和企业在合作中得到物资供给，在合作中，通常是由团队中具有采购优势的机构负责，从而与供应商直接接触。当然，还可以通过行业协会会员名录、媒体招商广告、国内外产品发布会、展销会、相关统计调查报告、市场调查等方式来采购信息以获得供应商的信息；同时还要考虑政府的相关部门、中介组织等所推荐的认可度较高，或者是已经有过合作关系的厂商。在这个过程中，采购的物品在经过专家验收的时候，应该尽量减少检查的时间，这样才能保证校企合作科研计划的顺利进行。

在这个合作中，为了实现信息共享，学校要和供应商建立良好的长期合作伙伴关系，让供应商参与到新产品和新技术的研发过程中；同时能够促使供应商主动提供优质对口的物品和服务，进而提高校企与供应商合作的满意度。校企合作可以多听取供应商的建议，同时这些建议会让校企的合作科研有意外的收获，因为每一个供应商都是其所在领域的专家。

五、校企合作的激励和约束机制

在校企合作的过程中，适当的激励和约束机制可起到重要的作用，因此还有如下的问题需要进行深入的思考：如何激励双方合作的积极性，同时，又如何对双方中存在的危机和影响合作的行为进行约束？

（一）校企合作的激励机制

为了保证校企合作进程的顺利进行，需要建立校企合作的奖励机制，同时前者也是后者的主要目标。进入到心理学研究领域，可以看到这样一个关于绩效的基本等式：绩效 = 能力 × 激励机制。从这个等式中，我们可以看到，除了双方的能力之外，还要结合高校和企业各自的特点，对双方进行适时、灵活的激励，这样才能让那个校企合作达到最大的效果。

（二）校企合作的约束机制

校企合作的激励机制和约束机制不仅包括政府、市场以及社会制定的法律、制度等内容，重要的是还囊括了以合作为基础从而制定的各种规章、协议、考绩、评估、合同等标准，它们之间的关系是相辅相成和对应补充的。校企合作的约束机制不仅可以促进规范校企双方的合作行为，同时还促使校企双方的努力向双方合作的终极目标扭转和迈进。

校企合作培养中的约束机制还对道德行为的管理进行了补充。假设在校企合作过程的某个特定的环节中，用 θ_1 表示有道德的行为、θ_2 表示无道德的行为；$R(\theta_1)$ 表示选择道德行为时的收益函数，$R(\theta_2)$ 表示选择无道德行为时的收益函数，同时假设 $R(\theta_2) > R(\theta_1)$，$C(\theta_1)$ 表示校企合作活动环节中所支付的一般平均费用，$C(\theta_2)$ 表示活动中违反道德者违反道德后被处罚的支出成本和其心理成本。则该约束机制应满足：

$$R(\theta_1) - C(\theta_1) > R(\theta_2) - C(\theta_2)$$

从上式可以看出，若要对合作双方的道德进行有效的约束，可通过降低校企合作活动环节而支付的平均费用（$C(\theta_1)$），提高违反道德者违反道德后被处罚的支出成本和其心理成本（$C(\theta_2)$）等手段的综合来实现。

六、校企合作的利益分配机制

（一）校企合作利益分配的基本原则

随着现代经济社会的发展和科技的日新月异，使得研究生校企合作的培养模式迅速增加，合作程度的不断深入和模式的不断改进，这个虚拟组织的利益分配方式也在不断增加。因此，需要更加公平合理地利润分配机制，来增强双方合作的长期稳定性，在进行利益分配时需要遵循组织合理性原则、互惠互利原则、协商让利原则以及风险补偿等原则。

（二）校企合作利益分配方式

对于校企合作中利益分配的合理性，本文通过总结和归纳众多学者的研究成果，得出校企合作的利益分配方式有企业一次性或者分期支付技术转让费、按照销售利润提成、按照入股比例分利、混合支付等。

第二节　建立专业学位研究生教育质量评价与保障体系

一、建立独立的专业学位质量评估机构

美国高等教育评估基本上是通过标准认证形式由认证机构来组织实施的。美国高等教育认证机构是非政府的、自愿的、非营利性的社会中介组织，这些认证机构不从属于某些社会团体或个人，也不受控于某些高校，更不隶属于某个政府部门，具有较大的独立性。正是这种独立性确保了认证活动的公正性和权威性。

独立性的管理机制有利于维护高等教育的自主性，提高高等院校对市场需求的反应能力，形成一个相对完整的评估体系，使高等教育在一个相对自由的空间中发展。

中国的高等教育评估工作基本上完全由政府主管部门负责（或政府部门下属的单位或部门），政府主管机构成了评估的主体，具有较强的行政性和指令性色彩。另外，具有相对独立性的民间机构和社会团体的评估机构较为缺乏，即使存在，一般也有较强的行政依附性。因此，高等教育评估中介机构的独立性极其有限。

中国及多数国家的高校认证是自上而下的，其目的是政府控制与质量监督，教育部门要求高校满足其制定的标准和要求。

因此，建议在政府导向的基础上，建立一批具有一定独立性的中介评估机构。首先，可尝试在对高等院校科学分类的基础上，建立高校总体评估认证机构和专业院校评估认证机构，开展对学校的综合评价和专业评估。其次，可尝试建立全国和地方两级高等教育评估中介机构，分别对部级和省市级院校进行评估，让中央与地方、综合与专业性院校都得到较为合理的覆盖，这样不仅符合我国高等教育的传统办学模式，还能体现区域与高校特色，是对目前我国高等教育评估体系的重要补充。

二、构建多样质量评估标准体系

在我国，专业学位的社会认可程度目前很难与起步较早的、人们所熟悉的学术学位相比，专业学位研究生教育的社会声誉尚未建立起来。长期以来，人们对

学术学位的重视程度远远超过专业学位，社会用人单位对学术学位获得者更加青睐，而对于专业学位，很多人将其看成是低于学术学位一等的学位类型。由于我国专业学位研究生教育发展的历史不长，社会上存在这种片面的认识在所难免，但令人遗憾的是，专业学位授权机构往往也对专业学位研究生教育"另眼相看"，有些高校将专业学位研究生教育看作学校创收、为职工谋福利的手段，只求规模、不讲质量，只重申报、不重建设，对专业学位研究生教育在人力、物力和财力上投入都较少。

事实上，专业学位与学术学位是高等教育学位制度的两翼，它们既相互联系又相互区别。一方面，专业学位与学术学位共同构成高等教育学位体系，两者在满足一定的条件时可以相互沟通；另一方面，两者的培养目标指向是不同的，对申请者所接受的教育内容和形式，以及所具有的素质都有着不同的要求。专业学位是为培养面向特定社会职业需求的高端专业人才而设立的学位类型，它本身并不表明学位获得者拥有多么宽广高深的专业理论修养，或者在相关专业领域做出了原创性的研究成果。但是，专业学位获得者具备特定社会职业所要求的专业能力和素养，具备从业的基本条件，能够运用专业领域已有的理论、知识和技术有效地从事专业工作，合理地解决专业问题。因此，专业学位注重应用、注重实践。

与之不同的是，学术学位注重基础、注重理论、注重原创。两者各有侧重，特别是在人才培养目标、培养过程等方面的区别比较突出。在培养目标上，前者旨在培养能将知识应用到特定职业领域的高层次应用型专门人才，后者重在培养从事知识传承或创新的高层次学术型人才。在培养过程上，前者的课程包含大量的实践性活动和高水平的专业训练，特别重视职业素养与技能的提高；后者的课程则重在基本理论和方法的训练，重点突出研究能力的提高和研究的创新。专业学位研究生教育与学术学位研究生教育不仅培养目标、培养过程等方面有比较大的差别，其质量标准也不一样，我们不能用学术学位研究生教育的质量标准和评价体系来衡量专业学位研究生教育，更不能用学术学位研究生的水准来评判专业学位研究生。因此，必须构建独立的专业学位研究生教育质量标准和评价体系，严格恪守"以特色求生存，以质量谋发展"的原则，促进专业学位研究生教育的健康快速发展，只有如此，专业学位研究生培养模式的创新才有可能。

三、组建多元化的质量评估队伍

从美国众多认证评估机构组织的人员构成来看，他们一般采用专家团的方式开展认证工作，团队中既有高等教育领域和相关领域的专家、学者，行业部门的专家或管理者，以及相关部门的管理者，同时还要求有一定的公众代表。这些专家不仅要熟悉评估标准和评估程序，遵守职业道德，而且还要有多样化的知识背景，具备良好的道德操守。而反观我国的教育评估不难发现，评估机构成员大多由高校或行业领域的专家学者组成，而代表行业以及公众的成员却不多见，其评估的权威性就可想而知了。因此，必须加强评估组织建设。在评估机构人员组成上，建议适当控制高校或领域的专家学者的数量，同时适当增加来自企业、社会的公众代表人员的数量，使得评估结果具有较强的代表性。

同时，组织成员还必须具有现代教育发展理念，具有高水平的专业素养和职业道德，具有与国内外高等教育评估专家进行沟通的能力。

四、加强国际的交流合作

国际化是当前国际高等教育专业认证发展的重要发展趋势，国际上高等教育认证机构一方面积极地推进世界范围内认证标准的统一，另一方面在国际化过程中不断地发展提高。在国际化的过程中，认证机构注重平衡本国认证标准和国际质量标准的关系，对相关措施和标准动态进行调整。进入 20 世纪 80 年代，美国工程技术认证委员会（ABET）通过多种方式在全球工程教育质量保证领域承担了一种世界性的领导角色。1989 年，美国、英国等六国发起了旨在促进全球工程师流动资格互认的华盛顿协议（Washington Accord）。2016 年，中国成为该协议第 18 个正式成员，对我国工程教育质量的提高具有重要意义。但总体上讲，中国高等教育专业评估目前主要还局限在国内，评估标准的国际可比性较低。然而，随着国际交流合作的不断增强，中国高校也应在一些优势专业上积极争取国际认证，不断提高院校和高校的竞争力。中国内地高等学校建筑学专业教育评估委员会于 1999 年 12 月实现了与香港（HKIA）关于认证结论的相互承认。2001 年，与美国建筑师学会（AIA）以及美国国家建筑学鉴定委员会（NAAB）就认证结论互认达成共识。与此同时，中国建设部人事教育劳动司与英国土木工程师学会共同签订了土木工程学士学位专业认证互认协议书，中国注册结构工程师管理委员会和英国结构工程师学会也共同签署了名称和内容相仿的协议书。我国正逐步加大与国际上的认证体系的接轨工作，取得相互承认。

五、加强与行业协会的联系

国际上，高等教育专业认证机构多数是由行业协会或行业协会发展而来的专业认证机构，它们一般都是以行业为背景，以行业专家为核心开展认证工作。这样不仅保证了专业教育的质量，同时促进了行业的发展。这种做法不仅使得专业认证的专业性和权威性得以保证，同时也保证了专业教育与行业发展的紧密结合。

我国专业学位教育发展时间较短，缺乏与相关行业协会的联系和合作，专业评估还处于摸索阶段。借鉴高等教育认证机构的成功经验，建议加强与行业协会的联系，构建起以行业协会为依托的专业教育评估机构。建议针对我国目前的情况，可尝试在半官方机构评估机构的建立过程中，强调以行业为依托、以同行专家为主体，这样不仅可以增强专业教育与行业之间的联系，有利于打破高等教育的封闭状态，逐步形成社会关心高等教育的氛围，同时也促使专业教育的发展更适应经济社会发展的现实需求。

六、加强教指委的指导工作

各专业学位教指委是在国务院学位委员会和教育部领导下的专业学位教育的指导和咨询机构。专业学位研究生教育的发展应在相关教指委的指导下有计划、有步骤地进行。各教指委应该在如下方面指导专业学位研究生教育工作。

1. 为国家有关部门制定各硕士专业学位的教育发展规划及有关政策提供建议和咨询。

2. 组织和开展专业学位研究生教育的理论与实践研究。

3. 指导专业学位研究生教育的专业建设、教材建设、教学改革、实训基地建设、实验室建设等工作。

4. 制定专业学位研究生教育的规范或培养质量标准。

5. 制定专业学位研究生教育的评估标准、程序和办法，监督硕士专业学位研究生培养质量。

6. 接受委托承担专业学位研究生教育的专业设置评审或专业设置的核定任务。

7. 组织交流和推广专业学位研究生教育的先进经验，以及与专业学位研究生教育有关的研究工作。

8. 推动专业学位研究生培养单位与企业界的联系与协作，促进专业学位研究生培养基地的建设。

因此，只有充分利用专业学位研究生教育各类别（领域）教指委的指导工作，才能在贯彻落实国家教育振兴行动计划，推动高校专业学位研究生教育、教学改革和教学质量的提高等方面发挥重大作用。

七、完善准入和退出机制

与培养单位自律办学记录相联系的动态退出机制亟待建立。建立与行业发展战略相符合，以需求规模预测为基础，建立与培养单位自主自律办学记录相联系的动态授权机制，在各个专业学位类别建立有中国特色的质量认证制度，设立标准、鼓励达标、有上有下、形成市场淘汰机制，以起到一个质量提升得以发展、质量滑坡必须退出的政策导向。并在达到一定规模后，对提出新增的单位实行候选体制。例如工程领域的培养单位少到几十个，多到100多个。有些招生单位每年只能招到几个学生，甚至招不到学生，无法上课。建议对连续3年招生人数在该领域最后3～5名的单位，采取停招或撤销的措施。

八、建立健全专业学位研究生教育质量保障体系

专业学位研究生教育质量的提高，离不开其培养模式的创新。同时，专业学位研究生培养模式的创新也要以健全的专业学位研究生教育质量保障体系作支撑。伯顿·克拉克认为，影响高等教育质量的力量主要有三种——学术权力、国家权力和市场影响力，高等教育系统就处于这三种力量构成的"三角形的协调模式"之中。专业学位研究生教育质量主要受培养单位高校、政府和社会三种力量的制约。高校在专业学位研究生教育质量保障体系中发挥着核心的作用，与此同时，政府和社会在专业学位研究生质量保障体系中也有着不可缺失的地位和作用。

首先，建立以高校为本的专业学位研究生教育质量内部保障体系。专业学位研究生教育是由各培养单位承担的，高校是专业学位研究生教育的主体，因此首先要将质量保障的责任和义务赋予高校，使高校在专业学位研究生教育中树立质量是生命线的强烈意识，制定专业学位研究生教育质量标准，大胆探索与创新专业学位研究生教育模式，将质量保障落实到高校专业学位研究生教育教学的每一个具体环节中去。各高校不仅要制定明确的专业学位研究生教育质量标准，而且要据此开展各项相关工作；高校应当设立专门机构，配备专门人员，赋予其专门职能，构建严密的专业学位研究生教育质量内部保障体系。

其次，建立政府和社会对专业学位研究生教育质量的监督机制。虽然专业学位研究生教育质量内部保障制度建设及其有效实施是专业学位研究生教育质量保障的根本，但是政府和社会等第三方机构对专业学位研究生教育质量保障也起着非常重要的作用。政府和社会的质量监控作为专业学位研究生教育质量的外部保障体系，在整个专业学位研究生教育质量保障体系中的地位和作用是不可低估的。政府管理部门应当建立健全专业学位研究生教育准入和退出机制，确保专业学位研究生教育的基本质量标准，建立周期性的质量评估机制。社会各部门在专业学位教育质量保障体系中的作用也不能忽视，应当加强社会中介评估机构建设，不断完善相关制度，激励用人单位积极参与专业学位研究生教育工作。

总之，质量就是生命，专业学位研究生教育能否真正得到社会各界的认可，很大程度上取决于专业学位研究生自身的质量与素质。因此，必须建立健全专业

学位研究生教育质量评价与保障体系，使专业学位研究生培养模式的创新得以实现，从而促使专业学位研究生教育尽早步入发展的快车道。

第三节　校企合作模式下专业学位研究生培养的未来走向

伴随着我国研究生教育结构的重大调整，专业学位研究生教育已经取得了与学术学位研究生教育并行发展的地位。但由于我国专业学位研究生教育发展的时间有限与速度过快，相关配套措施不够健全，专业学位研究生培养模式还处在深化改革和实践探索阶段，还面临着诸多不确定性。然而，"万变不离其宗"，我国专业学位研究生培养模式改革需要通过对其构成要素的优化组合和运行机制的校正调整，才能达到提高专业学位研究生培养质量、培育经济社会发展急需的多样化高层次应用型人才的目的。

一、培养目标更加明确

《硕士、博士专业学位设置与授权审核办法》明确指出，"专业学位是针对社会特定职业领域的需要，培养具有较强的专业能力和职业素养、能够创造性地从事实际工作的高层次应用型专门人才而设置的一种学位类型"。这是对我国专业学位研究生教育培养目标的总体性规定，强调了专业学位研究生教育的高层次性与职业指向性，以及专业学位研究生培养的质量规格和标准要求，属于宏观层面的专业学位研究生的培养目标，是各级各类专业学位研究生教育及不同培养单位具体培养目标的依据、总纲和指南。

不同职业领域对高层次应用型人才的知识、能力和素质结构要求不一样，因此，不同类别的专业学位也有不同的培养目标，这属于中观层面的培养目标，是对某一专业学位类别研究生培养目标的总体性规定，较之宏观层面的专业学位研究生培养目标更加具体，职业指向性更加明确，人才培养的知识、能力与素质结构更加细化。

专业学位研究生培养归根结底要依靠作为培养单位的高校或科研机构来组织实施，因此，不同培养单位会根据自身的学科基础、办学条件、师资队伍、服务面向、生源结构和发展方向等因素，对某一类别的专业学位制定能发挥自身优势和体现自身特色的培养目标，这属于微观层面的专业学位研究生培养目标。因培养单位不同，同一类别的专业学位研究生培养目标也各有侧重。例如，北京大学光华管理学院工商管理硕士的培养目标是，借助北京大学深厚的人文底蕴、系统而创新的课程设置及丰富的课外活动，使学生了解前沿的商业知识，具备跨文化的敏感性与人际沟通技能，致力于培养具有社会责任感和全球视野的高级管理者与未来商业领袖，成为具有在复杂环境下分析解决问题能力的，勇于承担未来挑战的创新型人才；中国科学院研究生院工商管理硕士的培养目标是，培养知识与能力兼备、熟悉国情、了解国际惯例并懂得现代管理科学理念，满足社会经济发展需求的高级管理人才；武汉大学经济与管理学院工商管理硕士的培养目标是，培养德、智、体全面发展，适应社会主义市场经济条件之下工商企业或经济管理部门需要，并具有良好政治素质与业务素质的高层次应用型综合管理人才。此外，武汉大学工商管理硕士制定了更为具体的培养目标，内容包括：①坚决贯彻执行党的基本路线、各项方针与政策及国家法律法令，热爱祖国，努力为人民服务，有高尚的道德品质与良好的文化素养；②掌握比较系统的现代工商管理知识，了解中国及国际经济与社会发展的新形势；③具有较强的实际工作能力，包括开拓、创新、应变、判断、决策、组织、指挥与协调能力；④比较熟练地掌握一门外语，能够比较顺利地阅读本专业的外文资料，并具备处理工商管理对外事务的基本能力；⑤身体健康。

从专业学位研究生培养目标发展的走向来看，宏观与中观层面的培养目标将保持相对稳定，需求驱动、职业导向的特点只会强化，不会削弱，知识、技能与素养三位一体的内容结构也将继续沿用，专业内涵与目标定位将越来越清晰、明确。但在微观层面，专业学位研究生培养目标将呈现出"百花齐放、百家争鸣"的多样化发展趋势，主要表现在：①培养目标的分层化，这与我国高等教育体系的分层分类是相辅相成的。不同层次、不同类别的高等学校和科研机构肩负着不同的高层次应用型人才培养任务，有的侧重于为国家培养有国际竞争力的领军型人才，有的侧重于为区域与行业发展输送专业技术人才。随着越来越多的高等学校和科研机构成为专业学位研究生培养单位，与之相应的是培养目标的分层化定位趋势将愈加明显。②培养目标的复合化趋势。我国职业类别在不断分化发展的同时也在走向融合，一些跨学科、跨行业、跨领域的新兴职业不断涌现，对人才的素质结构要求也越来越全面，专业学位研究生培养目标也需要与时俱进地拓展内涵，向综合化、复合化方向发展。我国专业学位研究生培养中已经出现了越来越多的跨学科项目、双学位项目和中外联合培养项目，这些都是人才培养复合化的有益探索。③培养目标的特色化趋势。在同一专业学位类别中，下设不同的细分领域或培养方向，培养单位常常会根据自身的学科优势和资源条件，选择某些领域或方向作为培养的重点，并在培养过程中采用差别化的培养方式，以培养出有竞争力、与众不同的高层次应用型创新人才。同时，由于学生来源渠道也不一样，根据专业学位研究生的兴趣爱好和职业生涯发展规划，确定个性化的培养目标和发展方向已经成为越来越多培养单位的共识。如果在目标上不断地培养差异化和个性化，专业学位研究生培养目标的特色化特征将会越来越突出。

二、入学方式灵活多样

在多年探索的基础上，我国建立了专业学位研究生统一入学考试和在职人员攻读硕士专业学位全国联考两种入学选拔方式。前者以全日制方式学习，学习年限为 2～3 年，生源主要是应届生或进行脱产学习的在职人员；后者采用分时间段集中授课、远程指导、个人自学等非全日制方式学习，生源主要是在职人员，绝大多数不脱离原有工作岗位，学习年限的弹性较大。这两种并行的入学选拔方式为不同的生源提供了可供选择的受教育渠道，为各行各业培养了大批高层次应用型人才，但同时也带来了攻读专业学位入学标准不一、招生规模过大、培养质量下降等问题，影响了专业学位研究生教育的持续健康发展，专业学位研究生招生制度改革势在必行。

在《教育部人力资源社会保障部关于深入推进专业学位研究生培养模式改革的意见》（教研〔2013〕3 号）中明确提出：坚持招生制度改革为人才培养服务的方向；积极推进专业学位与学术学位硕士研究生分类考试、分类招生；建立符合专业学位研究生教育特点的选拔标准，完善专业学位研究生招生办法，重点考查考生综合素质、运用基础理论和专业知识分析解决实际问题的能力以及职业发展潜力；拓宽和规范在职人员攻读硕士专业学位的渠道。按照国务院学位委员会办公室《关于 2014 年招收在职人员攻读硕士专业学位工作的通知》（学位办〔2014〕18 号）的精神，从 2016 年起，不再组织在职人员攻读硕士专业学位全国联考。除高级管理人员工商管理硕士外，其他类别的在职人员攻读硕士专业学位招生工作，将以非全日制研究生教育形式纳入国家招生计划和全国硕士研究生统一入学考试。由此可见，我国专业学位研究生入学选拔方式将发生重大变革，由过去的"两条腿"走路变成全国统一入学考试一条渠道，在学习方式上仍采用全日制和非全日制两种方式。

率先公布的临床医学、口腔医学及中医专业学位硕士研究生考试招生改革可视为我国专业学位研究生招生改革的风向标，并在《教育部关于推进临床医学、口腔医学及中医专业学位硕士研究生考试招生改革的实施意见》（教学〔2015〕5 号）中确定了考试招生在推进分类考试、改革初试内容、强化复试考核方面也明确了一些改革方案。

由于专业学位与学术学位研究生培养目标、培养流程和就业去向不一致，推进分类考试，建立与学术学位并立的专业学位研究生入学选拔体系是有必要的。但这种专业学位研究生入学选拔体系应当是更加开放包容的，满足人民日益增长的高层次教育需求，为不同的社会群体提供更多的学习机会；更加富有弹性的，适应学习化社会的需要，兼容解决好不同来源的学习者工作、学习和发展等现实问题；更加灵活多样的，适应不同学习群体的特点，采用不同的选拔方式。但从目前改革的情况来看，采取的是收紧的方式，即实行单一的全国硕士专业学位研究生统一入学考试，取消在职人员攻读专业学位的联考，这对于规范专业学位研究生招生、统一入学标准、控制招生规模都有重要意义，不过这种统一入学考试将更加有利于应届毕业生，在职攻读生源将大大压缩，全日制学习方式将占据绝对主导地位。这一方面将使广大在职人员失去求学机会，专业学位的生源结构将更加单一，不利于工学结合与产学协同；另一方面也不符合世界专业学位研究生教育的发展趋势，在发达国家有工作经历的人员是专业学位研究生的重要组成部分，不少专业学位类别都明确要求工作年限，非全日制学习方式是主要途径。

因此，我们认为，硕士专业学位研究生入学选拔方式有必要继续深化改革，为不同的社会群体提供学习的机会。第一，要探索建立与全日制和非全日制学习方式相对应的两种入学考试方式，全日制专业学位研究生入学考试初试科目包括英语（满分 100 分）、政治（满分 100 分）和专业综合能力（满分 300 分），非全日制专业学位研究生入学考试初试科目包括基本学能（满分 200 分，内容可涵盖逻辑推理、资料分析、问题解决、英语与数学应用等方面，重点考查考生的基本素质与学习能力）和专业综合能力（满分 300 分，与全日制考试内容相同），两种入学考试均由国家统一命题、集中组织，复试分数线由培养单位根据报考情况和招生计划分别自主确定。第二，在复试阶段，由培养单位与相关实践部门专家组成联合复试小组，采用笔试和面试等多种方式强化考查考生的专业知识、技能和综合素养，扩大复试成绩在录取中所占比例。第三，录取入学后，分别采用全日制和非全日制两种学习方式，非全日制专业学位研究生可以在晚上或周末上课，也可以每学期集中一段时间上课，还可以通过在线课程学习。除了将统一入学考试作为主要的招生选拔途径之外，专业硕士学位招生选拔还采用推荐免试（主要对象是学业优秀的应届本科毕业，经考核后可免试入学）、联合考试（由不同培养单位联合组织的入学考试）、单独考试（由培养单位对在职人员单独命题的考试）、专项优录（为那些在实际工作中产出重要成果、业务能力突出的专业技术人员或管理人员设置专门的入学通道，经考核认定后可面试入学）等多种方式。在博士专业学位层面，由于招生规模较小，可实施由培养单位探索面向在职人员的"申请—审核"制，即不组织统一的入学考试，加强对申请者的资格审查和专业基础与能力的综合考核，择优录取。

三、课程教学自成体系

课程教学在专业学位研究生培养流程中处于核心环节，对专业学位研究生成长成才发挥着全面、综合和基础性作用。我国专业学位研究生课程教学脱胎于学术学位研究生课程教学，无论是课程设置、教学方式方法，还是课程考核方式都在一定程度上保留着学术学位研究生课程教学的印记，同质化现象突出，导致专业学位研究生课程体系缺乏应有的独立性，课程教学的实践性体现不够，与职业导向的培养目标契合不紧。因此，我国专业学位研究生课程教学改革要紧紧围绕专业学位研究生培养目标，强化课程设置的独立性，构建以实际应用为导向、以职业需求为目标、以综合素养和应用知识与能力的提高为核心的课程体系，扩大课程的选择性，凸显课程教学的实践性，增强课程考核的灵活性。

在专业学位研究生课程体系改革方面，我们认为，要体现"五性"：一是开放性，培养单位在进行课程设置和调整时不能闭门造车，而应该"走出去"，到用人单位和工作第一线进行大量的实地调研，了解特定职业领域专门人才的知识能力结构和职业素养的要求及其变化趋势，并与行业协会、从事实际工作的专业技术或管理专家协同确定培养方案，提高课程设置的针对性和有效性。二是差异性，课程设置要考虑培养单位自身的学科基础和行业优势，以及专业学位研究生的来源渠道、专业背景和学习方式，建立体现自身特色、发挥自身优势的课程结构，形成全日制与非全日制两种差异化的培养方案。三是应用性，无论是基础课程，还是专业课程，都要渗透应用性，促进理论学习、技术运用和问题解决相结合，着力提高专业学位研究生发现问题、分析问题、解决问题的能力。四是综合性，专业学位研究生课程体系要突破学术学位的学科专业界限，根据职业发展的需要扩大设置一些方法性课程、综合性课程、跨学科课程，促进相关学科的理论、技术与方法的集成运用和复杂问题的创新性解决，推动建立模块式课程结构，加强课程之间的衔接与融汇，夯实专业基础，拓宽培养口径。五是选择性，即促进课程体系的个性化，扩大选修课在课程体系中所占的比重，赋予专业学位研究生更大的课程选择权，使专业学位研究生能够根据自身的知识结构和发展方向在一定范围内自由选课，推动跨专业、跨院系甚至跨校选课，增强专业学位研究生发展的自觉性和主动性。

在教学方式方法改革方面，要探索建立符合专业学位特点的教学方式方法，通过多种教学方式方法的综合运用，增强课程教学的可接受性、简约性、融通性和操演性，强化专业学位研究生知识、技能和综合素质培养。首先，要加强研讨式教学与案例教学。在专业学位课程教学中，不仅要着眼于教师的教，更要关注学生的学，不仅要加强专业知识和理论的讲授，更要增强课程教学的生动性和趣味性，使课程教学成为师生双向互动交流、思维激荡的过程。这就需要加强研讨式教学和案例教学，通过具体问题的探讨和典型案例的分析，充分调动学生在课程学习中的积极性、主动性和参与性，促进专业知识、理论与方法的综合运用。其次，要拓展实验教学和仿真模拟。加大公共实验教学、专业实验教学与仿真模拟平台的建设力度，在大量实验教学、模拟情境下提升专业学位研究生的实践操作能力和分析与解决问题的能力。再次，要强化自主学习和团队探究式学习。在专业学位课程教学中，要鼓励学生自学，通过提出问题、布置任务等方式，将部分教学内容让学生自己去学习，引导学生独立思考、自主学习，形成自己的知识架构和能力倾向，养成主动学习、持续学习和终身学习的能力和习惯。同时，要加强团队探究式学习，通过设置开放性问题，将学生分成若干团队，实现分工协助，共同形成解决方案，以达到提升团队合作能力与人际交往能力的目的。最后，要运用现代化教学手段，引进国外先进的教学方法和教学组织形式。要运用多媒体、网络视频、在线课程、即时通信等现代化教学资源与设施，增强课程教学内容的丰富性、形式的生动性和沟通的便捷性，还要学习和借鉴实验室轮转、问题式教学、诊所式教学、工作坊、现场研究等国外先进的教学方法，将其创造性地应用到专业学位研究生课程教学中。

在课程考核方面，要完善评价标准，优化考核流程，注重培养过程考核，将平时考核与结果考核结合起来；明确考核重点，弱化知识考核，强化能力考核，着重考察研究生运用所学基本知识和技能解决实际问题的能力和水平；转变考核方法，改变将笔试或课程论文作为主要考核方式的做法，根据课程的特点，选择最优或组合式考核方法，采用口头测试、操作演示、课程小结、咨询建议、调查报告、案例分析等方式进行考核。

四、指导教师跨界融合

指导教师在专业学位研究生培养中发挥着至关重要的作用，承担着课程讲授、学习引导、实践训练与论文研究指导等任务，是专业学位研究生培养质量的根本保障。我国专业学位研究生教育，特别是全日制专业学位研究生教育发展的时间还不够长，指导教师的主要来源依然是学术学位研究生导师队伍，专业学位导师与学术学位导师在研究生培养中区分不明确，不少专业学位研究生指导教师仍习惯采用学术学位研究生的指导方式去指导专业学位研究生的学习、实践与研究。因此，建立符合专业学位研究生教育特点的指导教师队伍、促进校内导师与校外导师的跨界融合、强化导师间的分工合作与集体指导是我国专业学位研究生培养模式改革的重点。

校内导师是专业学位研究生指导教师的主体，是专业学位研究生培养的主要依托力量，培养单位要立足专业学位研究生教育发展的需要，着力加强校内导师队伍的建设。一要明确专业学位研究生导师遴选标准，除了师德、职称等方面的一般要求外，重点考查导师在相应专业领域的应用研究能力和实践指导能力，特别是从事横向课题研究的经验，以及与相关行业、企业的往来联系，不把学术论文作为遴选的主要科研考核指标，为行业或企业等单位所做的调查报告、咨询建议、研究报告等均可视为科研成果。通过专业学位与学术学位研究生导师的分类评聘，使校内专业学位研究生导师保持独立与稳定。二要加强校内专业学位研究生导师的培养，校内导师长于学术研究，但实践经验不足，培养单位要定期组织专业学位研究生导师培训，邀请行业专家与导师进行面对面的交流，促进校内导师对行业发展前沿的了解，同时要与行业或企业等实务部门建立常规化的交流培养机制，选派专业学位研究生导师或青年教师到实务部门兼职、挂职、借调等，亲身参与实务部门的相关活动，了解第一线的真实需求，丰富实务工作经验，提升实践教学能力。三要探索建立"旋转门"制度，促进学校教师与行业技术专家、企业高管之间的柔性流动，吸引那些有技术专长、管理经验的专家到大学担任全职教师或兼职教授，不断壮大专业学位研究生导师队伍。

校外导师是专业学位研究生导师队伍的重要组成部分，是培养专业学位研究生实践能力的重要依托。早在2010年国务院学位委员会第二十七次会议上通过的《硕士、博士专业学位研究生教育发展总体方案》中就明确提出：构建"双师型"的师资队伍；来自实践领域有丰富经验的高层次专业人员承担专业课程教学的比例应不低于三分之一，并积极参与实践过程、项目研究、论文考评等工作；大力引进既有理论水平、又有实践经验的优秀专业人才从事专业学位教育。但从专业学位研究生培养实际工作来看，校外导师的作用发挥得不够理想，一方面合乎标准的校外导师难以聘请，导致校外导师数量不足；另一方面培养单位聘请的校外导师有自己的本职工作，其在所在单位都是业务骨干，难有余力切实参与到专业学位研究生的课程教学、项目研究和论文指导中，校外导师有名无实的现象司空见惯。因此，在专业学位研究生培养模式改革中，培养单位要着力加强校外导师队伍建设与管理。首先，要拓展校外导师选聘范围，将校外导师选聘与实践基地建设相结合，着重发挥校外导师在研究生专业实践中的指导作用；将校外导师选聘与校内导师应用性课题研究相结合，发挥校外导师在专业学位研究生课题研究中的指导作用；将校外导师选聘与专业学位研究生订单式培养相结合，通过为特定行业或企业输送高层次人才的方式激发校外导师参与培养过程的主动性。其次，要尊重和保障校外导师的权益，培养单位与校内导师要高度重视校外导师的作用，积极主动地与校外导师加强联系，定期与校外导师沟通专业学位研究生培养工作的情况，共同协商确定具体的指导时间、内容和方式，认可校外导师的工作量并给予一定报酬，邀请校外导师参与专业学位研究生培养方案制订、课程讲授、课题研究、开设讲座等活动，增强校外导师的归属感。最后，要规范校外导师管理，明确校外导师工作职责，建立校外导师考核机制，对校外导师实行动态调整。

除了实行校内与校外导师的"双导师制"外，在专业学位研究生培养模式改革中还应该强化导师团队或导师组的集体指导制。专业学位涉及不同领域，纯粹个体化的单一导师制不利于专业学位研究生的综合性发展。专业学位研究生的导师指导要走出学术学位研究生导师指导"属人化"的窠臼，打破专业学位研究生与某一位导师的依附性指导关系，建立由不同领域校内导师与校外专家共同组成的导师团队或指导小组，发挥各自的专业特长，分工负责一批学生的分阶段指导任务，使专业学位研究生得到全方面、多角度的指导，这在有些专业学位类别，比如临床医学的"科室轮转"中体现得更为鲜明，也代表着专业学位研究生培养模式改革的趋势。

五、组织管理健全完善

经过几年的改革探索，我国专业学位研究生教育已经建立了一套较为完整、相对独立的组织管理体系，专业学位研究生培养的一般流程和日常管理逐渐走向规范化与科学化。但是，较之学术学位研究生教育组织管理体系的成熟与完善，专业学位研究生教育的组织管理还在某些环节或方面存在不足，在具体过程中存在着照搬或参照学术学位研究生组织管理模式的现象，尚未建立一套行之有效、与专业学位研究生培养目标高度契合的组织管理模式。在专业学位研究生培养模式改革的新时期，专业学位研究生教育的组织管理不能仅仅满足培养活动的有序组织和培养流程的基本完成，而应该将工作重心从日常管理向质量管理转变，从内部管理为主向内外兼修转变，从各自为政向整体协调转变，促进专业学位研究生培养质量保证体系的健全完善。

培养单位是专业学位研究生培养组织管理的主体，也是专业学位研究生培养质量的责任主体，建立健全专业学位研究生培养内部质量管理体系是培养单位的应有职责和不懈追求。但在专业学位研究生培养实际工作中，不少培养单位"对专业学位教育认识不够，内部质量保障机制不全，各培养环节之间缺乏规范性和系统性，不能形成环环相扣的'质量闭环'。另外，内部淘汰、竞争机制还没有完全建立起来，特别是内部自律的动力不足，具体包括培养目标定位不明确、培养模式不具特色以及办学单位质量监管制度不完善等问题"。因此，在专业学位研究生培养组织管理体系建设中，培养单位要健全管理机构，完善学校与院（系）两级专业学位研究生培养决策机构、咨询机构和实施机构，明确职责权限，对专业学位研究生培养过程的重大问题、主要环节和具体工作实行分工负责，确保专业学位研究生培养组织管理流程的良性运转与有效衔接，使专业学位研究生培养各个阶段的活动都能够达到或接近预期目标。此外，在保持日常管理的基础上，培养单位要不断加强质量管理体系建设，把全面质量管理理念渗透到专业学位研究生培养过程中，分层次、分时段地开展组织各项培养质量监测评估活动，包括维护日常教学秩序的教学检查、保证授课质量的课程评估、体现科研创新水平的学位论文评估、反映就业质量的毕业生跟踪调查、基于院系培养质量状况的状态性评估或诊断式评估等，以相关评估结果为基础逐步形成以培养质量为主导的专业学位研究生教育资源配置机制，促进专业学位研究生培养质量的不断提高。

在专业学位研究生培养外部组织管理体系建设方面，不仅要改进和加强质量监管上教育行政部门的行为，而且要使社会机构、行业部门以及学术组织在质量监督方面的作用得到充分的发挥。在《教育部国家发展改革委财政部关于深化研究生教育改革的意见》（教研〔2013〕1号）中，对建设外部质量监督体系进行了强调，主导部门为教育行政部门，同时也要求社会机构、学术组织以及行业部门都参与其中，这也是我国专业学位研究生教育外部质量监管体系改革发展的方向。就目前而言，我国专业学位研究生培养的外部质量监管尚不健全，突出表现在：外部参与主体单一，质量促进作用不强；评价覆盖面小，质量保障过程不完整；评价体系学术化偏重，质量保证的科学型不足。所以，在我国专业学位研究生培养外部质量监管体系建设中，一方面要加强和完善教育行政部门的质量监管机制与方式，依托专业学位研究生教育学科评议组以及指导委员会和相关的专业级够，来开展组织对专业学位点进行准入评估、合格评估、专业学位论文抽检、质量调查、专项检查等质量监管活动；另一方面要积极鼓励和支持与专业学位研究生教育密切相关的研究机构、行业协会、社会媒体、中介组织等开展多种形式的第三方评估，诸如质量认证、专业排名、职业衔接评估、培养质量评估、社会声誉调查等，将专业学位研究生教育质量社会评价体系建立起来，同时要兼顾公正、科学、独立以及良好的声誉。使专业学位研究生的培养质量不断地得到提升，同时可使培养单位的培养体系与社会需要所吻合。

六、专业实践产教协同

专业实践对于专业学位研究生的培养来说是核心之一，体现了两种不同研究生培养模式，也就是学术学位研究生和专业学位研究生的差异性，是专业学位研究生培养质量的根本保证。但由于我国过去是以学术学位研究生培养为主体，培养单位与行业、企业联系不多，产教协同不够，实践基地缺乏，专业实践成为专业学位研究生培养中的薄弱环节。特别是在扩大全日制专业学位研究生招生和培养后，专业学位研究生培养模式改革的重点成为专业实践的环节。2009 年，《教育部关于做好全日制硕士专业学位研究生培养工作的若干意见》（教研〔2009〕1 号）的颁布中，就明确提出了对专业实践的要求；比如在时间上，专业学位研究生在学期间的实践教学实践必须保持在半年以上，而应届本科毕业生的时间则更长，原则上不少于一年，而在方式方法上，专业实践也可以有很多种，甚至可以采用相互结合的方式，比如分段实践与集中实践的结合等。除此之外，还应通过多种方式来保障实践，比如说建立时间基地，对于社会资源的使用以及吸收和培养基地的建立等。在专业实践的管理上，要加大实践环节的学时数和学分比例，研究生不仅要撰写时间学习总结报告还需要对实践学习计划进行提交，并且对于研究生实践的服务、质量以及管理都需要有一定的评价，保证实践教学的质量，但是在专业学位研究生培养工作中，培养单位对专业实践环节落实得参差不齐，专业实践方式较为单一，专业实践与理论学习之间的关系并不紧密，在专业学位研究生培养方面，企业以及行业对于培养的积极性并不足够，从专业学位研究生教育发展的需要来看，很明显高实践基地建设并不能满足现有的需要，专业学位研究生的实践能力培养依然不容乐观。

在新一轮专业学位研究生培养模式改革中，要进一步强化产教协同与校企联合，把专业实践作为改革的重中之重，优化专业实践条件，丰富专业实践方式，创新专业实践机制，加强专业实践管理，全面落实专业实践的要求，使实践的效果得以不断提高，使专业学位研究生的根基不断夯实。

首先，培养单位要充分整合与利用校内资源，加强校内实训场所与设施建设，改善校内实践教学条件，提高仿真或模拟实践教学效果。一方面，要着力加强专业学位特色实验室建设，例如，服务于法律硕士培养的法律诊所、虚拟法庭，服务于教育硕士的微格教学实验室，服务于新闻传播硕士的媒体实验室，服务于金融硕士的金融实验室，服务于翻译硕士的翻译工作坊，服务于工程硕士培养的工程训练中心等，通过专业化实验室的建设，为专业学位研究生提供大量便捷的实践教学机会，促进理论学习和实践操作的融会贯通。另一方面，要有效整合公共实验平台与科研实验室，建立实验仪器设备的共享机制，充分挖掘校内教学与科研资源服务于专业实践的潜力。

其次，培养单位要将专业学位研究生培养与特定行业、企业需求和利益紧密对接，深化产教协同、供需互动，建立不同合作形式、稳定的专业学位研究生培养实践基地，实现双方的优势互补、资源共享、互利共赢与协同创新。在专业学位研究生培养实践基地建设中，培养单位要主动服务于行业、企业的实际需求，将人才培养、科研攻关、技术合作、咨询服务等与实践基地建设密切结合，使行业、企业能够从实践基地建设中获益，唯有如此，产教协同与校企合作才能持久与扩大。

最后，培养单位要将专业实践有效融入培养过程中，避免理论学习与专业实践割裂开来，以灵活的方式安排专业实践，特别是在课程教学过程中要组织分段式的模拟训练和现场见习，促进工学交替，实现校内校外课堂的互补互促。在集中的专业实习阶段，培养单位与行业、企业要协力加强对专业学位研究生的理论、技术和工作指导，使专业学位研究生从做中学，在实践中不断提升自己的实际操作能力，使就业适应期限不断地缩短，使创业以及就业能力以及专业素养得以提高。除此之外，培养单位要对专业实践的要求和内容进行明确，制定实践教学具体方案与相应的管理办法，对实践教学的考核评价进行一定程度的加强。从而使学位论文工作与课程教学和专业实践的促进紧密结合，在专业实践的过程中，对研究生解决实际问题的能力与意识进行培养和提高。

七、学位论文应用导向

学位论文不仅仅会反映出专业学位研究生的培养质量，也可以体现出其创新的能力。从管理以及过程的角度来说，它是培养研究生的"最后一笔"，而培养研究生的制度和理念很大程度上都在学位论文上有所体现。论文的质量和结果从侧面反映了研究生在学习阶段的学习成果，标志着其培养的质量。除此之外，学位论文也是培养单位在内部管理中，对培养质量进行评价的主要标准。由于培养目标的针对性不一样，专业学位论文本应与学术学位论文在选题来源、研究过程、论文形式、评价标准、答辩组织等方面存在显著的不同，但从实际培养结果来看，不少培养单位的专业学位论文与学术学位论文的"同质化"现象严重：学位论文的职业背景和应用导向体现不明显；研究过程的实证性体现不够；规范意义上的研究生学位论文还不具备多样化的形式，目前处于倡导阶段，还是以论文为主。深化专业学位研究生培养模式改革，一定要对学位论文研究过程中的组织管理进行加强，使学位论文的应用导向得到凸显，把学位论文的研究过程当作提升专业学位研究生知识应用能力、创新能力和综合素养的过程。

在学位论文选题方面，培养单位要引导专业学位研究生将选题与课程教学和专业实践紧密结合，善于从课程教学和专业实践中发现有应用价值的、感兴趣的问题作为选题，或者从导师承担的横向课题及实践基地、合作单位委托的课题中发现和确定具体的选题，鼓励专业学位研究生围绕某一重大选题进行协作，使其专业学位论文选题的职业背景和行业应用价值得到保障。接下来就是开题报告了，开题报告是专业学位论文质量的重要关节点，是专业学位论文研究阶段的一个开始。校内导师、校外导师及导师组要集中对学位论文选题的价值与意义、可行性、框架结构、研究方法、技术路线等进行规范性审查，并提出意见和建议，为学位论文研究的顺利开展奠定基础。

在专业学位论文具体研究过程中，研究生常常会碰到各种各样的问题，校内导师和校外导师要不定期与研究生进行交流沟通和中期检查，了解研究的进展情况，并给予及时的指导，为他们指点迷津，鼓励他们开展创新性研究，确保研究任务如期完成。在专业学位论文形式方面，不拘一格，可根据不同专业学位的特点采用文献综述、发明专利、管理方案以及咨询建议、文学艺术作品、调研报告、规划设计、案例分析和产品研发等不同的方式进行。在具体字数上不作明确要求，淡化学位论文的"学术"特点。

在专业学位论文评审方面，分门别类制定不同的评价标准，由校内专家和校外专家共同评阅，在学位论文答辩中，组织一定数量的在相关行业具有高级职称（或相当水平）的专家加入答辩委员会。校内专家重点就学位论文选题的科学性与创新性、理论知识的应用及研究能力、论文的规范性与严谨性等提出问题，校外专家重点审查学位论文研究的应用价值、方案的可行性与可靠性以及经济效益或社会效益等，使专业学位论文的全面性以及客观性得到提升。在学位论文的训练过程中，专业学位研究生不仅可以使自身多方面的能力和素质得到提升，同时也可以使其在对专业领域知识的理解与掌握方面得到提升，通过对自身缺点的不断改善来提升自己，不断地进步和发展。作为专业学位研究生培养的终结性环节，专业学位研究生培养模式改革的重点，永远在制度创新。

参考文献

[1] 周叶中,程斯辉.研究生培养模式改革研究 [M].北京:人民教育出版社,2013.

[2] 大连海洋大学.我国专业学位研究生培养模式研究农业硕士做法及经验 [M].南京:东南大学出版社,2017.

[3] 许红.中美研究生培养模式比较研究 [M].成都:四川大学出版社,2010.

[4] 廖文婕.我国专业学位研究生培养模式的系统结构研究 [M].厦门:厦门大学出版社,2013.

[5] 上海市学位委员会办公室.上海专业学位研究生教育发展改革与实践探索 1991–2011[M].上海:华东师范大学出版社,2012.

[6] 陈静.现代职业教育体系下我国专业学位研究生教育发展问题研究 [M].重庆:重庆大学出版社,2016.

[7] 魏宏森,曾国屏.系统论——系统科学哲学 [M].北京:世界图书出版公司,2009.

[8] 汪东升,谢均.研究生教育管理探索与创新 [M].成都:四川大学出版社,2015.

[9] 胡玲琳.我国高校研究生培养模式研究——从单一走向双元模式 [D].上海:华东师范大学,2010.

[10] 张建功.中美专业学位研究生培养模式比较研究 [D].广州:华南理工大学,2011.

[11] 王杏.研究生校企合作培养机制及策略研究 [D].济南:济南大学.2011.

[12] 王晓洁.校企联合培养全日制石油行业工程硕士系统的动力机制研究 [D].重庆:西南石油大学,2012.

[13] 陈静.我国专业学位研究生教育发展问题研究 [D].重庆:西南大学,2013.

[14] 刘国瑜,李昌新.对专业学位研究生教育本质的审视与思考 [J].学位与研究生教育,2012(07):39–42.

[15] 陈新忠,董泽芳.研究生培养模式的构成要素探析[J].学位与研究生教育,2009,(11):5-6.

[16] 黄宝印.我国专业学位研究生教育发展的新时代[J].教育科学文摘,2011(30):2.

[17] 陈晨,程婷,田园,申玉香,谢伟芳.校企合作平台在研究生创新能力培养中的作用探析[J].中国现代教育装备,2017(1):87-90.

[18] 邓松.关于全日制专业学位硕士研究生教育的若干思考[J].福建论坛(社科教育版),2010(12):91-92.

[19] 徐加放,马灯秀.全日制专业学位研究生培养存在的问题及对策[J].中国石油大学学报(社会科学版),2014,30(4):96-99.

[20] 陈明学.校企联合培养全日制专业硕士协同发展机制探究[J].中国成人教育,2015(16):51-53.

[21] 谢加封,李陈影,沈文星.专业硕士研究生培养模式的创新——基于项目协同视角[J].金陵科技学院学报(社会科学版),2017,31(3):85-88.

[22] 王焱,董增川,刘平雷,周林.全日制专业学位研究生双导师制建设的探索和实践——以河海大学为例[J].研究生教育研究,2015(6):75-79.

[23] 李军,王耀荣,林梦泉,朱金明.专业学位研究生教育外部质量保障体系探究[J].中国高教研究,2014(5):3-6,12.

[24] 龚玉霞,滕秀仪,塞尔沃.专业学位研究生培养模式创新研究[J].黑龙江高教研究,2017(12):104-107.

[25] 杨玉.专业学位研究生教育实践基地建设及评价研究[J].高等农业教育,2016(6):98-101.